EL LIBRO DE LOS CHAKRAS

EL LIBRO

DE LOS

CHAKRAS

LA ENERGÍA Y EL PODER CURATIVO
DE LOS CUERPOS SUTILES

OSHO

Primera edición: enero de 2016
Primera reimpresión: marzo de 2017
Segunda reimpresión: febrero de 2020

Título original: *Osho Chakra Book*

Traducción: Esperanza Moriones Alonso

Diseño de cubierta: © OSHO International Foundation

© OSHO International Foundation, 1999
Publicado por convenio con OSHO International Foundation
www.osho.com/copyrights (Todos los derechos reservados)

OSHO ® es una marca registrada de OSHO International Foundation.
Usada con permiso - www.osho.com/trademarks

El material de este libro ha sido seleccionado de diferentes discursos de Osho
impartidos ante una audiencia durante un período de treinta años. Todos los
discursos de Osho han sido publicados íntegramente como libros en su idioma
original, y están también disponibles las grabaciones en audio. Las grabaciones de
audio y el archivo completo de texto se puede encontrar via *on-line* en la biblioteca
de la www.osho.com.

De la presente edición en castellano:
© Gaia Ediciones, 1999
    Alquimia, 6 - 28933 Móstoles (Madrid)
    Tels.: 91 614 53 46 / 58 49
    e-mail: alfaomega@alfaomega.es - www.alfaomega.es

Depósito Legal: M. 288-2016
I.S.B.N.: 978-84-8445-590-5

Impreso en España por Artes Gráficas COFÁS, S. A. - Móstoles (Madrid)

ÍNDICE

Capítulo 1

EL SER HUMANO ES UN ARCO IRIS

*E*l ser humano es un arco iris, tiene los siete colores a la vez. Esta es su belleza, aunque también es su problema. El ser humano tiene múltiples facetas, múltiples dimensiones. Su ser no es simple sino de una gran complejidad. Y de esa complejidad surge la armonía que llamamos Dios: la melodía divina. Lo primero que tenemos que entender sobre el ser humano es que todavía no existe. Solo existe en potencia, es una posibilidad. El ser humano puede llegar a ser, es una promesa. El perro existe, la roca existe, el sol existe..., el ser humano *puede llegar a ser*. De ahí la ansiedad y la angustia, porque también puedes fallar; no tienes ninguna garantía. Puede que florezcas, puede que no florezcas. Por eso estás temblando, tiritando y sacudiéndote en tu interior: «¿Quién sabe si lo lograré?».

El ser humano es el puente entre lo animal y lo divino. Los animales son enormemente felices; por supuesto, no son conscientes, no son felices *conscientemente*, pero son enormemente felices, no tienen preocupaciones, no están neuróticos. Dios es enormemente feliz y consciente. El ser humano está exactamente entre los dos, en el limbo, vacilando entre ser o no ser.

El ser humano es un arco iris, lo digo porque un arco iris te puede dar la perspectiva total desde la que el ser humano puede ser entendido: va desde lo inferior hasta lo superior. El arco iris tiene siete colores, el ser humano tiene siete centros en su ser. La alegoría del siete es muy antigua. En India, esta alegoría ha tomado la forma de los siete chakras: el inferior es el *muladhara* y el superior es el *sahasrara*, y entre los dos hay cinco peldaños, otros cinco chakras. El ser humano tiene que pasar a través de estos siete chakras, siete peldaños hacia lo divino. Normalmente, estamos atascados en los chakras inferiores. Los tres primeros, *muladhara, svadhistana* y *manipura* son los chakras animales. Si vives en los tres primeros chakras no te diferencias de los animales y estarás cometiendo un crimen. No es que realmente estés cometiendo un crimen, pero si no eres capaz de ser lo que estabas destinado a ser, perderás tu oportunidad y estarás cometiendo un crimen. La semilla que no crece hasta convertirse en una flor está cometiendo un crimen, no contra los demás, sino contra sí misma. Y el mayor pecado que podemos cometer es contra nosotros mismos. De hecho, solo cometemos pecados contra los demás cuando hemos cometido el primero y fundamental contra nosotros mismos.

Los tres primeros chakras están relacionados con la comida, el dinero, el poder, la dominación y el sexo. De estos tres chakras inferiores, la comida es el inferior y el sexo el superior. Es importante entender esto. La comida es el inferior: la persona que está obsesionada con la comida está en la categoría más baja de los animales. Solamente quiere sobrevivir. No tiene ninguna meta, solo quiere sobrevivir por sobrevivir. Si le preguntas para qué, no sabrá darte una respuesta.

Un día Mulla Nasruddin dijo:

—*Me gustaría tener más tierras.*
—*¿Para qué? —le pregunté—. Ya tienes suficientes.*
—*Para poder tener más vacas —respondió.*
—*¿Y qué quieres hacer con ellas? —le pregunté.*
—*Venderlas y ganar dinero —me dijo.*
—*¿Y después qué harás con el dinero?*
—*Comprar más tierras.*
—*¿Para qué? —le pregunté entonces.*
—*Para criar muchas más vacas —me respondió.*

Así funcionan las cosas, es un círculo vicioso del que no puedes salir: comes para vivir y vives para comer. Esta es la posibilidad inferior. La forma de vida más elemental es la ameba. La ameba solamente come, nada más. La ameba no tiene vida sexual, se dedica a comer todo lo que encuentra; precisamente es el símbolo del ser humano más básico. La ameba no tiene otros órganos, solo la boca; todo su organismo funciona como una boca. Digiere todo lo que se le acerca; sea lo que sea, lo digiere. Lo absorbe a través de todo el cuerpo; todo su cuerpo es una boca. Va creciendo más y más, cada vez es más grande, hasta que llega un punto que es demasiado grande, no lo puede soportar y se divide en dos. Ahora tenemos dos amebas en lugar de una, que empiezan a hacer otra vez lo mismo. La ameba simplemente come y vive, y vive para seguir comiendo. Hay gente que vive en este plano inferior. Estad atentos, la vida tiene algo más que ofreceros. No es solo supervivencia; es supervivencia para algo significativo. Es preciso sobrevivir pero la supervivencia no es el fin, sino el medio.

El segundo tipo, un poco más elevado que el que está obsesionado con la comida, es el maniático del poder, el político. Quiere dominar a los demás. ¿Para qué? En el fondo se siente profundamente inferior: quiere mostrarle al mundo que «soy alguien; puedo dominar, puedo ponerte en el lugar que te corresponde». Ni siquiera sabe cuál es el lugar que *le* corresponde, y está tratando de colocar a todo el mundo en *su* lugar. Es la persona que está obsesionada con su ego. No importa dónde se dirija: si se dirige hacia el dinero intentará acaparar todo lo que pueda, el dinero se convertirá en símbolo de poder. Si se dirige hacia la política, no se podrá contener hasta llegar al final, y allí no encontrará nada.

El verdadero ser humano se intenta conquistar a sí mismo, y no a los demás. Se quiere conocer a sí mismo. No quiere llenar un vacío dominando a los demás. El verdadero ser humano ama la libertad para sí mismo y para los demás.

El tercer tipo es el sexo; yo afirmo que es mejor que la comida y la política porque tiene una cualidad un poco más elevada: comparte. Tiene algo superior. En la comida solamente absorbes, no compartes. En la dominación destruyes, no creas. Dentro del plano inferior, el sexo es la posibilidad más elevada porque compartes, compartes tu energía y te vuelves creativo. En lo que respecta a la existencia animal, el sexo es el valor más elevado. Y la humanidad está atascada en alguno de estos tres planos.

El cuarto chakra es *anahata*. Los tres primeros son animales, los tres últimos son divinos, y entre los dos grupos está el cuarto, *anahata*: el chakra del corazón, la flor de loto del corazón, el chakra del amor. Este es el puente. El amor es el puente entre lo animal y lo divino. Intentad comprender esto a fondo porque ese es todo el mensaje de Kabir: el mensaje del amor. Por debajo del corazón el ser humano es un animal; por encima del corazón se vuelve divino. El hombre solo empieza a ser humano en el corazón. Por eso el verdadero ser humano es el hombre que puede sentir, que puede amar, que puede rezar, llorar, reír, que puede compartir, que puede sentir compasión. La humanidad ha amanecido dentro de él, los primeros rayos del sol le han traspasado.

El quinto es *visuddha*, el sexto *ajna*, el séptimo *sahasrara*. En el quinto, el amor se vuelve cada vez más meditativo, más devocional. En el sexto el amor deja de ser una relación. Ni siquiera es devocional sino que se ha convertido en estado del ser. Ya no se trata de que ames a nadie, no. Ahora, *tú eres* amor. No es cuestión de amar; tu propia energía es amor. No puedes evitarlo. Ahora el amor es el flujo natural; del mismo modo que respiras, así amas; es un estado incondicional. Y en el séptimo está el samadhi, *sahasrara*: has llegado a casa.

La teología cristiana tiene la misma alegoría cuando cuenta que Dios creó el mundo en seis días y al séptimo día descansó. Esos seis días son los seis chakras, los seis centros del ser. El séptimo es el descanso: uno llega a casa, descansa. Esta alegoría no ha sido comprendida correctamente. Los cristianos, y particularmente los teólogos cristianos, nunca profundizan demasiado. Su comprensión es superficial, como mucho, lógica, teórica, pero nunca alcanza el verdadero sentido. Dios creó el mundo; primero creó la materia y por último creó al ser humano. Durante cinco días creó todo lo que hay en el mundo, materia, animales, pájaros, y entonces, el sexto día creó al hombre. Y en el último momento

del sexto día creó a la mujer. Esto es muy simbólico: la última creación fue la mujer, ni siquiera fue el hombre. Y la alegoría es todavía más bella porque dice que creó a la mujer a partir del hombre.
Esto significa que la mujer es un refinamiento del hombre, una
forma más purificada. En primer lugar, mujer significa intuición, poesía, imaginación.
Hombre significa voluntad, prosa, lógica, razón. Son símbolos: hombre significa cualidades agresivas, mujer significa receptividad. La
receptividad es más elevada. Hombre significa lógica, razonamiento,
análisis, filosofía; mujer significa religión, poesía, imaginación..., más
fluida, más flexible. El hombre lucha con Dios. La ciencia es, básicamente, un derivado del hombre, del hombre luchando, forcejean-
do, intentando conquistar. La mujer no lucha, simplemente acoge,
espera, se entrega.

Y la alegoría cristiana dice que Dios creó primero al hombre.
En el reino animal, el hombre está en el plano más alto, pero en lo
que respecta a la humanidad, la mujer es lo más elevado. Los teólogos cristianos lo han interpretado de un modo totalmente equivocado, lo han interpretado de un modo machista. Creen que el
hombre es más importante, por eso Dios lo creó primero. ¡En ese
caso, los animales deberían ser aún más importantes! Esta lógica es
falsa. Creen que lo auténtico es el hombre, la mujer solo es un
apéndice. En el último momento, a Dios se le ocurrió que faltaba
algo, de modo que le sacó un hueso al hombre y creó a la mujer.
La mujer no debe tener demasiada importancia, es solo una compañera para que el hombre se sienta bien; si no, se encontraría
solo. La historia se analiza de tal modo que la mujer parece menos
importante que el hombre, un juguete para que el hombre pueda
jugar; si no, estaría solo. Dios amaba tanto al hombre que pensó
que estaría triste y solo... No; esto no es verdad. La imaginación
solo surge cuando se entrega la voluntad. La misma energía que
conforma la voluntad se convierte en imaginación, y la misma
energía que se vuelve agresión se convierte en receptividad, y la
misma energía que lucha se convierte en cooperación. La misma
energía que es enfado se convierte en compasión. La compasión
surge del enfado; es un perfeccionamiento del enfado, es una sin-

fonía superior que nace del enfado. El amor nace del sexo; es un logro más elevado, más puro. Dios creó a la mujer después de crear al hombre porque solo la podía crear después. Primero tienes que crear la energía en bruto para después poderla refinar. No se puede refinar primero. Y hay un mensaje en esta alegoría: que todos los hombres se tienen que volver femeninos antes de alcanzar el séptimo centro. Esto sucede en el sexto centro. En el yoga, el sexto centro se llama *ajna* chakra, que significa centro de la voluntad. *Ajna* significa «orden, mandamiento». El sexto es el centro más potente, y hay mucha gente que se queda atascada ahí. Empiezan a jugar con las energías espirituales y hacen tonterías. En el sexto centro, el hombre tiene que convertirse en una mujer y tiene que utilizar toda su voluntad únicamente para una cosa, que es desear rendirse. Desear rendirse es lo más grande del mundo; esto solo puede hacerse si tienes una fuerza de voluntad fuera de lo normal, *extraordinaria*.

Habitualmente, creéis que los que se rinden son unos cobardes; estáis equivocados. Solo las personas muy fuertes se pueden rendir, para rendirse hay que tener fuerza, mucha fuerza. Si te rindes por debilidad, tu rendición será insignificante, impotente. Si te rindes porque eres fuerte, entonces tu rendición tendrá significado, relevancia. En el sexto centro, cuando la voluntad alcanza su grado más alto de enfoque, es posible la rendición. De la voluntad nace la rendición; del hombre, Dios creó a la mujer.

En el sexto centro… —si preguntas a los neurocirujanos estarán también de acuerdo conmigo— dicen que la mente se divide en dos hemisferios: hombre y mujer, el derecho y el izquierdo. El hemisferio izquierdo es masculino y el derecho femenino. El hemisferio derecho está conectado con la mano izquierda; por eso no se aprecia la mano izquierda, incluso es condenada. La mano derecha está asociada al hemisferio izquierdo; por tanto, parece que lo derecho está bien y lo izquierdo mal. Es un mundo orientado hacia el hombre, dominado por el macho. La mano derecha es un símbolo de lo masculino, la mano izquierda es símbolo de lo femenino. Y tu cabeza está dividida en dos hemisferios.

El poeta opera desde una parte de su mente diferente a la del lógico. El poeta es más femenino. No es una coincidencia, si te fijas en los grandes poetas encontrarás mucha feminidad, gracia, belleza, encanto, una tremenda atracción, carisma, un carisma femenino. Si te fijas en los pintores los encontrarás un poco afeminados; su ropa, su pelo largo y su forma de caminar son más femeninas.

¿Habéis oído hablar alguna vez del bodhisattva chino llamado Kuan-Yin? En India había un santo budista o bodhisattva muy compasivo. Pero cuando el budismo llegó a China, a los chinos les pareció extraño que un hombre fuese tan compasivo. ¡Pensaron que este santo era una mujer! Entonces le representaron como si fuese una mujer, y desde hace siglos le han venerado como si fuese una mujer.

Esta historia es inmensamente importante. Buda tiene un aspecto más femenino que masculino...; su rostro, su gracia. El sexto centro se ha rendido. La lógica se ha rendido al amor, la discusión se ha rendido al sentimiento; la agresión se ha vuelto receptividad; el conflicto se ha vuelto cooperación. Ahora ya no hay lucha entre la parte y el todo; la parte fluye con el todo, la parte se ha abandonado..., ha sido poseída por el todo.

Este es el significado de la alegoría cristiana cuando dice que Dios creó primero al hombre y después, a partir del hombre, creó a la mujer. Esto es rendir un tremendo respeto a las cualidades femeninas: son más elevadas que las del hombre, surgen del hombre, florecen a partir del hombre. Y después, el séptimo día, Dios descansó. ¿Qué más puedes hacer cuando llegas a casa? *Sahasrara* es el centro del descanso, el descanso definitivo..., has llegado; ahora no hay a dónde ir.

El más bajo *muladhara* es el centro del no descanso, el más elevado es el centro del descanso, y entre estos dos hay siete divisiones. Puedes decir que son siete colores; sí, el hombre es un arco iris. O puedes decir que son siete notas musicales. La música oriental divide el sonido en siete notas: SA, RE, GA, MA, PA, DHA, NI; son los siete sonidos básicos. Toda la música se compone a partir de estas siete notas básicas..., todas las sinfonías, todas las melodías, todas las canciones, toda la danza.

Recuerda, el siete es un número muy importante. Y otra cosa más antes de empezar con los sutras[1]. Para ser más moderno y contemporáneo, me gustaría dividir los siete centros de este modo. Al primero lo llamo no-mente. «No-mente» significa que la mente está profundamente dormida..., *muladhara*. Está ahí, pero está tan profundamente dormida que ni siquiera la puedes detectar. En la roca, Dios está profundamente dormido. En el ser humano está un poco más despierto..., solo *un poco*, no demasiado. En la roca está profundamente dormido, roncando. Si escuchas atentamente podrás oír los ronquidos..., los ronquidos de Dios. Por eso las rocas son tan bellas, tan profundamente silenciosas, sin agitación, sin ansiedad, no tienen a dónde ir. Esto es lo que llamo no-mente. «No-mente» no significa que *no* tengan mente; simplemente quiero decir que la mente todavía no se ha manifestado. La mente está esperando en forma de semilla, la mente está disponiéndose para despertarse, se está preparando, la mente está descansando. Antes o después llegará la mañana, la roca se convertirá en un pájaro y echará a volar, o se convertirá en un árbol y empezará a florecer.

Al segundo estado lo denomino *mente inconsciente*. En los árboles hay mente..., no como en la roca, porque Dios es algo diferente a la roca. No es consciente, sino *inconsciente*. Los árboles sienten, no pueden sentir que sienten, pero sienten. Ten en cuenta la diferencia. Si golpeas a un árbol, este lo siente pero no sabe que lo siente. No tiene tanta conciencia. Tiene sensaciones, el árbol es sensible. Y actualmente hay experimentos modernos que lo demuestran, los árboles son enormemente sensibles.

Esto es lo que llamo mente inconsciente. La mente está ahí... casi como en el sueño. Por la mañana recuerdas que ha sido una noche preciosa y que «he dormido profundamente, el sueño ha sido muy profundo». Pero lo recuerdas por la mañana, no durante el sueño; lo recuerdas después, retrospectivamente. La mente estaba ahí durante el sueño pero no estaba funcionando en ese

---

[1] Máximas religiosas o filosóficas en sánscrito. *(N. del T.)*

momento, solo funciona retrospectivamente, más tarde. Por la mañana recuerdas..., qué noche tan hermosa, tan calmada y satinada, tanto silencio, tanta felicidad..., pero te das cuenta por la mañana.

El tercer estado es la mente *subconsciente*. La mente subconsciente está en los pájaros, en los animales. Es como estar soñando. Cuando sueñas eres un poco más consciente que cuando estás durmiendo. Digamos que las rocas están en coma; por la mañana ni siquiera recordarán lo profundo que ha sido el sueño..., era un coma. Los árboles están dormidos; cuando se despierten se acordarán. Los pájaros y los animales están soñando..., están muy cerca de la humanidad. A esto le llamo mente subconsciente.

El cuarto tipo es la *mente consciente*. En este grupo está el hombre. No es muy consciente; solo una chispa, una pequeña onda de consciencia..., y esto ocurre solamente si estás ante un peligro inminente; si no, no ocurre. Si se acerca alguien dispuesto a matarte con un puñal, te vuelves consciente. En ese momento hay una gran conciencia, inteligencia, resplandor. El pensamiento se detiene. Te vuelves una llama. Solo te vuelves realmente consciente en contadas ocasiones; de lo contrario, te mueves casi como un sonámbulo. He oído contar que...

En 1959, dos borrachos, en el barrio francés de Viena, abrieron lo que creían que era una puerta a la calle. En realidad, se trataba de la ventana de la habitación de un cuarto piso. Entonando una alegre canción, salieron marchando y cruzaron el alféizar de la ventana cogidos del brazo, cayendo a la calle. Al oír el golpe, un policía que estaba de ronda se acercó a ayudar y se quedó estupefacto al verlos marcharse cantando, obviamente en un estado achispado. «Hemos perdido el paso», explicaron.

No eran conscientes en absoluto. Si no, podrían haber muerto. No estaban conscientes; solamente creían que habían perdido el paso. ¡Cuatro pisos!

Esta es vuestra situación también. Vuestra vida es casi como la de un borracho. Vais tropezando aquí y allá, perdéis el paso aquí, lo

volvéis a perder allá. Vuestra vida es una desgracia tras otra, tropezando, chocando unos con otros. Podéis llamarlo amor, pero a fin de
cuentas solo es tropezar el uno con el otro. Crea sufrimiento.
Solo la conciencia puede proporcionar éxtasis. El éxtasis es la
sombra de la conciencia. Los seres humanos viven y mueren normalmente en este cuarto estado. Es un desperdicio absoluto. Se
puede perdonar a las piedras, se puede perdonar a los árboles y a
los pájaros, pero no al ser humano porque tiene el primer atisbo
pero ahora su responsabilidad es desarrollarlo, hacerlo más sólido,
más fuerte. No le puedes decir a una piedra «has perdido la oportunidad», pero sí le puedes decir «has perdido la oportunidad» a
un ser humano.

El ser humano es el único animal responsable; si le preguntas
te tendrá que responder: esto es lo que significa responsabilidad.
Antes o después tendrá que responder ante Dios, ante el centro
de la existencia o la existencia misma: «¿Por qué has perdido la
oportunidad? Has recibido el principio elemental, podías haberlo
desarrollado. Tenías la semilla, podías haber florecido. ¿Por qué
has fallado?».

Esta es la angustia del ser humano, su agonía, su estremecimiento, su anhelo…, porque el ser humano es el único animal de
la tierra que puede alcanzar el éxtasis, que puede llevar a cabo la
dicha consciente, que puede convertirse en *Satchitananda*: que puede convertirse en la verdad, en la conciencia, en el ser, que puede
convertirse en dicha, que puede alcanzar lo esencial.

Al quinto tipo lo llamo *mente subsuperconsciente*. En el cuarto estadio —la mente consciente— tu conciencia es como un destello, es momentánea, no tiene estabilidad, viene y va, está fuera de
tu poder; no puedes disponer de ella cuando la necesitas. Las religiones están entre la mente consciente y la superconsciente. Las
técnicas de yoga y todas las técnicas no son sino métodos para
transformar tu conciencia en superconsciencia. Gurdjieff lo denomina auto recordar. Kabir lo denomina *surati yoga*: «surati» también significa recordar. Jesús lo repite una y otra vez: ¡Sé consciente! ¡Estate despierto! ¡Observa! Buda dice: ¡Estate atento!
Krishnamurti habla continuamente de la conciencia; durante cua-

renta años solo ha estado hablando de una cosa, la conciencia. Todo el mensaje en una palabra: esta palabra es el puente entre la mente consciente y la superconsciente.

Cuando tu conciencia se convierte en un factor estable, integrado, cristaliza dentro de ti, entonces puedes contar con ella... Ahora mismo no puedes contar con ella. Vas caminando muy consciente, pero si alguien te ataca desaparece toda la conciencia de golpe; no es fiable. Alguien dice simplemente una palabra, te dice «¿eres idiota?» y desaparece la conciencia. Basta la palabra «idiota» para que tus ojos se inyecten en sangre y estés listo para matar o morir.

Incluso las personas que parecen estar muy despiertas y conscientes están despiertas y conscientes porque no han tenido que enfrentarse a una situación. Su estar alerta no es real. Puedes ir a los Himalayas, sentarte en una cueva..., nadie va a ir hasta allí para llamarte idiota. ¿Quién se va a tomar la molestia de ir hasta una cueva de los Himalayas para llamarte idiota? Claro que no te vas a enfadar. Tu grado de conciencia en una cueva de los Himalayas no tiene mucho mérito; puesto que no la pones a prueba no hay posibilidad de destruirla. Por tanto, Kabir dice: estate en el mundo. No seas de este mundo, pero estate en este mundo, vive en el mundo. Vive las situaciones ordinarias, donde todo es una provocación para que seas inconsciente y donde todo el mundo te ayuda a ser consciente.

Si lo comprendes, el mundo es un gran pretexto de Dios para volverte más consciente. Tu enemigo es tu amigo, las maldiciones son bendiciones y la desdicha puede convertirse en dicha. Solo depende de una cosa: que tengas la llave de la conciencia. Entonces podrás transformar en oro cualquier cosa. Si alguien te está insultando, este es el momento de estar alerta. Si tu mujer mira a alguien y te duele, este es el momento de estar alerta. Cuando estás triste, abatido, deprimido, cuando sientes que todo el mundo está en tu contra, este es el momento de estar alerta. Cuando estás rodeado de la noche oscura, este es el momento de que tu llama esté encendida. Comprobarás que todas las situaciones se pueden aprovechar, se presentan con esa finalidad.

De la mente consciente a la superconsciente todo es yoga, meditación, oración, conciencia. La mente subsuperconsciente es un fenómeno integrado, pero a veces la puedes perder. Si estás despierto, normalmente no sucederá, pero si te duermes la puedes perder. La mente subsuperconsciente te ayudará cuando estés despierto, y a veces, también te puedes acordar en sueños, pero no en un sueño profundo. Cuando Krishna dice en el *Gita:* «El yogui está despierto incluso cuando el resto del mundo esta dormido» está refiriéndose a un estado más elevado que yo llamo el sexto centro: la *mente superconsciente*. Entonces uno está alerta incluso cuando duerme; duermes profundamente pero la conciencia sigue estando ahí. Este es el sexto centro. El séptimo surge espontáneamente del sexto, no necesitas hacer nada. Al séptimo centro lo llamo *no-mente* para completar el círculo. El primero es la no-mente de la roca y el último es la no-mente del dios. Para representar esta unidad hemos esculpido a los dioses en piedra. Para representar esta unidad, el círculo completo, hemos hecho estatuas de piedra de Dios, para mostrar que la piedra es lo primero y Dios lo último y ambos se encuentran en algún punto. De nuevo, a la no-mente la puedes llamar alma, Dios, iluminación, nirvana, salvación o lo que quieras elegir.

Estas son las siete etapas. Es el arco iris del ser humano. Y una cosa más antes de empezar con los sutras: no se puede rechazar ni un solo color. El arco iris tiene que absorber todos los colores; y todas las notas, las siete notas musicales, tienen que formar parte de la melodía; y los siete chakras, desde el *muladhara* hasta el *sahasrara*, tienen que volverse uno. No quiere decir que tengas que rechazar algunos chakras, porque el chakra que has rechazado nunca te permitirá ser una totalidad, y la persona que no es total nunca podrá ser sagrada. Tienen que formar una jerarquía, una unidad; todos tienen que pertenecer a un centro.

El verdadero hombre religioso vive todo el arco iris, desde la roca hasta Dios, desde la no-mente de un extremo hasta la no-mente del otro extremo. Es todo el espectro. Vive su vida con totalidad. No rechaza nada, aprovecha todo. No rechaza nada en absoluto; si algo suena como una nota discordante es porque todavía no has sido capaz de aprovecharlo. Puedes utilizarlo, el veneno puede ser medicinal, solo hay que saber transformarlo. Y, a veces, el néctar puede ser venenoso si no sabes cómo usarlo.

Si sabes utilizar el enfado, verás cómo el enfado le da agudeza a tu ser, es como si alguien hubiese afilado la espada. El enfado bien utilizado te da agudeza, resplandor, una tremenda vitalidad. El sexo bien utilizado te llena tanto de amor que puedes compartirlo con todos y cada uno sin que se agote. Con el sexo bien utilizado vuelves a renacer. Ordinariamente reproduce niños, extraordinariamente reproduce tu ser más profundo.

Déjame que te diga que, tengas lo que tengas, tienes que utilizarlo todo, no hay nada inútil. No descartes ninguna cosa; de lo contrario, algún día te arrepentirás. Tienes que aprovecharlo todo. Solo tienes que ser más clarividente, más cuidadoso, más consciente, y empezar a examinar las cosas de tu propio ser interno, y la forma de llevarlas a una mayor armonía..., eso es todo. Ahora mismo eres una multitud. Ahora mismo no eres un individuo. No eres un arco iris, los colores se separan en diferentes dimensiones, se alejan el uno del otro; no tienen un centro. Ahora mismo eres ruido, no música; pero recuerda, en el ruido están presentes todas las notas. Redistribuidas, distribuidas de una forma mejor, más estética, más artística, se convertirán en una hermosa melodía. Solo tienes que hacer un examen estético de tu propio ser.

Capítulo 2

KUNDALINI:
EL DESPERTAR
DE LA ENERGÍA VITAL

*L*os conocimientos teóricos nunca sirven de ayuda, y las visualizaciones anatómicas de la kundalini no son realmente significativas para la meditación. Cuando digo esto no estoy diciendo que la kundalini o los chakras no existan. La kundalini existe, los chakras también, pero su conocimiento no te ayuda en ningún caso. Por el contrario, puede ser un obstáculo. Hay muchas razones por las que se pueden convertir en un impedimento.

Una de las razones es que los conocimientos sobre la kundalini o sobre los caminos esotéricos de la bioenergía —los caminos internos del ánimo vital— están generalizando. Difieren de un individuo a otro; no tienen la misma raíz. Con A será diferente, con B será diferente, con C será diferente. Tu vida interior tiene individualidad, por eso el adquirir algo a través del conocimiento teórico no te va a ayudar —te puede obstaculizar—, porque no se refiere a ti. No se puede referir a ti. Solo sabrás algo de ti cuando vayas hacia dentro.

Los chakras existen, pero el número difiere de un individuo a otro. Una persona puede tener siete chakras y otra nueve; unos pueden tener más y otros menos. Por eso se han desarrollado tantas tradiciones diferentes. Los budistas hablan de nueve chakras, los hinduistas hablan de siete, los tibetanos de cuatro... ¡y todos tienen razón! La raíz de la kundalini, el canal por el que transcurre la kundalini, también es diferente de un individuo a otro. Cuanto más profundizas, más individual eres. Por ejemplo, dentro de tu cuerpo, tu cara es la parte más individual; y dentro de la cara, la parte más individual son los ojos. La cara es la parte más viva del cuerpo, por eso asume la individualidad. No sé si te habrás percatado de que a partir de cierta edad —especialmente con la madurez sexual— tu cara empieza a tener una forma determinada que luego continuarás teniendo, más o menos, el resto de tu vida. Antes de la madurez sexual la cara cambia mucho, pero con la madurez sexual tu individualidad se estabiliza y adopta un modelo, y ahora la cara siempre será más o menos la misma.

Los ojos están aún más vivos que la cara, y son tan individuales que cambian en cada momento. A menos que te ilumines, los ojos nunca se estabilizan. La iluminación es otro tipo de madurez.

Con la madurez sexual la cara se estabiliza, pero existe otra madurez en la que se estabilizan los ojos. No puedes observar cambios en los ojos de Buda, su cuerpo envejecerá, pero los ojos seguirán siendo iguales. Este es uno de los signos. Cuando alguien alcanza el nirvana, los ojos son la única puerta por la que los de fuera pueden saber que lo ha alcanzado. Ahora los ojos ya no cambian. Todo lo demás cambia, pero los ojos permanecen igual. Los ojos expresan el mundo interno.

Pero la kundalini es todavía más profunda.

Los conocimientos teóricos no sirven. Cuando tienes conocimientos teóricos te los impones a ti mismo. Comienzas a imaginarte cosas para que se adapten a lo que te han enseñado. Pero quizá no corresponden a tu situación individual. Entonces se crea una gran confusión.

Tienes que sentir los chakras y no tener conocimiento de ellos. Tienes que sentir; tienes que mandar sondas a tu interior. El conocimiento solamente te valdrá cuando sientas los chakras, la kundalini y su canal; de lo contrario, no servirá de nada. De hecho, el conocimiento ha sido muy destructivo en lo que respecta al mun-

KUNDALINI: EL DESPERTAR DE LA ENERGÍA VITAL 25

do interior. Cuantos más conocimientos acumulados, menos posibilidad de sentir las cosas reales, auténticas. Empiezas a imponerte a ti mismo las cosas que conoces. Si alguien dice: «Este es el chakra, este es el centro» empiezas a imaginarte tu chakra en ese punto, y quizá no esté ahí en absoluto. Entonces crearás chakras imaginarios. Los puedes crear; la mente tiene esa capacidad. Puedes crear chakras imaginarios, y después, gracias a tu imaginación, comenzará a haber un flujo que no es kundalini sino pura imaginación, un fenómeno totalmente ilusorio, irreal. Si eres capaz de imaginarte los centros y crear una kundalini imaginaria, entonces podrás inventarte cualquier cosa. A continuación, tendrás experiencias imaginarias y desarrollarás un mundo completamente falso dentro de ti. El mundo exterior es ilusorio, pero no tanto como el que uno puede crear dentro de sí.

Todo lo que hay en nuestro interior no tiene por qué ser necesariamente real o verdadero, porque la imaginación y los sueños también están en nuestro interior. La mente tiene una facultad —una facultad muy poderosa—, la de soñar, crear ilusiones, proyectar. Por eso es tan positivo avanzar en la meditación sin tener conocimiento de la kundalini, de los chakras. Si te los encuentras casualmente, está bien. Puede ser que sientas algo; entonces pregunta, pero solo entonces. Quizá sientas que empieza a funcionar un chakra, pero permite que la sensación llegue primero. Tal vez sientas que la energía está ascendiendo, pero permite que llegue la sensación antes. No imagines, no pienses, no hagas esfuerzos intelectuales para entender de antemano, no necesitas preconceptos. No solo no los necesitas sino que son absolutamente perjudiciales.

Y una cosa más: la kundalini y los chakras no pertenencen a tu anatomía, a tu fisiología. Los chakras y la kundalini pertenecen a tu cuerpo sutil, a tu sukshma sharir, y no a este cuerpo, el cuerpo físico. Por supuesto, hay puntos de correspondencia. Los chakras forman parte de tu sukshma sharira, pero tu fisiología y anatomía tienen puntos que se corresponden con cada chakra. Si sientes un chakra interno solo entonces podrás sentir el punto correspondiente; de lo contrario, podrás diseccionar todo el cuerpo sin encontrar nada parecido a un chakra.

Toda la palabrería, lo que llamamos evidencias, y las afirmaciones científicas de que tu cuerpo físico tiene algo parecido a la kundalini o los chakras es un disparate, un absoluto disparate. Hay puntos que se corresponden, pero esos puntos solo puedes sentirlos cuando sientes los chakras reales. Diseccionando tu cuerpo físico no podrás encontrar nada, no hay nada. Por tanto, no se trata de una cuestión de anatomía. Una cosa más: no es necesario pasar a través de los chakras. No es necesario; puedes evitarlos. Tampoco es imprescindible que sientas la kundalini antes de la iluminación. Es un fenómeno muy distinto a lo que te imaginas. No sientes cómo asciende la kundalini; solamente la sientes cuando el canal no está muy despejado. Si el canal está libre de obstáculos, entonces la energía fluye, pero tú no la sientes.

Puedes sentirla cuando hay algo que obstaculiza el flujo. Si la energía fluye hacia arriba, y si tienes bloqueos en el canal, solo entonces la sientes. Por tanto, la persona que más siente la kundalini está más bloqueada: hay muchos obstáculos en el pasaje, por eso no puede fluir.

Cuando hay resistencia, entonces sientes la kundalini. No puedes sentir la energía directamente a menos que haya resistencia. Si muevo la mano y no hay resistencia, no siento el movimiento. Sientes el movimiento porque el aire opone resistencia, pero la resistencia no es tan fuerte como la que podría oponer una piedra; en ese caso sientes más el movimiento. Y en el vacío no se siente el movimiento..., luego es relativo.

Buda nunca habló de la kundalini. No es que su cuerpo no tuviera kundalini. Pero el pasaje estaba tan limpio que no había resistencia. Por eso nunca la sintió. Mahavira nunca habló de la kundalini. Debido a esto, se ha originado una noción falsa, y los jainistas que eran seguidores de Mahavira creían que la kundalini era un disparate, que no existía nada parecido. Por eso, como ni siquiera Mahavira sintió la kundalini, la tradición jainista ha seguido negándola durante veinticinco siglos, diciendo que no existe.

Pero Mahavira no la mencionó por un motivo muy diferente. Como en su cuerpo nunca hubo bloqueos, nunca la sintió. De modo que no hace falta que sientas la kundalini, quizá no la sientas en absoluto. Y cuando no la sientes, pasas por alto los chakras, porque el funcionamiento de los chakras solo es necesario para desbloquear el pasaje. No siendo así, no los necesitas para nada. Cuando hay un bloqueo y la energía kundalini está bloqueada, el chakra más próximo se empieza a mover a causa de la energía bloqueada. Se vuelve dinámico. El chakra se empieza a mover porque la kundalini bloqueada se mueve tan deprisa que, gracias a este movimiento, se origina una energía específica que rompe el bloqueo. Si el pasaje está limpio no necesitas ningún chakra y no sentirás nada. En realidad, los chakras solo están ahí para ayudarte. Si la kundalini está bloqueada, la ayuda está justo al lado. Algún chakra absorberá la energía que está bloqueada. Si la energía no puede avanzar, retrocederá. Antes de retroceder habrá un chakra que absorberá la energía completamente, y la kundalini se moverá dentro del chakra. A través del movimiento, esa energía se vuelve más vital, más viva, y cuando regresa al punto del bloqueo puede romperlo. De modo que solo es una solución, una ayuda.

Si la kundalini se mueve y no hay bloqueos nunca sentirás los chakras. Por eso hay personas que sienten nueve chakras, otras que sienten diez y algunas solo sienten tres o cuatro, uno o ninguno. Depende. Realmente, el número de chakras es infinito y con cada movimiento, a cada paso de la kundalini, habrá al lado un chakra para ayudar. Si se necesita ayuda, la puedes recibir.

Por eso insisto en que el conocimiento teórico no sirve de ayuda. Y la meditación como tal realmente no está relacionada con la kundalini. Si aparece la kundalini, esto es otra cosa..., pero la meditación no tiene nada que ver. Se puede explicar la meditación sin tener que mencionar la kundalini; no es necesario. Si mencionas la kundalini aparecen incluso más conflictos para explicarlo. La meditación se puede explicar directamente; no te preocupes de los chakras, empieza por la meditación. Si el canal está bloqueado puedes llegar a sentir la kundalini, los chakras están ahí, pero es totalmente involuntario. Debes recordar que es involuntario, tu voluntad no es necesaria para nada. Cuanto más profunda es la vía, más involuntario es el movimiento. Puedo mover la mano —es una vía voluntaria— pero no puedo mover mi sangre. Puedo intentarlo. Después de muchos años de entrenamiento una persona puede conseguir que sea voluntaria la circulación de la sangre; esto es lo que hace el hatha yoga; lo han conseguido, no es imposible, pero esto es intrascendente. Un entrenamiento de treinta años, simplemente para conseguir controlar el movimiento de la sangre, es inútil y estúpido porque no adelantas nada con el control. La circulación de la sangre es involuntaria; tu voluntad no es necesaria. Tomas alimentos, y una vez que entran en tu cuerpo ya no necesitas la voluntad: la maquinaria del cuerpo, el mecanismo del cuerpo se ocupa de esto, y seguirá haciendo lo que sea necesario. Tu sueño no es voluntario, tu nacimiento no es voluntario, tu muerte no es voluntaria. Son mecanismos involuntarios.

La kundalini tiene una vía más profunda, más profunda que tu muerte, más profunda que tu nacimiento, más profunda que tu sangre, porque la kundalini circula en tu segundo cuerpo. La sangre es la circulación de tu cuerpo fisiológico, la kundalini es la circulación de tu cuerpo etéreo. Es absolutamente involuntario; ni siquiera un practicante de hatha yoga puede hacer algo con ella voluntariamente. Uno tiene que empezar a meditar, y entonces la energía se empieza a mover. La parte que te corresponde es la meditación. Si estás haciéndola profundamente, la energía empezará a moverse hacia arriba, y sentirás el cambio del flujo. Lo puedes sentir en muchos aspectos, el cambio se puede sentir incluso físicamente.

Por ejemplo, de ordinario, si tus pies estén calientes y la cabeza fría, biológicamente es una señal de buena salud. Biológicamente es una señal de buena salud. Cuando ocurre a la inversa —los pies se enfrían y la cabeza se calienta— la persona estará enferma. Pero cuando asciende la kundalini sucede lo mismo, se enfrían los pies.

En realidad, el calor en los pies es la energía sexual fluyendo hacia abajo. Cuando la energía vital, la kundalini, empieza a fluir hacia arriba, le sigue la energía sexual. Empieza a fluir hacia arriba: los pies se enfrían y la cabeza se calienta. Biológicamente, es mejor que los pies estén más calientes que la cabeza, pero espiritualmente es más saludable que los pies estén fríos porque es una señal de que la energía está fluyendo hacia arriba.

Cuando la energía empieza a fluir hacia arriba pueden empezar a aparecer muchas enfermedades, porque has alterado todo tu organismo. Buda murió muy enfermo, Mahavira murió muy enfermo, Ramana Maharshi murió de cáncer; Ramakrishna murió de cáncer. La razón es que se altera todo el sistema biológico. Ha habido muchas otras explicaciones, pero son absurdas.

Los jainistas han inventado muchas historias porque no podían concebir que Mahavira estuviese enfermo. Para mí es lo contrario, no puedo concebir cómo podía estar completamente sano. No podía ser, porque este era su último nacimiento y todo su sistema biológico tenía que fallar. Un sistema que ha funcionado constantemente desde hace miles de años tiene que fallar. No podía estar sano; al final tenía que estar muy enfermo. ¡Y lo estaba! Pero para sus seguidores era muy difícil concebir que Mahavira estuviese enfermo.

En aquellos tiempos, solo había una explicación para la enfermedad. Si padecías una enfermedad determinada, esto significaba que tus obras y tus acciones del pasado habían sido malas. Si Mahavira padecía una enfermedad, esto significaba que todavía estaba bajo su influencia kármica. Esto no podía ser, de modo que se inventaron una historia ingeniosa: Goshalak, rival de Mahavira, estaba utilizando fuerzas malignas contra él. Pero esto no era en absoluto cierto.

El flujo biológico, natural, es descendente; el espiritual es ascendente. Y el organismo está preparado para el flujo descendente.

Tal vez empieces a sentir cambios en el cuerpo, pero los primeros cambios ocurrirán en el cuerpo sutil. Por medio de la meditación se crea un puente entre lo físico y lo sutil. Cuando digo «meditación» solo me refiero a eso: si consigues dar un salto y salirte del cuerpo físico, esto es lo que se entiende por meditación. Pero para dar este salto necesitarás a tu cuerpo físico; tendrás que usarlo como peldaño. Desde un punto extremo se puede dar el salto. El ayuno se ha utilizado para llevarte hasta el extremo. Con un ayuno largo, prolongado, estás al límite. El cuerpo humano normalmente puede llegar a soportar un ayuno de noventa días, pero entonces, cuando el cuerpo está totalmente exhausto, en el momento que se han agotado las reservas acumuladas para las emergencias, en ese momento son posibles una de las dos cosas. Si no haces nada, puede sobrevenirte la muerte, pero si usas este momento para la meditación, puedes dar el salto.

Si no haces nada y simplemente sigues ayunando, puede sobrevenirte la muerte. Entonces se tratará de un suicidio. Mahavira, que experimentó con el ayuno más a fondo que nadie en toda la historia de la evolución humana, fue el único que permitió que sus seguidores cometieran un suicidio espiritual. Él lo llamaba santhara: ese punto límite en el que pueden ocurrir ambas cosas. En un mismo instante puedes morirte o bien puedes saltar. Si usas alguna técnica, podrás saltar; en ese caso, Mahavira dice que no es un suicidio sino una gran explosión espiritual. Mahavira ha sido el único ser humano, el único, que ha dicho que, teniendo valor, hasta el suicidio se puede usar para el progreso espiritual.

El salto es posible desde cualquier punto límite. Los sufíes han utilizado el baile. Cuando bailas, llega un momento que te empiezas a sentir sobrenatural. Con un auténtico bailarín sufí incluso el público se siente sobrenatural. Mediante los movimientos del cuerpo, movimientos rítmicos, el bailarín pronto empieza a sentir que él es diferente de su cuerpo, que está separado de su cuerpo. Uno inicia el movimiento, pero el mecanismo involuntario del cuerpo muy pronto toma el poder. Tú empiezas, pero si el final también es tuyo, entonces el baile solo era un baile corriente. Pero si empiezas a bailar y, cuando estás llegando al final, sientes como si en algún momento del baile hubiese tomado el mando un mecanismo involuntario, entonces es una danza derviche.

Te mueves tan rápido que el cuerpo se agita de una forma involuntaria. En ese punto te puedes volver loco o puedes saltar. Te puedes
volver loco porque hay un mecanismo involuntario que ha tomado el mando del movimiento de tu cuerpo. Está fuera de tu control: no puedes hacer nada. Te puedes volver loco y no ser capaz
de regresar de este movimiento involuntario. En este punto puedes encontrar la locura o, si conoces la técnica del salto, puedes
encontrar la meditación. Por esto siempre se ha visto a los sufíes como locos. ¡Se les
toma por locos! Normalmente, están locos. También hay una sec-
ta en Bengala que es exactamente igual que los sufíes: los faquires
baules. Van de pueblo en pueblo bailando y cantando. La misma
palabra *baul* significa bawla, loco. Son gente que está loca.

La locura ocurre muchas veces, pero si conoces la técnica se
producirá la meditación. Siempre sucede en el filo, por eso los místicos han utilizado la expresión «el filo de la navaja». O bien sucede la locura o bien la meditación, y todos los métodos usan tu cuerpo como si fuese el filo de la navaja donde las dos opciones son
posibles. Entonces, ¿cuál es la técnica para saltar a la meditación?
Yo he hablado de dos: el ayuno y el baile. Todas las técnicas de
meditación consisten en empujarte hasta el límite donde tengas
que dar el salto, pero el salto en sí solo se puede dar con un método muy sencillo que no es metódico.

Si puedes ser consciente del momento en el que el ayuno te
conduce al precipicio de la muerte, si puedes ser consciente del
momento en que te va a sobrevenir la muerte, si puedes ser consciente, no habrá muerte. Y no solo no habrá muerte esta vez, sino
que no volverá a haber muerte. ¡Has dado el salto! Cuando el
momento es tan intenso que sabes que en un segundo te habrá
superado, cuando sabes que si pierdes un segundo ya no serás
capaz de volver, estate alerta... y salta. El método es la conciencia.
Y como el método es la conciencia, la gente de zen dice que no
hay método. La conciencia no es en absoluto un método. Por eso
dice Krishnamurti que no hay ningún método. Desde luego, la
conciencia no es realmente un método, pero lo sigo llamando

método porque si no puedes estar consciente, entonces, justo en el momento en el que se puede dar el salto, estarás perdido. De modo que si alguien dice «solo vale la conciencia», esto puede ser verdad para una persona entre diez mil, pero será una persona que tendrá que llegar hasta el punto donde sobreviene la locura o la muerte. De cualquier forma, tiene que llegar hasta ese punto. Y con los demás, con la mayoría de la gente, no basta con hablar de la conciencia. Primero se tienen que entrenar. No basta con ser consciente en las situaciones corrientes. Y en las situaciones corrientes no puedes ser consciente. La estupidez de la mente tiene una historia tan larga, el letargo de la mente, la pereza y la inconsciencia llevan funcionando tanto tiempo que no puedes esperar ser consciente solo porque escuches a Krishnamurti o me escuches a mí. Y será difícil ser consciente de todas esas cosas que tantas veces has hecho inconscientemente.

Llegas a tu oficina sin darte cuenta de que te mueves: das la vuelta, caminas, abres la puerta. Lo has estado haciendo toda tu vida. Se ha vuelto un mecanismo involuntario; ha sido eliminado de tu conciencia completamente.

Después Krishnamurti dice: «Sé consciente cuando estás caminando». Pero siempre has caminado sin ser consciente. La costumbre se ha establecido tan profundamente que se ha vuelto parte de tus huesos y de tu sangre; ahora es muy complicado.

Solo puedes ser consciente cuando hay una emergencia, una emergencia repentina. Alguien te coloca una pistola en el pecho: puedes ser consciente porque es una situación que no has practicado antes. Pero si la situación te resulta familiar, no serás consciente en absoluto.

Con el ayuno se crea una emergencia, y nunca has conocido una emergencia así. Por tanto, a quien ha estado practicando el ayuno anteriormente esto no le servirá de ayuda; necesitará periodos de ayuno más largos. O si nunca has bailado, el baile puede ser de gran ayuda, pero si eres un bailarín experto, las danzas derviches de los sufíes no te servirán. No servirá de nada porque eres tan perfecto, tan eficiente, y la eficiencia quiere decir que ahora es la parte involuntaria de la mente la que se ocupa de hacerlo.

Eficiencia siempre ha querido decir eso. Por eso se han desarrollado ciento doce métodos de meditación. Uno quizá no te sirva, pero otro sí. Y el más beneficioso será el que te resulte totalmente desconocido. Si no te has entrenado con ningún método se producirá la emergencia enseguida. Y cuando surja la emergencia, ¡estate alerta! Por tanto, interésate por la meditación y no por la kundalini.

Y cuando estés alerta, te empezarán a suceder cosas, por primera vez serás consciente de un mundo interior que es más grande, más amplio y extenso que el universo; empezarás a notar que hay energías desconocidas, totalmente desconocidas, que empiezan a fluir dentro de ti. Fenómenos sobre los que nunca habías oído hablar, que nunca habías imaginado ni soñado. Pero esto varía con cada persona, de modo que es mejor no hablar sobre esto.

Varían; por eso sigue existiendo el antiguo énfasis tradicional en el gurú. Las escrituras no te sirven; solamente te sirve el gurú. Los gurús siempre han estado en contra de las escrituras, aunque estas hablen sobre los gurús y los alaben. El mismo concepto de gurú es opuesto a las escrituras. El conocido proverbio *gurú bin gnana nahee* —sin un gurú no hay conocimiento— no significa realmente que sin el gurú no haya conocimiento; significa que solamente con las escrituras no hay conocimiento.

Es necesario que haya un gurú vivo, no un libro muerto. Un libro no puede saber qué tipo de persona eres. Los libros siempre generalizan, no pueden ser particulares; esto es imposible, ni siquiera existe esta posibilidad. Solo un ser vivo puede ser consciente de tus necesidades, de las cosas que te van a suceder.

Esto es muy paradójico; las escrituras hablan de los gurús —gurú bin gnana nahee, no hay sabiduría sin un gurú— pero, simbólicamente, los gurús están en contra de las escrituras. El concepto de que el gurú te va a dar sabiduría no significa que te la proporcione. Significa, mejor dicho, que solo un ser vivo te puede servir de ayuda. ¿Por qué? Porque conoce al individuo.

Los libros no pueden conocer al individuo. Los libros no están dirigidos a nadie en particular, sino a todo el mundo. Y cuando hay que indicar un método, hay que tener en cuenta tu individualidad con mucha precisión, científicamente. El conocimiento que tiene que transferir el gurú siempre se ha transferido en secreto, en privado, del gurú al discípulo. ¿Por qué este misterio? El secreto es el único medio para transferir el conocimiento. El discípulo recibe órdenes de no contárselo a nadie. La mente quiere hablar. Cuando sabes algo, es muy difícil guardar el secreto; es una de las cosas más difíciles, pero este siempre ha sido el camino de los gurús, de los maestros. Te dan algo a condición de que no hables de ello. ¿Por qué, por qué este misterio? Hay mucha gente que dice que la verdad no necesita secreto, privacidad. Esto es absurdo. La verdad necesita más privacidad que la no verdad porque puede ser fatal para cualquiera; puede ser peligrosa. Le ha sido dada a un determinado individuo; solo es para él y para nadie más. No debería dársela a nadie hasta que él mismo llegue al punto en el que pierda su individualidad. Esto tiene que quedar claro.

Un gurú es una persona que ha perdido su individualidad. Solo entonces puede mirar profundamente en tu individualidad. Si él mismo es un individuo te podrá interpretar, pero nunca será capaz de conocerte. Por ejemplo, si estoy aquí y digo algo de ti, soy yo el que hablo de ti. No hablo sobre ti sino, más bien, sobre mí. No te puedo ayudar porque realmente no te puedo conocer en absoluto. Cuando te conozco siempre es de un modo indirecto, conociéndome a mí.

Debe desaparecer la cuestión de estar yo aquí. Debo ser una ausencia. Solo así podré entrar en tu interior sin interpretaciones; solo así te podré conocer tal como eres y no según yo. Solo así te podré ayudar. Por eso se mantiene en secreto.

No es bueno hablar de la kundalini y los chakras. Solamente debemos enseñar, escuchar y aprender la meditación. Entonces, lo demás vendrá a continuación. La kundalini en sí misma no es una fuerza vital; más bien es un canal concreto para la fuerza vital, una vía. Pero la fuerza vital puede tomar también otros caminos, de modo que no es necesario pasar a través de la kundalini. Es posible iluminarse sin pasar por la kundalini, pero la kundalini es el camino más fácil, el más corto.

KUNDALINI: EL DESPERTAR DE LA ENERGÍA VITAL   35

Si la fuerza vital pasa a través de la kundalini, el brahma randhra será el punto final. Pero si la fuerza vital toma otro camino —hay infinitos caminos posibles— entonces el brahma randhra no será el final. Así el florecimiento de brahma randhra solo es una posibilidad o una potencialidad cuando la fuerza vital pasa a través de la kundalini.

Hay yogas que ni siquiera mencionan la kundalini; en ese caso no existe nada parecido al brahma randhra. Pero es el camino más fácil; por eso, normalmente, el 90 por 100 de las personas que se iluminan pasan a través de la kundalini.

La kundalini y los chakras no están localizados en el cuerpo físico. Pertenecen al cuerpo etéreo, pero tienen puntos que se corresponden en el cuerpo físico. Es como ponerse la mano sobre el corazón cuando sientes amor. No está ahí el «amor», o algo parecido, pero tu corazón, tu corazón físico, es el punto correspondiente. Cuando colocas la mano sobre el corazón estás poniendo la mano en el chakra que pertenece al cuerpo etéreo, y este punto es aproximadamente paralelo a tu corazón físico.

La kundalini forma parte del cuerpo etéreo; por eso, todo lo que consigas avanzar en el camino de la kundalini no morirá al morir tu cuerpo físico, se va contigo. Todo lo que alcances seguirá estando contigo, porque no forma parte del cuerpo físico. Si fuese parte del cuerpo físico se perdería con cada muerte, y tendrías que volver a empezar desde el principio. Pero si alguien alcanza el tercer chakra, este progreso permanecerá con él en su próxima vida. Se irá con él, está almacenado en su cuerpo etéreo. Cuando digo que la energía vital pasa a través de la kundalini me refiero a la kundalini como canal, todo el canal que conecta los siete chakras. Estos chakras no están en el cuerpo físico; por eso, todo lo que digamos de la kundalini lo estamos diciendo del cuerpo etéreo.

Cuando la fuerza vital pasa a través de la kundalini, los chakras empiezan a vibrar y a florecer. En cuanto les llega energía reviven. Es como cuando se descubrió la energía hidroeléctrica; la fuerza y la presión del agua hacen rodar el dinamo. Si no hubiese presión ni agua, la dinamo se detendría; no funcionaría. La dinamo gira a causa de la presión. Del mismo modo, los chakras existen, pero están muertos hasta el momento en que la fuerza vital les penetra; solo entonces empiezan a girar. Por eso se les llama chakras. La traducción exacta de «chakra» no es la palabra centro, porque centro significa algo estático y chakra significa algo dinámico. De modo que la traducción correcta sería rueda, no centro; centro dinámico, centro rotativo o centro cinético. Los chakras son centros hasta que les llega la fuerza vital. En el momento que tienen fuerza vital empiezan a ser chakras. Ahora ya no son centros sino ruedas que giran. Y cada rueda, al girar, crea un nuevo tipo de energía. Esta energía se usa de nuevo para que giren los demás chakras. Así, cuando la fuerza vital pasa por cada chakra, este se activa, se vuelve más vital.

La kundalini es el canal por el que discurre la energía vital. La energía vital está situada en el centro sexual, se almacena ahí, en el *muladhara*. Puede ser utilizada como energía sexual; entonces genera un tipo de vida determinado, la vida biológica. Además, también origina movimiento, origina más energía, pero esto es biológico. Cuando esta misma energía se mueve hacia arriba, el canal de la kundalini se abre.

El centro sexual, el *muladhara*, es el primero en abrirse. Se puede abrir hacia la generación biológica o la espiritual. El *muladhara* tiene dos aberturas, una inferior y otra superior. En el canal de la kundalini, *sahasrara* es el centro más elevado, y el punto medio es brahma randhra. La abertura de brahma randhra es uno de los caminos hacia la auto realización.

También existen otros métodos que no usan el canal de la kundalini, pero son más arduos. En estos otros métodos la kundalini no viene al caso, por eso no hay movimiento en ese canal. Hay métodos hindúes: raja yoga, mantra yoga y todas las técnicas del tantra. Hay métodos cristianos, budistas, zen, taoístas. No están relacionados con el despertar de la kundalini, no usan ese canal. Usan otros canales, canales que ni siguiera pertenecen al cuerpo etéreo. Puede usar canales astrales. El cuerpo astral, el tercer cuerpo, tiene su propio canal. El cuerpo mental, el cuarto cuerpo, tiene su propio canal. Los siete cuerpos tienen sus propios canales.

El método de Meditación Dinámica que yo utilizo está relacionado con la kundalini. Es más fácil trabajar con la kundalini porque te estás refiriendo al segundo cuerpo. Cuanto más profundo vayas —con el tercer o cuarto cuerpo— más difícil se vuelve. El segundo cuerpo es el más próximo a tu cuerpo físico. Y hay puntos que se corresponden en tu cuerpo físico, por eso es más fácil. Si trabajas con el tercer cuerpo, los puntos correspondientes están en el segundo cuerpo. Si trabajas con el cuarto cuerpo, los puntos correspondientes están en el tercero. Tu cuerpo físico no tiene nada que ver; no puedes sentir absolutamente nada en tu cuerpo físico. Pero con la kundalini puedes sentir detalladamente cada paso, y sabes dónde estás. Entonces, tienes más confianza. Con los otros métodos tendrás que aprender técnicas que te ayuden a sentir los puntos correspondientes del segundo o tercer cuerpo, y eso lleva un tiempo.

Los demás métodos niegan la kundalini, pero su rechazo no es correcto: la niegan porque no trabajan con ella. La kundalini tiene su propio método; si estás trabajando con un método zen no deberías preocuparte por la kundalini.

Pero, en ocasiones, puede aparecer la kundalini incluso aunque trabajes con otro método, porque los siete cuerpos se superponen, están interrelacionados. Puedes estar trabajando con el cuerpo astral, el tercer cuerpo, y el segundo cuerpo podría empezar a funcionar. Este recibe una chispa del tercer cuerpo.

A la inversa no es posible. Si estás trabajando con el segundo cuerpo, el tercero no se prenderá porque el segundo es inferior al tercero. Pero si estás trabajando con el tercero, estarás creando energía que puede llegar al segundo sin ningún esfuerzo por tu parte. La energía fluye hacia el campo inferior. El segundo cuerpo es inferior al tercero, de modo que la energía que se genera en el tercer cuerpo a veces puede fluir hacia el segundo.

Por medio de otros métodos también se puede sentir la kundalini, pero los que enseñan métodos que no están interesados en la kundalini no permitirán que le prestes atención. Si le prestas atención tendrás cada vez más energía; y el método que no estaba interesado en la kundalini se hará pedazos. No saben nada acerca de la kundalini por eso no saben cómo trabajar con ella.

Los maestros de otras doctrinas niegan totalmente la kundalini. Dicen que es una bobada; dicen que es la imaginación; dicen que estás proyectando: «No te preocupes de eso, no le prestes atención». Si no le prestas atención y sigues trabajando con el tercer cuerpo, poco a poco la kundalini se irá deteniendo. La energía ya no pasará al segundo cuerpo. Así está mejor.

De modo que si estás comprometido con algún método, hazlo con totalidad. No te comprometas con otros métodos, ni siquiera pienses en ellos, porque si no, te confundirás. Y el canal de la kundalini es tan sutil y desconocido que cualquier confusión puede ser perjudicial.

Mi método de Meditación Dinámica está relacionado con la kundalini. Simplemente observar la respiración puede ser beneficioso para la kundalini, porque la respiración junto con el prana, o energía vital, tiene relación con el cuerpo etéreo, el segundo cuerpo. Tampoco está relacionado con tu cuerpo físico. Se toma de tu cuerpo físico, se extrae de tu cuerpo físico, pero el cuerpo físico solo es una puerta.

El prana está relacionado con el cuerpo etéreo. Los pulmones respiran, pero lo hacen para el cuerpo etéreo. Tu cuerpo físico, el primer cuerpo, trabaja para el cuerpo etéreo, el segundo. Del mismo modo, el cuerpo etéreo trabaja para el cuerpo astral, el tercero, y el cuerpo astral trabaja para el cuerpo mental, el cuarto.

El cuerpo físico es la puerta hacia el segundo cuerpo. El segundo cuerpo es tan sutil que no se puede relacionar directamente con el mundo material; entonces, tu cuerpo físico transmuta todos los materiales en formas vivas; después, estas se pueden convertir en alimento para el segundo cuerpo.

Todo lo que se extrae de los sentidos se transforma en formas vivas; entonces, esto se convierte en el alimento del segundo cuerpo. Después, el segundo cuerpo lo transforma en formas todavía más sutiles que se convierten en el alimento del tercer cuerpo.

Funciona de este modo: no puedes comer barro, pero los elementos del barro se transforman en vegetales y de ese modo puedes comer barro. El mundo vegetal transforma el barro en una forma viva, sutil; ahora lo puedes ingerir. No puedes comer hierba; la vaca lo hace por ti. Pasa al cuerpo de la vaca y esta lo transforma en leche; después puedes tomarlo, puedes tomar la leche. Del mismo modo, tu primer cuerpo ingiere materia transformándola en formas vivas; después las toma el segundo cuerpo. Los pulmones toman la respiración: los pulmones son máquinas que trabajan para el segundo cuerpo. Si el segundo cuerpo muere, los pulmones seguirán estando bien pero no hay respiración; la respiración ha desaparecido. El segundo cuerpo es el amo del primero, y el tercero es el amo del segundo. Cada cuerpo inferior es un sirviente del superior.

Para la práctica de la kundalini es útil poner atención en la respiración. Esto genera energía; conserva la energía y ayuda a que la fuerza vital vaya hacia arriba.

Mi método está relacionado con la kundalini. Una vez que captas el método, podrás conseguir lo que quieras. Ya no necesitas nada más.

El último chakra, *sahasrara*, se puede alcanzar con cualquier método. *Sahasrara* y brahma randhra son los nombres que recibe el séptimo chakra en el yoga kundalini. Si no trabajas con la kundalini, sino con el tercer cuerpo, también llegarás a este punto, pero no recibirá el nombre de brahma randhra, y no existirán los seis primeros chakras. Has ido por otro canal, por eso los peldaños serán diferentes, pero el final será el mismo. Los siete cuerpos están conectados con el séptimo chakra, por eso se puede alcanzar desde cualquier punto.

Uno no debe comprometerse con dos canales, dos métodos; de lo contrario, habrá confusión y la energía interna se dividirá en dos canales. Cualquier método debe canalizar toda la energía en una única dimensión. Esto es lo que hace mi método de Meditación Dinámica, y por eso comienza con diez minutos de respiración profunda, rápida.

Capítulo 3

ETAPAS DE DESARROLLO DE LOS CUERPOS SUTILES

Primera pregunta:

Según tú, podemos proyectar falsas experiencias de kundalini a las que no consideras espirituales, sino psíquicas. En tu introducción inicial, sin embargo, dijiste que la kundalini solo era psíquica. ¿Significa esto que hay dos estados de kundalini, uno psíquico y otro espiritual?

A fin de que lo entiendas, tenemos que detenernos a estudiar la estructura de los distintos cuerpos sutiles.

El individuo se puede dividir en siete cuerpos. El primer cuerpo es el cuerpo físico que todos conocemos. El segundo es el cuerpo etéreo, y el tercero —que está por encima del segundo— es el cuerpo astral. El cuarto —que está por encima de este— es el cuerpo mental o psíquico; y el quinto —que, de nuevo, está por encima de este— es el cuerpo espiritual. El sexto está por encima del quinto, y se llama cuerpo cósmico. Después, el séptimo y último es el nirvana sharir o cuerpo nirvánico, el cuerpo incorpóreo. Alguna información más sobre estos siete cuerpos te permitirá entender a fondo la kundalini. Durante los primeros siete años de vida solo se forma el sthul sharir o cuerpo físico. Los otros cuerpos están en forma de semilla. Tienen un potencial para el crecimiento pero permanecen en estado latente durante el comienzo de la vida. Por tanto, estos primeros siete años de vida son años de limitaciones. Durante estos años no se produce desarrollo del intelecto, la emoción o el deseo. En esta fase solamente se desarrolla el cuerpo físico. Hay personas que no evolucionan más allá de los siete años, se estancan en esta fase y no son más que animales. Los animales solo desarrollan el cuerpo físico; los demás cuerpos permanecen intactos en su interior. Durante los siete años siguientes —es decir, desde los siete hasta los catorce años— se desarrolla el bhawa sharir, el cuerpo etéreo. Estos siete años son los años de desarrollo emocional del individuo. Por eso, a los catorce años se alcanza la madurez sexual, que es la forma más intensa de emoción. Algunas personas se estancan a esa edad. Su cuerpo físico se sigue desarrollando, pero se quedan en los dos primeros cuerpos.

En el tercer periodo de siete años, entre los catorce y los veintiún años, se desarrolla el sukshma sharir, el cuerpo astral. La emoción se desarrolla en el segundo cuerpo; el razonamiento, el pensamiento y el intelecto en el tercero. Por este motivo, la ley no considera responsable de sus actos a un niño menor de siete años, porque el niño solo tiene cuerpo físico. Tratamos al niño de la misma forma que tratamos a los animales; no podemos considerarle responsable. Aunque un niño cometa un asesinato, se supone que lo ha cometido guiado por alguien, se supone que el verdadero asesino es otra persona.

Después de desarrollarse el segundo cuerpo, la persona alcanza la madurez; pero se trata de la madurez sexual. El trabajo de la naturaleza se completa con este desarrollo, por eso la naturaleza colabora totalmente hasta esta etapa. Pero en esta etapa el hombre no es un ser humano en todo el sentido de la palabra. El tercer cuerpo, donde se desarrollan la razón, el intelecto y la capacidad de pensar, es un resultado de la educación, la civilización y la cultura. Por eso el derecho al voto se otorga a partir de los veintiún años. Aunque esto es lo que prevalece en todo el mundo, algunos países están debatiendo si deberían otorgar el derecho al voto a los dieciocho años. Es natural, porque como el ser humano está evolucionando cada vez más, el periodo de siete años que dura el crecimiento de cada cuerpo se va reduciendo. En todo el mundo las niñas alcanzan la pubertad entre los trece y los catorce años. Desde hace treinta años esta edad está disminuyendo. Incluso una niña de once años puede tener la pubertad. El descenso de la edad de voto a los dieciocho años es una señal de que el hombre ahora completa el trabajo de veintiún años en dieciocho. Normalmente, sin embargo, son necesarios veintiún años para el desarrollo del tercer cuerpo y la mayoría de las personas no evolucionan más allá de este cuerpo. Su crecimiento se detiene con el desarrollo del tercer cuerpo y ya no se seguirán desarrollando durante el resto de sus vidas.

Lo que yo llamo psique es el cuarto cuerpo, el manas sharir. Este cuerpo tiene sus propias experiencias fascinantes. Pero la persona que no ha desarrollado el intelecto quizá no se interese o no disfrute, por ejemplo, con las matemáticas. Las matemáticas tienen su propio encanto, y solo Einstein puede estar absorto en ellas del mismo modo que el músico con la música, o un pintor con los colores. Para Einstein las matemáticas no eran un trabajo sino un juego; pero el intelecto debe alcanzar ese plano de desarrollo para poder convertir las matemáticas en un juego.

Cada cuerpo que se desarrolla nos abre infinitas posibilidades. Quien no desarrolla el cuerpo etéreo y se estanca después de los siete primeros años de desarrollo no tiene otro interés en la vida más que comer y beber. Por eso, la cultura de esas civilizaciones en las que la mayoría de la gente solo ha desarrollado el primer cuerpo gira enteramente en torno a las papilas gustativas. Las civilizaciones donde la mayoría de la gente se ha estancado en el segundo cuerpo girará en torno al sexo. Su personalidad, su literatura, su música, sus películas y sus libros, su poesía y su pintura, incluso sus casas y sus vehículos girarán en torno al sexo; todas estas cosas estarán repletas de sexo, de sexualidad.

En una civilización que desarrolle completamente el tercer cuerpo, las personas serán intelectuales y contemplativas. Cuando el desarrollo del cuerpo se vuelve muy importante para una sociedad o una nación se suceden muchas revoluciones intelectuales. En Bihar, en los tiempos de Buda o Mahavira, la mayoría de las gentes eran de este calibre. Por eso, en la pequeña provincia de Bihar han nacido ocho individuos de la estatura de Buda o Mahavira. Además, había miles de personas en aquella época que estaban tocadas por la genialidad. Este era también el caso de Grecia en la época de Sócrates y Platón; este era el caso de China en el tiempo de Lao Tzu y Confucio. Lo más fascinante es comprobar el hecho de que todos estos seres luminosos existieron en un periodo de quinientos años. Durante esos quinientos años el desarrollo del tercer cuerpo alcanzó la cima. Generalmente, el ser humano se detiene en el tercer cuerpo. La mayor parte de la gente no se sigue desarrollando después de los veintiún años.

Hay experiencias extraordinarias del cuarto cuerpo. La hipnosis, la telepatía y la clarividencia son potenciales del cuarto cuerpo. Las personas se pueden comunicar entre sí sin el obstáculo del tiempo o el espacio; pueden leer los pensamientos de los demás sin preguntar, o pueden proyectar pensamientos en los demás. Puedes meter una semilla de pensamiento dentro de otra persona sin ninguna ayuda exterior. Una persona puede viajar fuera de su cuerpo; puede hacer una proyección astral y verse separado de su cuerpo físico.

El cuarto cuerpo tiene muchas posibilidades, pero normalmente no desarrollamos este cuerpo porque implica tanto riesgos como engaños. A medida que las cosas se van volviendo cada vez más sutiles, las posibilidades de engaño van aumentando. No obstante, es difícil saber si un ser humano realmente se ha separado de su cuerpo o no. Puede soñar que se ha separado de su cuerpo o hacerlo de verdad, pero en ambos casos él será el único testigo. Por eso, hay muchas posibilidades de engañarse.

El mundo que comienza en el cuarto cuerpo es subjetivo, mientras que, hasta este momento, el mundo había sido objetivo. Tengo una rupia en la mano; yo la puedo ver, tú la puedes ver, otras cincuenta personas también la pueden ver. Es una realidad común en la que todos podemos tomar parte, y se puede investigar si la rupia existe o no. Pero, en el mundo de mis pensamientos tú no puedes ser un compañero, y en el mundo de tus pensamientos, no puedo serlo yo. A partir de aquí comienza el mundo personal con todos sus riesgos; no podemos aplicar ninguna de nuestras reglas externas de validez. Así que en el cuarto cuerpo comienza el auténtico mundo del engaño. Se pueden entrever todos los engaños de los tres cuerpos precedentes. El mayor peligro es que el que engaña no es consciente del hecho de que está engañando. Puede engañar sin saberlo, tanto a sí mismo como a los demás. Las cosas en este plano son tan sutiles, raras y personales, que uno no tiene medios para comprobar la validez de las experiencias. De modo que no puede distinguir si está imaginándose las cosas o si realmente le están sucediendo.

Siempre hemos intentado salvar a la humanidad de este cuarto cuerpo, y aquellos que hicieron uso de este cuerpo fueron condenados y difamados. En Europa hubo cientos de mujeres a las que tildaron de brujas y quemaron, porque utilizaban las capacidades del cuarto cuerpo. En India, cientos de personas que practicaban tantra fueron asesinadas a causa del cuarto cuerpo. Conocían algunos secretos que podían ser peligrosos para el ser humano. Sabían lo que estaba sucediendo en tu mente; sin haber entrado nunca en tu casa, sabían dónde están colocadas todas las cosas. Lo que correspondía al mundo del cuarto cuerpo se consideraba magia «negra», porque nunca se sabía lo que podía ocurrir. Siempre hemos estado intentando que el progreso se detenga en el tercer cuerpo, porque el cuarto cuerpo parece muy peligroso.

Hay riesgos, pero junto a ellos también hay fabulosos beneficios. En vez de detenerse, hay que investigar. Así podremos descubrir formas de comprobar la validez de nuestras experiencias. Actualmente, hay instrumentos científicos, y la capacidad de comprensión del ser humano también ha aumentado. Podemos encontrar caminos, como es el caso de otros muchos descubrimientos que ha hecho la ciencia.

No se sabe si los animales sueñan o no. ¿Cómo podemos asegurarlo, si los animales no hablan? Sabemos que soñamos porque, al levantarnos por la mañana, decimos que hemos soñado. Después de mucha perseverancia y un gran esfuerzo han encontrado una forma de comprobarlo. Hay un hombre que ha trabajado con monos desde hace varios años para descubrirlo y vale la pena conocer las medidas que tomó para su experimento. Empezó por enseñarles una película a los monos. En cuanto comenzó la película, el mono con el que estaban experimentando recibió una descarga eléctrica. Había un botón en su asiento y le enseñaron a apretarlo cada vez que sintiera la descarga. De modo que le obligaban a sentarse todos los días en la silla, y cuando comenzaba la película, el mono recibía una descarga.

Entonces apretaba el botón y la apagaba.

Esto se repitió durante varios días; después le obligaron a dormir en la silla. Entonces, cuando empezaba a soñar, comenzaba a sentirse incómodo, porque, para él, la película de la pantalla y la de sus sueños eran la misma. Apretó el botón de inmediato. Apretaba el botón repetidamente, y esto demuestra que estaba soñando. Así es como el hombre puede penetrar ahora en el mundo interno de los sueños de los animales mudos. Los meditadores también han descubierto formas de analizar las experiencias del cuarto cuerpo desde el exterior, y ahora se puede demostrar si lo que sucede es verdadero o falso. Las experiencias de la kundalini en el cuarto cuerpo pueden ser psíquicas, pero eso no significa que sean falsas. Son estados psíquicos auténticos y estados psíquicos falsos. Cuando digo que la kundalini solo puede ser una experiencia mental no significa que sea necesariamente una experiencia falsa. Las experiencias mentales también pueden ser auténticas.

Tienes un sueño por la noche. Este sueño es un hecho porque ha sucedido. Pero cuando despiertas por la mañana quizá recuerdes un sueño que realmente no has soñado; a pesar de todo, insistes en que lo soñaste. Esto es falso. Un hombre se puede levantar por la mañana y decir que nunca sueña. Hay mucha gente que cree que nunca sueña. Sí sueñan, lo hacen durante toda la noche; esto se ha demostrado científicamente. Pero por la mañana afirman que nunca sueñan. Lo que están diciendo es absolutamente falso, aunque no se den cuenta. En realidad, no se acuerdan de los sueños. También ocurre lo contrario: te acuerdas de sueños que nunca has soñado. Esto también es falso. Los sueños no son falsos, tienen su propia realidad. Pero los sueños pueden ser tanto reales como irreales. Los sueños reales son los que se han soñado realmente. El problema es que cuando te despiertas no puedes contar tu sueño con precisión. Por ese motivo, en la Antigüedad eran muy respetadas las personas que podían contar sus sueños con claridad y precisión. Es muy, muy difícil relatar un sueño correctamente. La secuencia del sueño es una cosa mientras lo estás soñando, y lo contrario cuando lo recuerdas. Es como una película. Cuando estás viendo una película la historia se desarrolla desde el comienzo del carrete. De una forma parecida, el carrete de película del sueño se enrolla en un sentido durante el sueño y empieza a desenrollarse en el sentido contrario cuando estás despierto, por eso recordamos la última parte del sueño y vamos recordándolo hacia atrás. Lo que soñamos primero se convierte en lo último que recordamos. Es como si una persona intentara leer un libro comenzando por el final; las palabras al revés solo provocarían un gran caos. Por tanto, recordar un sueño y hacer una buena exposición es un arte. Generalmente, cuando recordamos un sueño agregamos hechos que nunca hemos soñado. Ponemos una buena porción del sueño actual y después añadimos el resto.

Los sueños son sucesos del cuarto cuerpo, y el cuarto cuerpo tiene un gran potencial. Todos los poderes que se mencionan en el yoga se consiguen en este cuerpo. El yoga ha estado advirtiendo sin cesar al meditador que no debe inmiscuirse con estos poderes. El mayor peligro es el de ir por el camino equivocado; aunque entres en un estado psíquico esto no tendrá ningún valor espiritual.

Por tanto, cuando dije que la kundalini era espiritual, en realidad me refería a que es un suceso del cuarto cuerpo. Por eso los fisiólogos no encuentran la kundalini dentro del cuerpo humano. Es natural que nieguen la existencia de la kundalini y de los chakras y que digan que son imaginarios. Son sucesos del cuarto cuerpo. El cuarto cuerpo existe, pero es muy sutil; no es palpable. Solo es palpable el cuerpo físico. Sin embargo, entre el primer cuerpo y el cuarto hay puntos que se corresponden.

Si colocamos siete hojas de papel una encima de la otra y hacemos un agujero perforando todas las hojas con un alfiler, entonces, aunque desaparezca el agujero de la primera página, seguirá teniendo una marca que corresponde a los agujeros del resto de las hojas. Aunque la primera hoja no tenga agujero, si la colocas encima de las otras hojas tendrá un punto que se corresponde a los agujeros de las otras hojas. De igual manera, chakras, kundalini, etc., no pertenecen al primer cuerpo como tal, pero en este cuerpo podemos encontrar puntos que se corresponden. Entonces, un fisiólogo no se está equivocando al negarlo. Los chakras y la kundalini están en otros cuerpos, pero en el cuerpo físico se pueden encontrar los puntos correspondientes.

Por tanto, la kundalini es un suceso del cuarto cuerpo, y es psíquico. Cuando digo que este suceso psíquico puede ser de dos tipos —verdadero y falso— entenderás lo que quiero decir. Es falso si es producto de tu imaginación, porque la imaginación también es una característica del cuarto cuerpo. Los animales no tienen el poder de imaginar, por eso tienen muy poca memoria del pasado y no tienen noción del futuro. Los animales están libres de ansiedad, ya que la ansiedad siempre tiene que ver con el futuro. Los animales ven suceder muchas muertes, pero nunca se imaginan que ellos también pueden morir; en consecuencia, no temen a la muerte. Entre los seres humanos también hay muchas personas a las que no les preocupa el miedo a la muerte. Este tipo de personas siempre asocia la muerte con los demás pero nunca consigo mismos. La causa es que su poder de imaginación en el cuarto cuerpo no se ha desarrollado lo suficiente como para vislumbrar el futuro.

Esto significa que la imaginación también puede ser verdadera o falsa. La verdadera imaginación significa que somos capaces de ver más allá, que podemos imaginarnos lo que todavía no ha sucedido. Pero imaginar que va a suceder algo que no puede ser, que no existe, es falsa imaginación. Cuando la imaginación se usa con la perspectiva adecuada se convierte en ciencia; la ciencia básicamente es imaginación.

El ser humano ha soñado con volar desde hace muchos siglos. Los hombres que tuvieron estos sueños debían de ser muy imaginativos. Si no hubiesen soñado con volar habría sido imposible que los hermanos Wright construyesen el primer avión. Convirtieron en algo concreto el deseo de volar de los hombres. Este deseo tardó un tiempo hasta que tomó forma, después se llevaron a cabo experimentos y, finalmente, el hombre consiguió volar. También, desde hace miles de años, el hombre ha querido llegar a la luna. Al principio solo estaba en su imaginación; poco a poco fue ganando terreno, y ahora se ha cumplido. Pero estas imaginaciones eran auténticas; es decir, no andaban descaminadas. Estas imaginaciones estaban en el curso de una realidad que sería descubierta con fecha posterior. De modo que los científicos también imaginan, y los locos también.

Si digo que la ciencia es imaginación y la locura también no creáis que son una sola y única cosa. El loco imagina cosas que no existen y que no tienen relación con el mundo físico. El científico también imagina: imagina cosas que están directamente relacionadas con el mundo físico. Y aunque no lo parezca al principio, hay grandes posibilidades de que existan en el futuro.

Entre las posibilidades del cuarto cuerpo siempre hay alguna probabilidad de que las cosas salgan mal. Entonces comienza el mundo falso. Por eso es mejor no albergar ninguna expectativa antes de entrar en este cuerpo. El cuarto cuerpo es el cuerpo psíquico. Por ejemplo, si ahora quiero bajar a la planta baja de esta casa tendré que buscar un ascensor o unas escaleras para poder hacerlo. Pero si quiero imaginarme que estoy bajando no necesito ningún ascensor o escalera. Puedo estar aquí sentado y bajar.

El riesgo de la imaginación y los sueños es que solo tienes que imaginar y pensar, y esto lo puede hacer cualquiera. Por otra parte, si alguien entra en este mundo con ideas o expectativas preconcebidas solo se encontrará inmediatamente con estas, porque la mente estará deseando cooperar. «¿Quieres despertar la kundalini?»; dirá: «¡De acuerdo! Está ascendiendo…, ha ascendido». Entonces, te empiezas a imaginar la kundalini ascendiendo, y la mente te alienta en este falso sentimiento hasta que al final sientes que se ha despertado del todo y que los chakras están totalmente activados. Pero hay una forma de comprobar la validez de todo esto, y es que con la apertura de cada chakra ocurre un cambio notable en tu personalidad. Tú no puedes imaginar ni concebir este cambio, porque tiene lugar en el mundo de la materia. Por ejemplo, cuando se despierta la kundalini no puedes tomar sustancias estimulantes, es imposible. El cuerpo mental se altera muy pronto con el alcohol y es muy delicado. Por eso —os sorprenderá saberlo—, cuando una mujer consume alcohol se vuelve más peligrosa que un hombre. Esto se debe a que su cuerpo mental es aún más delicado, y el alcohol le afecta tanto que las cosas se escapan de su control. Debido a ello las mujeres se han protegido de este riesgo por medio de ciertas reglas sociales. Este era uno de los aspectos donde la mujer no buscaba la igualdad con el hombre, aunque últimamente, por desgracia, también lo intenta. El día que imponga su igualdad en este aspecto e intente superar al hombre se causará más daño a sí misma del que le haya causado nunca el hombre.

En el cuarto cuerpo, el despertar de la kundalini no se puede demostrar con tu descripción de la experiencia porque, como dije antes, también puedes experimentarla imaginando un falso despertar de la kundalini. Solo se puede determinar por los rasgos físicos si ha habido alguna transformación radical en tu personalidad. En cuanto nace la energía, inmediatamente aparecen signos de cambio dentro de ti. Por eso digo siempre que el comportamiento es el criterio exterior y no la causa interior. Es el criterio de lo que te ha sucedido dentro. Con cada tentativa, inevitablemente, empiezan a suceder ciertas cosas. Cuando se despierta la energía, para el meditador es imposible tomar sustancias estimulantes. Si se abandona a las drogas y el alcohol sabrás que sus experiencias son falsas, porque esto es absolutamente imposible.

Después del despertar de la kundalini desaparece por completo la tendencia a la violencia. El meditador no solo no comete violencia, sino que dentro de él no existe ningún sentimiento de violencia. La necesidad de cometer violencia, de hacer daño a los demás, solo puede existir cuando la energía vital está latente. En cuanto se despierta, el otro deja de ser el otro, de modo que no deseas hacerle daño. Entonces no tendrás que reprimir la violencia en tu interior porque ya no serás violento.

Si sientes que tienes que reprimirte la violencia, entonces sabrás que la kundalini no se ha despertado. Si después de que se han abierto tus ojos tienes que usar un bastón para caminar, entonces sabrás que tus ojos todavía no pueden ver porque no renuncias a tu bastón, a pesar de que tú afirmes lo contrario. El que un extraño pueda adivinar si ves o no depende de tus acciones. Tu bastón, tus traspiés y tu caminar inestable demuestran que tus ojos todavía no se han abierto.

Por tanto, con tu despertar habrá un cambio radical en tu comportamiento y todos los votos religiosos como los del mahavrata —no violencia, no robar, no poseer, celibato y plena conciencia— se volverán algo natural y fácil para ti. Entonces sabrás que tu experiencia es auténtica. Es psíquica; sin embargo, es auténtica. Ahora podrás seguir avanzando. Cuando tu camino es auténtico puedes avanzar, pero no al contrario. No te puedes quedar en el cuarto cuerpo para siempre, porque no es la meta. Todavía quedan otros cuerpos por atravesar.

Estaba diciendo que hay muy pocas personas capaces de desarrollar el cuarto cuerpo. Por eso, en el mundo actual hay personas que hacen milagros. Si todos desarrollásemos el cuarto cuerpo, los milagros desaparecerían de la tierra de golpe. Si existiese una sociedad en la que el desarrollo de la gente se estancase a los catorce años, ellos creerían que el que se ha desarrollado un poco más, y sabe sumar y restar, está haciendo milagros.

Hace mil años, calcular la fecha de un eclipse solar se consideraba un milagro que solamente podían realizar los grandes sabios. Hoy en día sabemos que incluso una máquina nos puede dar esa fecha. Es una cuestión de cálculos que no requiere un astrónomo, un profeta o una persona muy instruida. Un ordenador puede darnos la información no solo de un eclipse sino de millones de eclipses. Puede predecir incluso el día que el sol se enfriará; solo se trata de un cálculo. El aparato puede calcular, desde un día determinado, que la cantidad de energía emitida por el sol cada día dividida entre la energía total del sol da como resultado el número de años que durará el sol. A nosotros todo esto ya no nos parece un milagro porque nos hemos desarrollado hasta el tercer cuerpo.

Hace miles de años, era un milagro que alguien profetizara que dentro de un año, en tal mes y a tal hora, habría un eclipse de luna. Sería considerado un ser sobrenatural. Los «milagros» de hoy en día —los encantamientos, la materialización de cenizas en los marcos de las fotos— son todos sucesos ordinarios del cuarto cuerpo. Pero como no los conocemos, para nosotros es un milagro. Es como si tú estuvieses sentado debajo de un árbol y yo hubiese trepado al árbol, y los dos estuviésemos charlando. Entonces veo venir una carreta a lo lejos y te digo que dentro de una hora llegará una carreta y se parará debajo del árbol. Tú dirás: «¿Eres profeta? Hablas con metáforas. No hay ninguna carreta a nuestro alrededor. No te creo». Pero al cabo de una hora la carreta llega rodando hasta el árbol y entonces me tocarás los pies diciendo: «Mis respetos, amado maestro. Eres un profeta». La única diferencia es que yo estaba sentado en un plano un poco más alto que tú en el árbol, desde el cual podía ver la carreta una hora antes que tú. No estaba hablando del futuro, hablaba absolutamente del presente. Pero hay una distancia de una hora entre tu presente y el mío, porque estoy en un plano más alto. Para ti se convertirá en presente dentro de una hora, pero para mí ya es presente ahora.

Cuanto más profundamente asentado esté un ser humano en su ser interior, mayor será el milagro que representa para los que todavía están en planos superficiales. Entonces, como no sabemos cómo calificar estos sucesos, todos sus actos se convierten en milagros para nosotros, puesto que no conocemos las reglas del cuarto cuerpo. Así es como tienen lugar la magia y los milagros; son un pequeño desarrollo del cuarto cuerpo. Si queremos que se acaben los milagros, no lo conseguiremos predicando a las masas. Del mismo modo que hemos instruido al hombre sobre el tercer cuerpo y le hemos hecho comprender las lenguas y las matemáticas, ahora debemos ejercitarlo en el cuarto cuerpo. Hay que cualificar a todos los hombres conforme a esto y solo así cesarán los milagros; de lo contrario, siempre habrá alguien que se aproveche. El cuarto cuerpo se desarrolla hasta los veintiocho años, es decir, siete años más. Pero hay muy pocas personas capaces de desarrollarlo.

El atma sharir —el quinto cuerpo, al que se llama cuerpo espiritual— es de gran valor. Si el crecimiento continúa de la forma adecuada, a los treinta y cinco años este cuerpo debería estar totalmente desarrollado. Pero es una idea lejana, porque muy pocas personas desarrollan el cuarto cuerpo. Este es el motivo por el que el alma y las cosas de esa índole solo son para nosotros un tópico de discusión; detrás de la palabra no hay ningún contenido. Cuando decimos atman[2], es meramente una palabra, no hay nada detrás. Cuando decimos pared, no solo está la palabra sino también la sustancia que hay detrás; sabemos qué quiere decir «pared». Pero no hay ningún significado detrás de la palabra atman, porque no lo conocemos, no tenemos la experiencia del atman. Este es nuestro quinto cuerpo, y solo podremos tener acceso al quinto cuerpo si se despierta la kundalini en el cuarto; de lo contrario, no entraremos. No somos conscientes del cuarto cuerpo; por tanto, el quinto también permanece desconocido.

Muy poca gente ha descubierto el quinto cuerpo; son los que reciben el nombre de espiritualistas. Ellos lo consideran el final del camino y declaran que «alcanzar el atman es alcanzarlo todo». Pero el viaje aún no ha terminado. Sin embargo, las personas que se detienen en el quinto cuerpo niegan a Dios. Dicen: «Brahman no existe; *paramatman* no existe», del mismo modo que el que se estanca en el primer cuerpo niega la existencia del atman. Igual que el materialista dice «el cuerpo es todo, y cuando muere el cuerpo muere todo», el espiritualista declara «no existe nada más allá del atman: el atman es todo; es el estado más elevado del ser». Pero solo estamos en el quinto cuerpo. El sexto es brahma sharir: el cuerpo cósmico. Si una persona se desarrolla más allá de su atman, y está dispuesto a renunciar a él, entra en el sexto cuerpo. Si la humanidad se desarrolla científicamente, el desarrollo natural del sexto cuerpo tendría lugar a los cuarenta y dos años, y el del nirvana sharir —el séptimo cuerpo— a los cuarenta y nueve. El séptimo cuerpo es el cuerpo nirvánico, que es el no cuerpo; es el estado incorpóreo, sin cuerpo. Es el estado final donde solo que-

---

[2] El verdadero ser inmortal de todos los seres. *(N. del T.)*

da el vacío, ni siquiera queda brahman, la realidad cósmica, sino solo el vacío. No queda nada; todo ha desaparecido.

Por eso, cuando alguien le preguntaba a Buda:

—¿Qué ocurre allí?

Él contestaba:

—Se extingue la llama.

—¿Entonces qué sucede? —volvían a preguntar.

—Cuando se extingue la llama, no preguntas «¿dónde se ha ido? ¿Dónde está la llama ahora?». Se ha extinguido y eso es todo. La palabra nirvana implica la extinción de la llama. Por eso, dijo Buda, tiene lugar el nirvana.

El estado de moksha se experimenta en el cuarto cuerpo. Se transcienden las limitaciones de los cuatro primeros cuerpos, y el alma se vuelve totalmente libre. De modo que la liberación es una experiencia del quinto cuerpo. El cielo y el infierno pertenecen al cuarto cuerpo, y quien se detenga aquí los experimentará. Para quienes se detengan en el primero, segundo o tercer cuerpo, la vida entre el nacimiento y la muerte será todo lo que hay; para ellos no habrá vida más allá de la muerte. Si alguien continúa hasta el cuarto cuerpo, después de esta vida experimentará el cielo y el infierno, donde tendrá posibilidades infinitas de alegría y de tristeza.

Si alcanza el quinto cuerpo encontrará la puerta de la liberación, y si alcanza al sexto tendrá posibilidades de realizar a Dios. Ya no se trata de liberarse o no; él se vuelve uno con lo que es. La declaración «aham brahmasmi» —yo soy Dios— pertenece a este plano. Pero todavía hay otro paso más, que es el último salto —donde no hay aham y no hay Brahman, donde yo y tú no existen, donde no hay nada—, donde solo hay un vacío total y absoluto. Esto es el nirvana.

Estos siete cuerpos se desarrollan a lo largo de cuarenta y nueve años. Por eso, la edad central de cincuenta años era conocida como punto de revolución. Durante los primeros veinticinco años había un sistema de vida. En ese periodo se realizaban esfuerzos para desarrollar los cuatro primeros cuerpos; después, se suponía que la educación había concluido. Posteriormente, durante el resto de su vida, uno debería alcanzar el quinto, sexto y séptimo cuerpo, y en los últimos veinticinco años se suponía que debía alcanzar el séptimo cuerpo. Por eso se consideraba crucial la edad de cincuenta años. En ese momento, el ser humano se convierte en un wanaprasth, que solamente significa que a partir de ahora deberá volver la vista hacia el bosque; ahora deberá alejar su mirada de la humanidad, la sociedad y el mundo.

Los setenta y cinco años eran otro punto de revolución, en el que un hombre debía iniciarse al sannyas. Volver la mirada hacia el bosque significa retirarse de las multitudes y la gente; sannyas significa que ha llegado el momento de mirar más allá del ego, de trascender el ego. Aunque haya renunciado a todo lo demás, el «yo» seguirá estando en el bosque, pero a los setenta y cinco años también tiene que renunciar a este «yo». No obstante, la condición es que, en nuestra vida de padre de familia, debemos atravesar y desarrollar los siete cuerpos para que el resto del viaje sea espontáneo y feliz. Si esto no sucede será muy difícil, porque hay un estado de desarrollo particular conectado con cada ciclo de siete años. Si el cuerpo físico de un niño no crece totalmente durante los primeros siete años de vida siempre será un niño enfermizo. Como mucho, podemos procurar que no siga enfermo, pero nunca será un niño sano porque se han quebrantado los fundamentos básicos de la salud, que se debían haber desarrollado durante los siete primeros años. Se interrumpió la época de desarrollo en la que se tenía que haber convertido en algo fuerte y sólido.

Es como hacer los cimientos de una casa: si los cimientos son débiles será difícil —aunque no imposible— arreglarlo una vez que se ha alcanzado el techo. Solo se pueden poner bien los cimientos en esta fase. Así que, durante los primeros siete años, si hay unas condiciones adecuadas para el primer cuerpo, el cuerpo se desarrolla plenamente. Pero si el segundo cuerpo y las emociones no se desarrollan completamente durante los siete años siguientes, pueden aparecer innumerables perversiones sexuales. Y después es muy difícil remediarlas. Por tanto, el periodo de desarrollo de cada cuerpo particular es crucial.

En cada paso de la vida, cada cuerpo tiene un momento predeterminado de desarrollo. Puede haber una ligera diferencia de uno a otro, pero eso no viene al caso. Si la sexualidad del niño no se desarrolla antes de los catorce años, toda su vida se convertirá en una larga y penosa prueba. Si a la edad de veintiún años el intelecto todavía no se ha desarrollado, tendrá pocas posibilidades de desarrollarse posteriormente. Pero hasta el momento hemos llegado a un acuerdo: cuidamos del primer cuerpo y después nos ocupamos de mandar al niño al colegio para que también desarrolle su intelecto. Pero nos olvidamos de que los otros cuerpos también tienen un tiempo limitado, y si lo perdemos nos encontraremos con muchas dificultades.

A un hombre le cuesta cincuenta años desarrollar el cuerpo que debía haber desarrollado en veintiún años. Obviamente, no tendrá tanta energía a los cincuenta años como a los veintiuno, de modo que tendrá que hacer un gran esfuerzo. Lo que podía haber logrado de una forma mucho más sencilla a los veintiún años le resultará largo y penoso.

Todavía se encontrará con otra dificultad más: a los veintiún años estaba justo a las puertas, pero se le escapó. Ahora, durante treinta años sucesivos, habrá estado en tantos sitios que perderá de vista la entrada correcta. Errará sin rumbo y le será imposible encontrar el sitio donde estuvo a los veintiuno, donde solo hacía falta un ligero empujón para abrir la puerta.

Por eso se necesita una situación muy organizada hasta que los niños tengan veinticinco años. Debería estar tan bien planificado que esto les pudiera llevar hasta el plano del cuarto cuerpo. Después del cuarto cuerpo, el resto es fácil. Ya se han colocado los cimientos, ahora solo falta que dé frutos. El árbol está bien formado hasta el cuarto cuerpo; después empieza a dar frutos en el quinto cuerpo y culmina en el séptimo. Quizá tengamos que hacer alguna concesión aquí y allá, pero tendríamos que ser muy cuidadosos con los cimientos.

A este respecto, habría que tener presentes algunas cosas. En los primeros cuatro cuerpos hay algunas diferencias entre el hombre y la mujer. Por ejemplo, si el individuo es un hombre, su cuerpo físico será masculino. Pero su segundo cuerpo —el etéreo, que está después del físico— es femenino, porque el polo femenino y el masculino no existen independientemente. El cuerpo masculino y el femenino, en términos de electricidad, son cuerpos positivos y negativos. El cuerpo físico de la mujer es negativo; en consecuencia, nunca es agresiva en el aspecto sexual. Ella puede soportar la violencia del hombre en este aspecto, pero no puede ser violenta. No podrá hacerle ninguna cosa al hombre sin su consentimiento. El primer cuerpo del hombre es positivo, agresivo. Puede, por tanto, ser agresivo con la mujer sin su consentimiento; tiene un primer cuerpo agresivo. Pero negativo no significa cero o estar ausente. En términos de electricidad, negativo significa receptividad, depósito. En el cuerpo de la mujer, la energía está reservada; hay mucha energía en reserva. Pero no es activa; es inactiva.

Por eso las mujeres no crean; no escriben poesía ni hay grandes pintoras o investigadoras científicas. Esto es debido a que para un trabajo de investigación o un trabajo creativo es necesario ser agresiva. Solo puede esperar; por eso, solo puede crear niños.

El hombre tiene un cuerpo positivo, pero siempre que hay un cuerpo positivo debe haber otro negativo al lado; si no, no durará. Ambos están presentes a la vez, el círculo se cierra. El segundo cuerpo del hombre es femenino, mientras que el segundo cuerpo de la mujer es masculino. Por eso —y este es un hecho muy interesante—, el hombre parece y es muy fuerte en lo que al cuerpo físico se refiere. Pero detrás de esta fuerza exterior se halla un débil cuerpo femenino. Por eso solo consigue mostrar su fuerza en algunos momentos aislados. A la larga pierde a manos de la mujer, ya que detrás de su débil cuerpo femenino se encuentra un fuerte cuerpo positivo.

Por este motivo, la capacidad de resistencia de la mujer, su capacidad de aguante, es mayor que la del hombre. Si un hombre y una mujer padecen la misma enfermedad, la mujer puede soportarla mejor que el hombre. Las mujeres tienen niños. Si los hombres tuviesen que tener niños se darían cuenta de la dolorosa prueba que hay que pasar. Quizá así no sería necesaria la planificación familiar, porque el hombre no puede soportar tanto dolor durante tanto tiempo. Puede darle un ataque de rabia durante un minuto o dos, luchar con una almohada, pero no puede llevar a un niño en su vientre durante nueve meses, ni criarle pacientemente durante años. Si el niño está llorando toda la noche sería capaz de estrangularle. No será capaz de soportar la molestia. Tiene una fuerza extraordinaria, pero detrás de esto hay un frágil y delicado cuerpo etéreo. A causa de esto, no puede soportar el dolor ni la incomodidad. Por eso la mujer cae enferma menos que el hombre, y su vida es más larga.

El tercer cuerpo del ser humano —es decir, el cuerpo astral— será de nuevo masculino, y el cuarto, o cuerpo psíquico, volverá a ser femenino. En la mujer sucede a la inversa. La división de lo masculino y lo femenino solo existe hasta el cuarto cuerpo; el quinto cuerpo está más allá del sexo. Por eso, en cuanto se alcanza el atman ya no hay masculino ni femenino, pero no hasta entonces.

Se me ocurre otra cosa relacionada con esto. Como todos los hombres tienen un cuerpo femenino en su interior, y todas las mujeres tienen un cuerpo masculino, el matrimonio solo tendrá éxito si coincide que la mujer encuentra un marido idéntico a su cuerpo masculino, o si el hombre se casa con una mujer que es idéntica a su cuerpo femenino interno; de lo contrario, no tendrá éxito.

El 99 por 100 de los matrimonios son un fracaso por este motivo, porque todavía no conocen la regla intrínseca del éxito. Mientras no seamos capaces de averiguar la alianza correcta entre los cuerpos de energía respectivos de las dos personas, los matrimonios seguirán estando abocados a ser un fracaso a pesar de todos los intentos que hagamos en otro sentido. Solo habrá matrimonios con éxito si se tienen datos científicos absolutamente claros sobre los distintos cuerpos. A un niño o una niña que haya alcanzado el punto del despertar de la kundalini le resultará muy sencillo elegir al compañero correcto en su vida. Uno puede escoger correctamente en el exterior cuando conoce todos los cuerpos internos. Pero antes de conocerlos es muy difícil.

Por eso, los que sabían, insistían en que el niño debía guardar celibato durante los veinticinco años iniciales para desarrollar los cuatro primeros cuerpos, y solo después se podía casar... porque ¿con quién se va a casar? ¿Con quién quiere pasar el resto de su vida? ¿A quién está buscando? ¿Qué tipo de hombre busca una mujer? Busca al hombre que está en su interior. Si resulta que, casualmente, se conecta con la persona adecuada, entonces el hombre y la mujer estarán satisfechos; de lo contrario, habrá insatisfacción y, a raíz de esto, aparecerán mil y una perversiones. El hombre irá a una prostituta o buscará a la mujer de al lado. Día a día, su desesperación irá en aumento, y a medida que aumenta el intelecto del hombre tenderá a aumentar su infelicidad.

Si el desarrollo de una persona se detiene a los catorce años no padecerá esta agonía, porque el sufrimiento comienza con el desarrollo del tercer cuerpo. Si solo se hubiesen desarrollado los dos primeros cuerpos, el hombre estaría satisfecho con el sexo. Por tanto, hay dos posibilidades: o bien deberíamos hacer que el niño se desarrollara hasta el cuarto cuerpo durante los veinticinco primeros años, los años de celibato, o deberíamos fomentar los matrimonios de niños. Matrimonio de niños significa casarse antes de que se desarrolle el intelecto, de modo que la persona se queda estancada en el sexo; esto no originará ningún conflicto porque la relación se da enteramente en el plano animal. La relación en un matrimonio de niños es puramente sexual; en este matrimonio no hay posibilidad de que haya amor.

Actualmente, en lugares como América, donde la educación ha hecho grandes progresos y donde el tercer cuerpo se ha desarrollado completamente, los matrimonios no duran. Es inevitable porque el tercer cuerpo se rebela ante una relación equivocada. De modo que acaba en divorcio porque no es posible prolongar este tipo de matrimonio.

La forma de educación correcta es aquella que desarrolla los cuatro primeros cuerpos. La educación correcta es aquella que te lleva hasta el cuarto cuerpo. Entonces, el cometido de la educación se habrá completado. No hay ninguna educación que te ayude a entrar en el quinto cuerpo; tienes que llegar por tus propios medios. Una educación adecuada te llevará fácilmente hasta el cuarto cuerpo. Después comienza el desarrollo del quinto cuerpo, que es muy valioso y personal. La kundalini es el potencial del cuarto cuerpo; por eso, la kundalini es un fenómeno psíquico. Espero que ahora os haya quedado claro.

Capítulo 4

LAS BASES DE LA ARMONÍA EN LOS TRES PRIMEROS CUERPOS

¿Cómo debería preparar el meditador su cuerpo físico, etéreo y astral para el despertar de la kundalini?

Lo primero que hay que entender a este respecto es que la total armonía entre el primero, segundo y tercer cuerpo es absolutamente esencial. Si no hay una conexión armónica entre estos tres cuerpos, el despertar de la kundalini puede ser perjudicial. Para que tenga lugar esta armonía, esta correspondencia, son muy necesarias una serie de circunstancias.

En primer lugar, mientras ignoremos y seamos insensibles al cuerpo físico, este cuerpo no podrá establecer una armonía con los demás cuerpos. Cuando digo insensibles me refiero a que no somos totalmente conscientes del cuerpo. Cuando caminamos, apenas somos conscientes del hecho de que estamos caminando. Cuando estamos de pie, apenas somos conscientes del hecho de estar de pie. Cuando comemos, apenas somos conscientes de este hecho. Cualquier actividad que hagamos con el cuerpo, la hacemos inconscientemente, como un sonámbulo. Si no somos conscientes de este cuerpo, seremos doblemente inconscientes de los demás cuerpos internos, porque son más sutiles. Si no somos conscientes del cuerpo manifiesto que es visible a simple vista, ni siquiera se planteará la posibilidad de ser conscientes de los cuerpos sutiles. Es imposible ser conscientes de ellos. Sin conciencia no hay armonía. La armonía solo es posible en un estado consciente. En un estado inconsciente se destruye toda la armonía. Por tanto, lo primero que hay que hacer es ser conscientes del cuerpo. Es absolutamente necesario recordarlo en cada pequeño movimiento del cuerpo. Deberíamos poner atención en todo lo que hacemos. Como solía decir Buda: «Al andar por el camino sé consciente de que estás andando. Cuando levantas el pie derecho tu mente debería ser consciente de que se ha levantado el pie izquierdo. Mientras duermes por la noche deberías ser consciente de cuándo te das la vuelta».

Hay una anécdota de la vida de Buda cuando todavía solo era un buscador. Pasaba por un pueblo con un compañero. Estaban conversando, cuando una mosca se posó en el cuello de Buda. En medio de la discusión levantó la mano para espantar la mosca. Esta salió volando pero, de repente, Buda se detuvo:

—He cometido un grave error —le comentó Buda a su compañero.

Después volvió a levantar la mano como queriendo espantar la mosca otra vez.

El compañero de búsqueda exclamó sorprendido:

—¿Qué estás haciendo? Ya no hay ninguna mosca.

Buda respondió:

—Estoy espantando la mosca como debería haberlo hecho. Ahora soy totalmente consciente de lo que estoy haciendo. Ahora, cuando levanto la mano, soy totalmente consciente de que lo estoy haciendo y de que la mano se dirige hacia mi cuello para espantar la mosca. Antes estaba hablando contigo; mi atención era mecánica. He cometido un pecado contra mi cuerpo.

Si empezamos a hacer todos nuestros actos físicos con total atención, se romperá la identificación con el cuerpo físico. Si estás totalmente atento cuando levantas una mano, te sentirás separado de la mano…, porque el que la levanta es diferente a aquello que se levanta. La sensación de estar separado del cuerpo físico es el comienzo de la conciencia del cuerpo etéreo. Entonces, como dije antes, también deberías ser totalmente consciente del segundo cuerpo. Imagínate que está tocando una orquesta. La orquesta está formada por muchos instrumentos. Si entre le público hay alguien que nunca ha escuchado una orquesta solo oirá los tambores, ya que es el instrumento que suena más fuerte; no será capaz de distinguir las notas más suaves de los demás instrumentos. Pero si se empieza a hacer consciente de la música, poco a poco, captará las notas más suaves. A medida que su conciencia va aumentando empezará a captar las notas más sutilmente delicadas. Después, a medida que su conciencia sigue aumentando, no solo oirá las notas sino que también se hará consciente del espacio que hay entre dos notas..., del silencio entre dos notas. Entonces habrá comprendido la música. El intervalo, la separación, es lo último que se capta. Entonces se puede decir que su comprensión de la música es completa.

El intervalo, el silencio entre dos notas, tiene su propio significado. En realidad, las notas solamente acentúan ese silencio. El auténtico sentido de la música es resaltar la importancia del silencio.

Si has visto las pinturas japonesas o chinas te habrá sorprendido que el dibujo siempre se encuentra en una esquina; el resto del lienzo está vacío. En ninguna otra parte del mundo se encuentra este estilo de pintura, porque los artistas no han pintado tan meditativamente en ningún otro lugar. De hecho, solo los meditadores de China o Japón se han dedicado a la pintura. Si le preguntas al pintor por qué ha desperdiciado un lienzo tan grande para un dibujo tan pequeño, cuando podía haber usado un lienzo ocho veces más pequeño, te contestará que ha trabajado específicamente en una parte del lienzo para hacer resaltar el espacio vacío de las siete octavas partes del lienzo. Esta es la proporción que hay en la realidad.

Normalmente, si dibujas un árbol al aire libre te ocupará todo el lienzo. En realidad, el árbol debería estar en una esquina, como si fuese insignificante comparado con la amplitud del cielo. Esta es la proporción real. El árbol solo podrá estar vivo cuando tenga la proporción correcta de espacio dentro el lienzo. Por tanto, todos nuestros cuadros están desproporcionados. Si un meditador hace música, habrá menos sonido y más silencio, porque todas las notas serán pequeñas si las comparamos con el silencio que las une. Los sonidos solo tienen una utilidad: sugerir el vacío, el silencio, y después desaparecer. Cuanto más profundices en la música, más profunda se volverá tu sensación de silencio.

La finalidad de nuestro cuerpo físico es únicamente darte una percepción de tus cuerpos más sutiles, pero nunca lo usamos con este fin. Nos quedamos enganchados en el cuerpo físico porque estamos dormidos y nos identificamos con él. Estamos dormidos; de este modo vivimos en el cuerpo de una forma muy inconsciente. Si te haces consciente de cada uno de los actos de este cuerpo empezarás a sentir la presencia del segundo cuerpo. El segundo cuerpo también tiene su propia actividad, pero no conocerás el cuerpo etéreo hasta que no seas totalmente consciente de las actividades del cuerpo físico, puesto que el cuerpo etéreo es más sutil. Si eres totalmente consciente de las actividades del cuerpo físico empezarás a sentir los movimientos del segundo cuerpo. Después te sorprenderás de que las vibraciones etéreas están funcionando todo el tiempo dentro de ti.

Un hombre se enfada. El enfado nace en el cuerpo etéreo, pero se manifiesta en el primer cuerpo. Básicamente, el enfado es una actividad del segundo cuerpo; el primer cuerpo se usa como medio de expresión. Por tanto, si quieres, puedes impedir que el enfado llegue al primer cuerpo. Esto es lo que se hace con la represión. Supón que estoy lleno de rabia: tengo ganas de pegarte con un palo, pero me detengo. El pegar es una actividad del primer plano. Básicamente hay enfado, pero ahora ya no hay una manifestación del enfado. Me puedo contener para no pegar; incluso soy capaz de sonreírte si lo deseo. Pero, en mi interior, la rabia se ha extendido por el segundo cuerpo. Por consiguiente, lo que sucede con la represión es que nos reprimimos en el plano de la manifestación, aunque la rabia ya está presente en su fuente primordial.

Cuando empieces a ser consciente del proceso del cuerpo físico empezarás a entender la actividad del amor, la rabia y el odio dentro de ti; te harás consciente de su presencia. Hasta que no captes la actividad de estas emociones que surgen en el segundo cuerpo, lo único que podrás hacer es reprimirlas. No podrás librarte de ellas porque solo te harás consciente cuando alcancen el primer cuerpo; y, en muchas ocasiones, ni siquiera entonces: a menudo solo te das cuenta cuando ya han alcanzado el cuerpo de otra persona. Somos tan insensibles que no nos damos cuenta de lo que hemos hecho hasta que la bofetada alcanza la cara de la otra persona. Después de la bofetada nos damos cuenta de que ha sucedido algo.

Todas las emociones surgen en el cuerpo etéreo. Por eso también llamo cuerpo emocional al segundo cuerpo, al cuerpo etéreo. Tiene sus propios impulsos, sus actividades de rabia, amor, odio, desasosiego. Llegarás a conocer estas vibraciones.

El cuerpo etéreo se encoge cuando tiene miedo. El proceso de encogernos que sentimos cuando tenemos miedo no pertenece al primer cuerpo. El primer cuerpo sigue igual; no hay ningún cambio en él. Pero el efecto de esta contracción del cuerpo etéreo se vuelve evidente en la forma de caminar de una persona, en la forma de sentarse. Parece que está subyugado todo el tiempo. No está erguido. Al hablar balbucea. Le tiemblan las piernas cuando camina; le tiemblan las manos cuando escribe.

Cualquier persona es capaz de ver la diferencia entre la forma de escribir de un hombre y la de una mujer; no es en absoluto difícil. La letra de una mujer nunca es recta. No importa lo simétricas y bien hechas que estén las letras, siempre habrá signos de temblor. Es una característica femenina y proviene del cuerpo femenino. La mujer siempre está temerosa; su personalidad está marcada por el miedo. De modo que se puede distinguir la letra de una mujer o la de un hombre sin mucha dificultad. Por la letra, también podemos saber si un hombre es muy miedoso. No hay diferencia entre los dedos de una mujer y los de un hombre, ni tampoco en la forma de agarrar el bolígrafo. En lo que se refiere al primer cuerpo no hay diferencias entre los dos, pero en el plano del segundo cuerpo, la mujer es temerosa.

Ni siquiera la mujer contemporánea ha logrado no tener miedo. Es tal el estado de nuestra sociedad, nuestra cultura y nuestro
pensamiento que aún no hemos sido capaces de conseguir que la
mujer no tenga miedo. Está temerosa todo el tiempo, y las vibraciones de su miedo se extienden a su personalidad. El grado de
valentía o de miedo de los hombres también se puede calcular por
su letra. El estado del miedo está en el plano de lo etéreo. Os he
dicho que estéis atentos a todos los sucesos del cuerpo físico, pero
del mismo modo debéis estar atentos a los procesos del cuerpo
etéreo. Cuando estás enamorado, sientes como si te expandieras.
La libertad que sientes en el amor se debe a esta expansión. Ahora estás con alguien con el que no tienes nada que temer. Con la
persona a la que quieres no tienes motivos para tener miedo. A
decir verdad, amar significa no tener miedo en presencia de alguien
con quien puedes florecer del todo, sin importar quién seas. Por
eso, en los momentos de amor tienes la sensación de expandirte. El
cuerpo físico sigue siendo el mismo, pero el cuerpo etéreo interno
florece y se expande.

En la meditación siempre hay experiencias del cuerpo etéreo.
El meditador puede sentir que su cuerpo se expande ..., se expande tanto que llena toda la habitación. Sin embargo, su cuerpo físico sigue igual. Cuando abre los ojos se sorprende al ver que su
cuerpo sigue igual. Pero la sensación de la experiencia continúa y
le hace darse cuenta de que lo que sintió no era falso. La experiencia está muy clara, llenaba toda la habitación. Esto es una actividad del cuerpo etéreo; sus posibilidades de expansión son ilimi-
tadas. También se expande y se contrae según las emociones.
Puede expandirse hasta llenar la tierra; se puede contraer hasta
entrar en un átomo.

Empezarás a darte cuenta de los movimientos del cuerpo etéreo, sus expansiones y contracciones, y en qué situaciones se contrae o se expande. Si el meditador empieza a vivir procesos en los
que se expande, habrá armonía. Si empieza a vivir en condiciones que hacen que se encoja, no habrá armonía entre los dos cuerpos. Su naturaleza innata es la expansión. Si se expande totalmente, si florece del todo, se conecta al primer cuerpo mediante un

puente. Si se vuelve temeroso y se encoge, se rompen todos los lazos con el primer cuerpo y se queda aislado en un rincón.

Hay otros procesos del segundo cuerpo que se pueden conocer por medio de métodos diferentes. Por ejemplo, una persona está perfectamente bien, completamente sana. Pero si alguien le dice que le han condenado a muerte, palidecerá inmediatamente; no ha habido ningún cambio en su primer cuerpo, sin embargo, hay un cambio inmediato en su cuerpo etéreo. Su cuerpo etéreo está listo para abandonar el cuerpo físico. Si el dueño de una casa se entera de que tiene que abandonar la casa inmediatamente, desaparecerá toda la alegría, toda la gracia; se alterará todo. En cierto sentido, el segundo cuerpo ha cortado los lazos con el primero. La ejecución tendrá lugar dentro de algún tiempo o quizá no suceda; sin embargo, la conexión con el primer cuerpo se ha interrumpido.

Si te ataca un hombre con una pistola en la jungla, o un león, aunque a tu cuerpo físico todavía no le ha ocurrido nada, el cuerpo etéreo se prepara rápidamente para marcharse y se separa a mucha distancia del primer cuerpo. Por tanto, puedes observar el funcionamiento del segundo cuerpo de una forma sutil, y lo puedes hacer sin dificultad. La dificultad estriba en que no acertamos a observar el funcionamiento del cuerpo físico. Si lo hiciésemos, empezaríamos a notar las funciones del segundo cuerpo. Cuando el funcionamiento de ambos esté claro, este mismo hecho hará que haya armonía entre los dos. Después hay un tercer cuerpo, el cuerpo astral. Sus funciones son claramente más sutiles; más sutiles que el miedo, la rabia, el amor y el odio. Es difícil captar su funcionamiento, a menos que conozcamos el segundo cuerpo por completo. Desde el primer cuerpo es incluso más difícil entender el tercer cuerpo, porque la distancia es mayor y el intervalo más grande; en el primer plano somos inconscientes. El segundo cuerpo esta más cerca, por eso entendemos un poco cómo funciona. Es como si fuese nuestro vecino: a veces podemos oír el ruido de las cacerolas, o el llanto de un niño en la casa de al lado. Pero el tercer cuerpo es el vecino del vecino y no nos llega ningún ruido de su casa.

El fenómeno del tercer cuerpo es todavía más sutil. Solo lo podemos captar si percibimos totalmente las emociones. Cuando las emociones se condensan, se convierten en acción. Y las ondas astrales son más sutiles que las ondas emocionales. Por eso, si no expresas tu enfado nunca podré saber que estás enfadado conmigo, porque solo puedo verlo cuando entra en acción. Pero tú puedes verlo de antemano. Puedes sentir cómo surge en tu cuerpo etéreo. Esta rabia que ha aparecido tiene sus propios átomos que provienen del cuerpo etéreo. Si no surgiesen estos átomos, no podrías enfadarte. Puedes decir que el cuerpo astral es un conjunto de vibraciones. Este ejemplo te ayudará a entender mejor los diferentes estados de este cuerpo. Podemos tener agua, y podemos tener hidrógeno y oxígeno separados; en el oxígeno no hay rastro del agua, y en el agua tampoco hay rastro del oxígeno. Ni el oxígeno ni el hidrógeno tienen las propiedades del agua, pero ambos se combinan para formar el agua; cada uno tiene una propiedad oculta que se manifiesta cuando se combinan. En el cuerpo astral no puedes encontrar rabia ni amor, odio ni miedo. Pero hay vibraciones que se manifiestan al combinarse con el segundo cuerpo. De modo que si eres totalmente consciente del segundo cuerpo, si estás completamente atento a tu rabia, entonces te darás cuenta de que algunas reacciones suceden antes de que surja la rabia. En otras palabras, el origen no es la rabia. Es la segunda parte de un suceso que ya ha tenido lugar en otro sitio.

Aparece una burbuja en el fondo del lago y empieza a ascender. No podemos verla cuando sale de la arena, en el fondo del lago. Cuando alcanza la mitad de la profundidad todavía sigue siendo invisible. Cuando está a corta distancia de la superficie empieza a hacerse visible, aunque es muy pequeña. Entonces, a medida que sube a la superficie, se va haciendo cada vez más grande porque el peso y la presión del agua disminuyen mientras va subiendo. Ahora ya podemos divisarla. En las profundidades, la presión del agua la mantenía pequeña, pero a medida que va ascendiendo la presión es menor, hasta que alcanza su tamaño natural. Pero cuando alcanza toda su dimensión explota.

Ha viajado un largo camino. Había sitios donde no podíamos verla pero, a pesar de todo, estaba escondida debajo de la arena. Después salió de ahí pero seguía siendo invisible porque el agua hacía presión hacia abajo. Después se acercó a la superficie desde donde la podíamos ver, aunque seguía siendo muy pequeña. Entonces, subió hasta la superficie donde la podíamos ver entera..., pero entonces explotó. La burbuja de la rabia se desarrolla así, y cuando llega al primer cuerpo explota. Cuando llega a la superficie se manifiesta. Si lo deseas, puedes detenerla en el segundo cuerpo, pero eso sería represión. Si te fijas en el cuerpo etéreo, te asombrará comprobar que ya ha viajado un trecho. Pero en su lugar de origen se encuentra en forma de vibraciones de energía.

Como os dije antes, no hay diferentes tipos de materia sino diferentes combinaciones de las mismas partículas de energía. El carbón y el diamante son lo mismo, la diferencia está en la combinación de las partículas de energía. Si descompones la materia en sus componentes, al final solo quedará energía eléctrica. Las diferentes combinaciones de estas ondas energéticas dan lugar a la formación de sustancias diferentes. Todas las sustancias son distintas en la superficie pero, en el fondo, son lo mismo.

Si despiertas al cuerpo etéreo y vas hasta el origen de las emociones te encontrarás, de pronto, en el cuerpo astral. Entonces, te darás cuenta que enfadarse no es enfadarse, perdonar no es perdonar; en ambos vibra la misma energía. La energía que hay en las vibraciones de amor y de odio es la misma. La única diferencia es la naturaleza de las vibraciones.

Cuando el amor se transforma en odio y el odio en amor, nos preguntamos cómo es posible que dos sentimientos opuestos se pueden transformar el uno en el otro. Por ejemplo, una persona a la que hasta ayer llamaba mi amigo, hoy es mi enemigo. Entonces me consuelo diciendo que quizá me equivoqué, que nunca fue mi amigo, porque ¿cómo se puede convertir tu amigo en un enemigo? La energía que vibra en la amistad y la enemistad es la misma; la diferencia solo está en la naturaleza de las vibraciones. La diferencia está en la estructura de las ondas. Lo que lla-

mamos amor es amor por la mañana y odio por la noche. Por la
tarde es amor y por la noche se transforma en odio. Es una situación complicada. A la persona que queremos por la mañana la
odiamos por la noche. Freud tenía la impresión de que amamos a quienes odiamos,
y odiamos a quienes amamos. Hasta cierto punto, tenía razón en
los motivos que exponía, pero como no tenía conocimiento de los
otros cuerpos del hombre no pudo avanzar más en sus investigaciones. La razón que dio era muy superficial. Dijo que la relación
con la madre es la primera relación que experimenta el niño; la
madre es el primer objeto que ama. Cuando la madre lo cuida y le
da atención, el niño la quiere, y si la madre le riñe o le castiga, el
niño la odia. Por tanto, en su mente hay dos sentimientos acerca
del mismo objeto: su madre, a la que odia del mismo modo que la
quiere. A veces siente que querría matarla, y otras veces siente que
no puede vivir sin ella, que es su propia respiración.

Este pensamiento dual convierte a la madre en su primer objeto de amor y odio. Después, durante toda su vida, odiará a las personas que también quiere debido a esta asociación en su mente.

Esto es un descubrimiento muy superficial. Ha captado la burbuja en la superficie, justo cuando estaba a punto de explotar. Si
un niño es capaz de amar y odiar a su madre a la vez, esto significa que la diferencia entre el amor y el odio es cuantitativa y no
cualitativa. El amor y el odio no se pueden manifestar juntos a la
vez. Solo pueden estar los dos presentes si se cumple una condición… que sean transmutables; sus ondas pueden oscilar de uno a
otro. Por tanto, solo en el tercer cuerpo llega el meditador a entender el porqué la mente está llena de emociones opuestas. Por la
mañana llega una persona, se postra a mis pies y me saluda como
si fuera un santo…, su amado maestro. La misma persona viene
por la noche, me insulta y dice «este hombre es el diablo en persona». Al día siguiente vuelve, me llama su maestro y me toca los
pies. Entonces, los demás vienen y me aconsejan que no le haga
caso, puesto que a veces me llama Dios y a veces el diablo. Les
contesto que es la única persona en la que puedo confiar. No debemos culparle. No está haciendo declaraciones contradictorias;

mejor dicho, sus declaraciones pertenecen al mismo espectro. Son peldaños de la misma escalera, la diferencia solo es cuantitativa. De hecho, en cuanto dice «amado Maestro» se está aferrando a una de las partes. La mente está formada por pares de opuestos, ¿dónde se ha quedado la otra parte? Estará escondida detrás de la primera, esperando a que esta se agote. Finalmente, la primera se cansará, pues ¿cuanto tiempo puede seguir diciendo «amado Maestro»? Cuando se canse, aparecerá la segunda parte que le impulsará a decir: «Este hombre es el diablo en persona». Pero no son dos cosas, son la misma.

No podremos ser capaces de resolver los problemas del hombre hasta que lleguemos a entender que las emociones opuestas son formas de la misma energía. El mayor problema con el que nos enfrentamos es que cuando amamos también odiamos. Estamos dispuestos a matar a la persona sin la cual no podemos vivir. Nuestro amigo, en el fondo, también es nuestro enemigo. Este es nuestro problema, y siempre que haya relaciones, esto planteará un gran dilema. Pero hay que dejar claro que la energía subyacente de las emociones opuestas es la misma, no hay ninguna diferencia.

Ordinariamente, consideramos que la luz y la oscuridad son dos cosas opuestas, esto es incorrecto. En términos científicos, la oscuridad es la luz en su manifestación mínima. Si lo intentamos, también encontraremos luz en la oscuridad. Donde no hay luz, no hay oscuridad. Si nuestros instrumentos científicos no son capaces de captarlo, eso es otro asunto. Nuestros ojos serán incapaces de discernir la luz en la oscuridad, pero luz y oscuridad están en el mismo plano, son formas y vibraciones distintas de la misma energía.

Resultará más sencillo entenderlo de este modo: creemos que la luz y la oscuridad son fenómenos totalmente opuestos, pero no creemos que el frío y el calor se opongan hasta ese punto. Sería interesante llevar a cabo un experimento. Deja que una de tus manos se caliente en una estufa y pon la otra dentro del hielo. Ahora coloca las dos manos en un cubo con agua a temperatura ambiente. Te costará trabajo decidir si el agua está caliente o fría. Una mano te dirá que está caliente y la otra que está fría. No sabrás qué decir porque ambas manos son tuyas. En realidad, calor y frío no son dos cosas diferentes; son experiencias relativas. Cuando decimos que algo está frío, esto quiere decir que nosotros estamos más calientes. Cuando decimos que está caliente, significa que nosotros estamos fríos; solo estamos expresando la diferencia cuantitativa de la temperatura entre el objeto y nosotros, nada más. No hay cosas calientes ni frías, o también puedes decir que lo que está caliente también está frío. De hecho, caliente y frío son términos engañosos. Deberíamos hablar en términos de temperatura, esa sería la expresión correcta. El científico tampoco usa los términos caliente y frío. Dice que la temperatura de una cosa es tantos grados. Caliente y frío son términos poéticos. Son peligrosos para la ciencia porque no conllevan nada.

Si un hombre entra en una habitación y dice que está fría, no sabemos qué está diciendo. Quizá tenga fiebre y sienta que la habitación está fría, aunque no esté tan fría. Por eso, hasta que el hombre no sepa cuál es la temperatura de su cuerpo, la temperatura de la habitación no tiene sentido. Podemos decir: «No hagas comentarios de si la habitación está caliente o fría, simplemente di cuál es la temperatura de la habitación». Los grados no nos dan ninguna idea de calor o frío, solo nos informan de cuál es la temperatura. Si la temperatura es más baja que la de tu cuerpo, sentirás frío; si es más alta, sentirás calor. Lo mismo sucede con la luz y la oscuridad, depende de tu capacidad de ver. La noche nos parece oscura, pero no le sucede lo mismo al búho. Al búho le parece oscuro el día. Debe estar preguntándose: «El hombre es una criatura realmente extraña, ¡se pasa toda la noche despierto!». Generalmente, el hombre considera tonto al búho, pero no sabe cuál es la opinión que tiene el búho de él. Para el búho el día es la noche, y es de noche cuando es de día. ¡Debe estar admirado de lo ridículo que es el hombre! Piensa: «Entre los seres humanos hay muchos sabios, y a pesar de eso, están despiertos por la noche y cuando se hace de día se van a dormir. Cuando llega la hora de estar despiertos y hacer cosas, esas pobres criaturas se van a dormir». Los ojos del búho pueden ver de noche. Como puede ver de noche, la noche no es oscura para él.

Las vibraciones del amor y el odio son como las de la oscuridad y la luz, tienen su propio porcentaje. Cuando empieces a ser consciente del tercer plano te encontrarás en una situación extraña: la elección de amar u odiar no está en tus manos. Entonces sabrás que son dos nombres distintos para una misma cosa. Si escoges uno, estás escogiendo automáticamente el otro; no puedes evitar la segunda elección. Si le pides a una persona del tercer plano que te ame, te preguntará si también estás preparado para el odio. Por supuesto, dirás: «No, solo quiero amor. ¡Dame amor, por favor!». Te responderá que no es posible porque el amor es una de las formas de la vibración del odio. De hecho, el amor es la forma que te agrada, mientras que el odio es otra forma de la misma vibración que te desagrada.

Por eso, la persona que es consciente del tercer plano se empieza a liberar de los pares de opuestos. Por primera vez, se dará cuenta de que lo que consideraba como dos opuestos son una sola cosa y la misma. Dos ramas opuestas que forman parte del mismo tronco del árbol. Entonces, se reirá de su estupidez al tratar de destruir una para poder tener la otra. Antes no sabía que era imposible y que, en lo más profundo, el árbol era el mismo. Solo podrás conocer el tercer plano después de despertar al segundo plano, porque el tercer cuerpo tiene vibraciones muy sutiles. Ahí no hay emociones, solo vibraciones.

Si llegas a entender las vibraciones del tercer cuerpo empezarás a tener una experiencia única. Entonces, solo con verla, serás capaz de saber qué clase de vibraciones rodean a una persona. Como no eres consciente de tus propias vibraciones es imposible que reconozcas las de otra persona; las vibraciones que emanan del tercer cuerpo se concentran alrededor de la cabeza. El halo que pintan en los dibujos de Buda, Mahavira, Rama y Krishna es el aura que se ve alrededor de sus cabezas. Se ha descubierto que tienen colores determinados. Si tienes la experiencia correcta del tercer cuerpo empezarás a detectar estos colores. Cuando empieces a detectarlos, no solo verás los tuyos, sino también los de los demás.

De hecho, cuanto más profundamente empecemos a vernos, más profundamente empezaremos a ver a los demás…, en la mis-

ma proporción. Cuando lleguemos a conocer nuestro cuerpo etéreo empezaremos a ser conscientes de los cuerpos etéreos de los
demás.

Cuando estás a punto de enfadarte, te das cuenta de antemano de lo que te va a suceder. Antes de que expreses amor se puede predecir perfectamente que estás haciendo preparativos para
el amor. Conocer los sentimientos de los demás, después de todo,
no es un hecho tan insólito. Si te haces consciente de tu propio
cuerpo emocional será fácil captar los sentimientos de los demás,
porque empezamos a ver todas las variaciones que hay. Cuando
nos despertamos al tercer plano todo se vuelve muy sencillo, porque entonces podemos ver también los colores de la personalidad.

Los colores de la ropa de los sadhus y los sannyasins se escogieron por el color que se veía desde el tercer cuerpo. La elección
era diferente en cada caso según en qué cuerpo se estaba poniendo énfasis. Por ejemplo, Buda escogió el amarillo porque hacía
énfasis en el séptimo cuerpo. El aura de una persona que ha alcanzado el séptimo plano es amarilla; por tanto, Buda escogió el amarillo para sus bikkhus[3]. Por culpa de este color, los bikkhus budistas tuvieron dificultades para quedarse en India. El amarillo se
identifica con la muerte. Y de hecho, es el color de la muerte,
porque el séptimo plano es el plano de la muerte definitiva. De
modo que en nuestro ser más profundo el amarillo está asociado
con la muerte.

El color naranja nos da una sensación de vida. Por eso, los
sannyasins vestidos de naranja eran más atractivos que los que estaban vestidos de amarillo, parecían estar vivos. Este color es el color
de la sangre, el color del aura del sexto cuerpo: es el color del sol
naciente. Los jainistas escogieron el blanco, que es el color del
quinto cuerpo, el cuerpo espiritual. Los jainistas insistían en dejar
en paz a Dios, en apartar de la polémica a Dios y el nirvana, porque las discusiones científicas solo son posibles hasta el quinto

---

[3] Palabra comúnmente utilizada para referirse a los monjes budistas.
(N. del T.)

cuerpo. Mahavira fue un hombre de mente científica. Por eso, solo hablaba acerca de temas que se pudieran resolver matemáticamente; aparte de eso, se negaba a hablar. No deseaba hablar mientras sus palabras estuviesen expuestas a errores, y se negó a desarrollar un misticismo. Mahavira decía que no se podía hablar sobre esto; era mejor practicarlo y experimentarlo. Por eso no habló de los planos que están más allá del quinto. Mahavira escogió el blanco por eso, porque es el color del quinto plano. Desde el tercer plano empezarás a ver colores que son consecuencia de las vibraciones sutiles que hay en nuestro interior. En un futuro próximo los podremos fotografiar. Si se pueden ver con el ojo humano, dentro de poco no escaparán al objetivo de la cámara. Entonces, desarrollaremos una magnífica habilidad para valorar a las personas y su carácter. Hay un pensador alemán que se llama Luschev, que ha estudiado el efecto del color sobre millones de personas. Hay muchos hospitales en Europa y en América que están utilizando sus experimentos. El color que eliges revela muchas cosas de tu personalidad. Un hombre que tiene una enfermedad determinada prefiere un color determinado; una persona sana escoge un color totalmente distinto; una persona tranquila prefiere otro color; una persona ambiciosa escoge un color muy diferente al de una persona no ambiciosa. Con tu elección das una pista sobre lo que está ocurriendo en tu tercer cuerpo. Es un hecho curioso que si se capta el color que emana de tu tercer cuerpo, y si se compara con tu color preferido, resultará que son el mismo; escogerás un color parecido al que emana de tu tercer cuerpo.

Los colores tienen significados y usos maravillosos. Antes no se sabía que los colores eran tan significativos, ni que podían hablar de tu personalidad incluso externamente. Tampoco se sabía que el efecto de los colores puede alcanzar tu personalidad interna. No te puedes escapar. Por ejemplo, el color rojo siempre está conectado con la revolución. Es el color de la rabia y es difícil evitarlo. Por eso, los revolucionarios llevaban banderas rojas. Alrededor de una mente colérica hay un aura de color rojo. Es el color de la sangre, de la muerte, de la rabia y la destrucción.

Es muy curioso: si todas las cosas de la habitación fuesen

rojas, aumentaría la presión de la sangre de todos los que estáis ahí sentados. Si una persona vive continuamente rodeada de rojo, su presión sanguínea nunca será normal. El color azul hace que descienda la presión de la sangre; es el color del cielo y de la tranquilidad suprema. Si estás rodeado de azul, descenderá la presión de tu sangre.

Dejando a un lado al hombre, si llenas de agua una botella azul y la dejas al sol, la composición química del agua cambiará. El agua absorbe el color azul y este modifica su composición. Este agua tiene un efecto determinado en la presión sanguínea del hombre. De un modo similar, si llenamos de agua una botella amarilla y la ponemos al sol, sus características cambiarán. El agua de la botella azul seguirá estando fresca durante días, mientras que la de la botella amarilla se pudrirá enseguida. El amarillo es el color de la muerte y desintegra las cosas.

Empezarás a ver círculos de colores a tu alrededor. Esto sucede en el tercer plano. Cuando eres consciente de estos tres cuerpos, esa misma conciencia originará una armonía entre ellos. Entonces, ningún tipo de *shaktipat* [4] podrá ser perjudicial. La energía de *shaktipat* entrará en tu cuarto cuerpo a través de los niveles armoniosos de los tres primeros cuerpos; esta será la autopista por la que viajará. Si el camino no está listo habrá muchos peligros. Por eso he dicho que los tres primeros planos tienen que estar fuertes y en forma, solo así podrá haber un desarrollo suave.

---

[4] Transferencia de energía. *(N. del T.)*

Capítulo 5

LIMITACIONES CIENTÍFICAS Y POSIBILIDADES DE CONOCER LOS CUERPOS SUTILES

Lo que llamamos cuerpo físico y lo que llamamos alma no son dos cosas diferentes y separadas. Entre ellas no hay separación, sino unión. Siempre hemos creído que el cuerpo está separado del alma y que no hay nada que los conecte. También pensábamos que no solo estaban separados sino que eran opuestos. Esta idea separó a la religión de la ciencia. Se suponía que la religión tenía que buscar lo que era diferente del cuerpo, mientras que la ciencia descubría todo lo relacionado con el cuerpo, todo excepto el atman, el alma. Por eso es natural que la una negara a la otra.

La ciencia se dedicaba al cuerpo físico, por eso preguntaba: «¿El cuerpo es real, pero dónde está el alma?». La religión investigaba lo interno y lo llamó alma. Dijo: «El espíritu es real, y lo físico es una ilusión». Por ello, cuando la religión alcanzó la cima, describió el cuerpo como una ilusión, una fantasía, *maya*[5], y dijo que

---

[5] Ilusión. *(N. del T.)*

realmente no existía. Proclamó que el atman era la verdad y el cuerpo era ilusión. Y cuando la ciencia alcanzó la cima negó el atman. Dijo: «El concepto de alma es falso, es una mentira. El cuerpo es todo». Este error es la causa que hay detrás del concepto de que el cuerpo y el atman son dos cosas opuestas.

He hablado de los siete cuerpos. Si el primer cuerpo es físico y el último espiritual, si no tomamos en consideración los cinco cuerpos que hay entre medias no habrá ningún puente que una estos dos cuerpos. Es como si fueras a subir por una escalera y descartases todos los peldaños que hay entre el primero y el último. Entonces, el primero y el último peldaño no estarían conectados.

Si te fijas en toda la escalera verás que el primer peldaño está conectado con el último. Y si la examinas más de cerca verás que el último peldaño forma parte del primero, y que el primer peldaño forma parte del último. De forma similar, si tomamos los siete cuerpos, encontraremos una conexión entre el primero y el segundo. El primer cuerpo es el cuerpo físico; el segundo es el cuerpo etéreo..., el cuerpo emocional. Solo es una forma sutil del cuerpo físico y es inmaterial. Es tan sutil que todavía no ha sido totalmente captado por los medios físicos. Pero actualmente los físicos no niegan el hecho de que la materia física en su forma sutil se vuelve cada vez más escasa y menos física.

Por ejemplo, la ciencia moderna dice que si analizas la materia, esta finalmente se reduce a electrones que no son materia, sino partículas eléctricas. Al final no queda nada que se parezca a la materia, solo hay energía. La ciencia ha hecho un descubrimiento magnífico en los últimos treinta años. Aunque consideraba que la materia era una realidad, ha llegado a la conclusión de que la materia no existe y, sin embargo, la energía es un hecho. Actualmente la ciencia dice que la materia es una ilusión que surge debido al movimiento de la energía a velocidades elevadas. Si haces girar un ventilador a toda velocidad, no podrás ver las tres aspas. Solo vemos un círculo que gira. Los espacios entre las aspas también aparecen cubiertos. En realidad, las aspas se mueven tan deprisa que antes de que el reflejo de una de las aspas llegue a tus ojos, ya está allí la siguiente. Después, le sigue rápidamente la tercera aspa, y van una detrás de otra sin que podamos ver los espacios vacíos que hay entre ellas. Puedes hacer que el ventilador vaya a tal velocidad que te puedes sentar encima de él y no darte cuenta que debajo de ti hay algo que se está moviendo. El espacio entre las aspas se rellena tan rápidamente que cuando acaba de pasar un aspa enseguida es reemplazada por la siguiente; no te das cuenta de que hay espacio vacío entre ellas. Solo es una cuestión de velocidad. Cuando la energía gira a una velocidad elevada parece materia. La energía atómica, en la que se basa toda la investigación científica moderna, nunca ha sido percibida visualmente, solo son visibles sus efectos. La energía fundamental es invisible y nadie se plantea el poder verla, pero podemos observar sus efectos.

Si consideramos al cuerpo etéreo como un cuerpo atómico, esto no estará equivocado, porque en este caso tampoco podemos ver el cuerpo etéreo en sí, sino sus efectos. Tenemos que admitir que existe por los efectos. El segundo cuerpo es una forma sutil del primero; de ahí que no sea difícil conectarlos a los dos. De alguna forma, están unidos el uno al otro. Uno de ellos es palpable, por tanto lo puedes ver; el otro es sutil y no lo puedes ver. Más allá del cuerpo etéreo está el cuerpo astral. Es una forma de éter más sutil. La ciencia todavía no ha alcanzado a comprenderlo, pero ha llegado a la conclusión de que si analizamos la materia encontraremos que, en última instancia, lo que queda es energía. Esta energía se puede llamar éter. Si descomponemos el éter en sus componentes más sutiles lo que nos queda es el cuerpo astral, que es más sutil que lo sutil.

La ciencia aún no ha llegado al astral pero lo hará. Hasta hace poco, la ciencia solo aceptaba la existencia de la materia y negaba la existencia del átomo. Prácticamente hasta ayer, la ciencia afirmaba que la materia era sólida. Actualmente, dice que la sustancia sólida no existe y que la materia no es sólida. Han demostrado que ni siquiera las paredes que parecen tan sólidas lo son. Son porosas, y las cosas pueden pasar de un lado a otro a través de los agujeros. Quizá nos inclinemos a pensar que al menos debe ser sólido lo que hay alrededor de los poros, pero tampoco es sólido; los átomos son porosos.

Si ampliamos un átomo hasta que tenga el tamaño de la tierra encontraremos que entre los componentes del átomo hay la misma distancia que existe entre la tierra y la luna, o el sol y las estrellas. Entonces, podemos decir que al menos los componentes de los dos extremos deben de ser sólidos, pero la ciencia dice que tampoco lo son; son partículas eléctricas. La ciencia ni siquiera está dispuesta a aceptar la palabra partícula porque está asociada al concepto de materia. Partícula significa porción de materia, pero los componentes de los átomos no son materia, porque la materia es sólida y mantiene la forma, mientras que estos componentes están cambiando de forma constantemente. Más que partículas son como olas. Cuando surge una ola en el agua, antes de que puedas decir «esto es una ola» ya habrá cambiado, porque una ola es algo que va y viene continuamente. Pero la ola también es un suceso material, por eso la ciencia ha acuñado un nuevo término que no existía hace treinta años. Este término es *cuanto*. Resulta difícil encontrar un término equivalente en hindi, del mismo modo que hay muchas palabras en hindi que no tienen un equivalente en inglés, por ejemplo, la palabra Brahman, o realidad cósmica. Las palabras se han formado por la necesidad de expresión de los que han tenido una experiencia. Cuando se experimentó Brahman, los que lo experimentaron sintieron la necesidad de acuñar una palabra para expresarlo, por eso la palabra brahman se ha acuñado en Oriente. En Occidente todavía no se ha llegado a este estadio, y no tienen una palabra equivalente porque no la necesitan.

Muchos términos religiosos no tienen equivalente en inglés por esta razón. Por ejemplo, la palabra *aum*; este término no se puede traducir a ningún idioma. Es la expresión de una experiencia espiritual profunda. En Occidente no hay ninguna palabra equivalente que lo exprese. Si intentamos comprender el significado de cuanto, significa a la vez una partícula y una ondulación. Sin embargo, es difícil de concebir. Es algo que unas veces se comporta como una partícula y otras como una ondulación, y cuyo comportamiento es impredecible.

Hasta ahora la materia era muy fiable; la materia era incuestionable. Pero la esencia de la materia, la energía atómica que se ha descubierto, es cuestionable. No se puede predecir su comportamiento. Al principio, la ciencia postulaba que la materia era incuestionable. Decía que todo era preciso y definido. Ahora los científicos no insisten en esto porque saben que, según las investigaciones actuales, esta convicción es muy superficial. En lo más profundo hay una incertidumbre, y sería interesante saber qué significa esta incertidumbre.

Donde hay incertidumbre, inevitablemente, habrá conciencia; si no, no puede haber incertidumbre. La incertidumbre forma parte de la conciencia, la certeza forma parte de la materia. Si dejamos una silla en un lugar determinado de una habitación, la volveremos a encontrar exactamente en el mismo lugar a la vuelta, pero si dejamos un niño jamás lo volveremos a encontrar en el mismo lugar que lo dejamos. Siempre te queda la duda, la inseguridad de dónde estará y qué estará haciendo. Podemos estar seguros de la materia pero no de la conciencia. Por eso, cuando la ciencia aceptó la incertidumbre del comportamiento por parte de la última división de átomo aceptó también la posibilidad de que haya conciencia en la última división de la materia.

La indeterminación es una cualidad de la conciencia, pero la materia no puede ser impredecible. No es que el fuego pueda elegir quemar o no quemar, ni que el agua pueda fluir en la dirección que quiera o hervir a la temperatura que se le antoje. Las funciones de la materia están determinadas, pero si entramos dentro de la materia descubrimos que, esencialmente, es indeterminada.

Puedes plantearlo de este modo: si quieres saber cuánta gente muere cada día en Bombay, esto es posible. Si hay diez millones de personas, podemos tomar el número de muertes en un año y calcular aproximadamente cuánta gente muere por día, y el resultado sería bastante acertado. Si calculamos la tasa de mortalidad de este país de novecientos millones de personas de la misma forma, la cifra se aproximará más aún. Si calculamos la tasa de mortalidad del mundo, la aproximación de la cifra será mayor. Pero si queremos saber cuándo va a morir una persona determinada, nuestros cálculos serán muy poco precisos. Cuanto mayor es la multitud, más materiales se vuelven las cosas. Cuanto más individual es el fenómeno, más conciencia encontraremos. De hecho, un trozo de materia es una multitud de millones de átomos; por tanto, podemos predecirlo. Pero si penetramos dentro de un átomo y atrapamos un electrón, veremos que es individual: no podemos determinar su curso y parece que lo decide por su cuenta. Podemos estar seguros con una roca sólida de que la encontraremos en un lugar determinado. Pero la estructura individual de los átomos que la componen no será igual. Cuando volvamos a la roca los átomos internos habrán cambiado de posición y se habrán trasladado de un sitio a otro. La indeterminación empieza al profundizar en la materia. Por eso la ciencia ha modificado su lenguaje de la certeza a la probabilidad. Ya no dice: «Esto o aquello será de este modo», sino que dice «es más probable que sea de este modo y no de aquel». Ya no dice enfáticamente: «Es así». En el pasado, las afirmaciones de la ciencia se expresaban en un lenguaje de certeza: era inevitable que sucediera todo lo que decía. Pero cuando la investigación de la ciencia fue más a fondo, los conceptos anteriores empezaron a fallar. La razón es que la ciencia, sin saberlo, había pasado del mundo de lo físico al mundo de lo etéreo, sobre el que no tiene ningún conocimiento. Hasta que acepte el hecho de pasar del plano físico al etéreo no podrá alcanzar ninguna comprensión. Ha llegado a la segunda dimensión de la materia, la etérea, que tiene sus propias posibilidades. No existe separación entre el primero y segundo cuerpo.

El tercer cuerpo o cuerpo astral es todavía más sutil. Es el más sutil. Si descomponemos el éter en átomos..., lo cual es poco probable porque apenas hemos descompuesto el átomo físico, de modo que experimentar con el éter todavía nos llevará mucho tiempo. Cuando conozcamos los átomos del éter, descubriremos que son partículas del cuerpo que viene a continuación, el cuerpo astral. Al descomponer el átomo físico se descubrió que las partículas más sutiles eran etéreas. De un modo similar, si descomponemos el átomo etéreo descubriremos que las partículas más sutiles pertenecen al cuerpo astral. Encontraremos que hay una conexión entre ellos. Estos tres cuerpos están claramente unidos entre sí, por eso se han podido hacer fotografías de los fantasmas.

Un fantasma no tiene cuerpo físico. Se empieza a velar con el cuerpo etéreo. Ha sido posible fotografiar a los fantasmas porque cuando el cuerpo etéreo se condensa, una cámara sensible puede captar su reflejo. Otra cuestión acerca del éter es que se trata de algo tan sutil que puede ser fácilmente influenciado por la mente. Si el espíritu de una persona muerta quiere aparecer se puede condensar para que los átomos esparcidos se aproximen y formen un contorno. Esto se puede captar con una cámara.

Por tanto, nuestro segundo cuerpo, que es etéreo, está mucho más influenciado por la mente que el cuerpo físico. Este también está influenciado por la mente, pero no hasta ese punto. Cuanto más sutil es un cuerpo, más le afecta la mente y más próximo está de ella. El cuerpo astral está todavía más influenciado por la mente. Por eso son posibles los viajes astrales. Una persona puede estar durmiendo en esta habitación, pero puede estar viajando a cualquier parte del mundo con su cuerpo astral. Probablemente, hayáis oído hablar de personas que han sido vistas en dos o tres lugares a la vez. Esto es posible. Su cuerpo físico está en un lugar y el cuerpo astral está en otro. Es cuestión de práctica, pero se puede llevar a cabo.

Los poderes de la mente se van desarrollando a medida que vamos hacia dentro y se desvanecen a medida que vamos hacia fuera. Ir hacia fuera es como encender un candil y cubrirlo con una pantalla de cristal. Con la pantalla, la llama no está muy brillante. Entonces, vamos poniendo pantallas, hasta llegar a siete. Después de la séptima, la luz de la llama estará muy apagada y oscura porque tiene que atravesar siete capas.

De este modo, nuestra energía vital se vuelve muy débil cuando alcanza el cuerpo físico. Por eso parece que no tenemos mucho control sobre el cuerpo físico. Pero si alguien empieza a viajar hacia dentro, el control de su cuerpo físico se volverá cada vez mayor, proporcionalmente a la profundidad de su viaje interior. La forma sutil de lo físico es lo etéreo, y la parte más sutil de lo etéreo es lo astral. Después viene el cuarto cuerpo, el cuerpo mental.

Hasta ahora teníamos la impresión de que la mente era una cosa y la materia otra. Se consideraba que la mente y la materia eran entes separados. En realidad, no había ninguna forma de definirlos. Cuando preguntábamos «¿qué es la mente?», nos decían «lo que no es materia», y viceversa. Cuando preguntábamos «¿qué es la materia?» no había otra definición. Siempre hemos pensado lo mismo sobre esta cuestión: que son diferentes y están separados. Ahora, sin embargo, también sabemos que la mente es una forma más sutil de la materia. Y a la inversa, podemos decir que la materia es una forma condensada de la mente.

Al descomponerse los átomos del cuerpo astral se convierten en ondas de pensamiento. Hay un gran parecido entre los cuantos y las ondas de pensamiento; esto no se tomaba en consideración. Hasta la fecha, no se considera que los pensamientos tengan una existencia física, pero es un hecho que cuando tienes un pensamiento determinado, las vibraciones a tu alrededor cambian de acuerdo a este pensamiento. Es interesante comprobar que no solo los pensamientos, sino también las palabras tienen su propia vibración. Si esparces granitos de arena sobre una bandeja de cristal y cantas *Aum* con fuerza, el dibujo que se origina con la vibración de este sonido es diferente del que se origina cuando cantas *Rama*. Si profieres un insulto, el dibujo volverá a cambiar.

Te asombrarás al saber que cuanto más desagradable es el insulto, más feo es el dibujo, y cuanto más bella la palabra, más bello será el dibujo originado por su vibración. El insulto tendrá un dibujo caótico, mientras que el dibujo de unas palabras hermosas estará bien formado y proporcionado.

Debido a esto, durante miles de años se ha investigado qué tipo de palabras producen vibraciones hermosas y se ha estudiado si su intensidad es suficiente para afectar al corazón. Las palabras son pensamientos que se manifiestan. No obstante, las palabras no manifestadas también tienen una resonancia y reciben el nombre de pensamientos. Cuando piensas en algo, se origina una resonancia particular a tu alrededor, te rodea una vibración particular. Por eso notas que cuando te acercas a una persona determinada sientes tristeza sin ningún motivo aparente. Tal vez esa persona no haya pronunciado ninguna palabra negativa, incluso puede estar riéndose y sentirse feliz de verte. Sin embargo, sientes que te inunda una tristeza por dentro. Por otra parte, en compañía de otra persona te puedes sentir contento. Cuando entras en una habitación puedes sentir que ocurre un cambio repentino dentro de ti. Notas que te domina un sentimiento santo o no santo. En ciertos momentos estás rodeado de paz y tranquilidad, y en otros de inquietud. No lo entiendes y te preguntas: «Estaba muy tranquilo. ¿Por qué ha aparecido esta inquietud en mi mente?». A tu alrededor hay ondas de pensamiento que te están traspasando las veinticuatro horas del día.

Un científico francés ha desarrollado recientemente un instrumento que ha conseguido captar las ondas de pensamiento. En cuanto se aproxima una persona, el instrumento empieza a mostrar los pensamientos que tiene en su interior. La máquina empieza a captar las ondas de pensamiento. Si se hace la prueba con un idiota habrá muy pocas ondas, porque estas personas apenas piensan. Si se hace la prueba con un intelectual, la máquina captará todas las vibraciones de sus pensamientos.

Lo que conocemos como mente es la forma sutil del cuerpo astral. A medida que profundizamos, los estratos se van haciendo cada vez más sutiles. La ciencia ha llegado al cuerpo etéreo pero todavía sigue insistiendo en llamarlo nivel atómico o nivel de la energía atómica. La ciencia ha llegado al segundo cuerpo de la materia. No pasará mucho tiempo antes de que llegue al tercer plano, porque ahora ya es necesario que lo haga.

Se está trabajando también sobre el cuarto cuerpo, pero desde otra dimensión. Como se consideraba que la mente estaba separada del cuerpo, algunos científicos estudian únicamente la mente, dejando de lado al cuerpo. Han experimentado sobre muchas cosas del cuarto cuerpo. Por ejemplo, en cierto sentido, todos somos transmisores. Nuestros pensamientos se esparcen a nuestro alrededor. Aunque no esté hablando contigo, te llegan mis pensamientos.

En el campo de la telepatía se están desarrollando muchos estudios en la Unión Soviética.

Hay un científico, Fayadev, que ha conseguido transmitir pensamientos a una persona que está a mil kilómetros de distancia como si se tratase de una transmisión radiofónica. Si concentramos nuestra atención y nuestra fuerza de voluntad en una dirección particular y transmitimos un pensamiento, este alcanzará su destino. Si la mente que está en el otro extremo también está abierta y lista para recibir en ese momento y se concentra en la misma dirección recibirá el pensamiento. Puedes intentar hacer este experimento en casa. Los niños pequeños captan las ondas de pensamiento muy rápido porque su receptividad está muy acentuada. Sienta a un niño en la esquina de un cuarto oscuro y dile que se concentre en ti durante cinco minutos. Dile que le vas a decir algo en silencio y que él debe intentar oírlo. Si lo oye, tiene que repetir lo que ha oído. Después, escoge una palabra, di *Rama*. Concéntrate en el niño y repite esa palabra dentro de ti hasta que resuene. No la digas en alto. Al cabo de dos o tres días descubrirás que el niño ha captado la palabra.

También puede suceder a la inversa. Cuando logres tener éxito con el experimento será fácil llevar a cabo otras pruebas. Ahora le puedes decir al niño que se concentre en ti. Tiene que pensar en una palabra y, del mismo modo, mandarla en tu dirección. Con la primera parte del experimento se aclaró tu duda cuando el niño captó la palabra. Ahora tienes que ser receptivo y captar la palabra del niño. Cuando aciertes, dejarás de dudar, y en consecuencia, aumentará tu receptividad.

Entre el niño y tú hay un mundo físico. El pensamiento deberá ser intrínsecamente físico en su contenido; si no, no será capaz de atravesar el medio físico. Te resultará sorprendente saber que Mahavira incluso definió los karmas como algo material. Si estás enfadado y matas a alguien, se trata de una acción de rabia y de asesinato. Mahavira dice que los átomos sutiles de estas acciones se adhieren a ti como si fuesen el desecho de los karmas y las acciones. De modo que las acciones también son físicas, y se quedan adheridas a ti como la materia. Mahavira dice que *nirjara* (descondicionar) es librarse de la acumulación del condicionamiento de los karmas. Los átomos de estos karmas que se han ido acumulando sobre ti deberían desprenderse. El día que te libres de ellos, lo que quede de ti será totalmente puro. Nirjara significa el desprendimiento de los átomos de las acciones. Cuando te enfadas, es una acción; después, este enfado seguirá estando dentro de ti en forma de átomo. Por eso, cuando la forma física desaparece, estos átomos no se desintegran, porque son muy sutiles. Volverán a estar contigo en tu próximo nacimiento. El cuerpo mental es la forma sutil del cuerpo astral. De modo que, como puedes ver, no hay separación entre los cuatro cuerpos. Cada cuerpo es una forma más sutil del cuerpo precedente. El cuerpo mental se está estudiando a fondo. Los científicos trabajan en el campo de la psicología y, especialmente, de la parapsicología, y poco a poco van entendiendo las reglas de la energía mental. La religión las entendió hace mucho tiempo, pero ahora hay muchas cosas que han quedado claras también para la ciencia.

En Montecarlo hay muchas personas que son invencibles con los dados. Tiren los dados que tiren, siempre sacan el número que quieren. Al principio, se pensaba que los dados estaban fabricados especialmente para sacar el número que deseaban. Entonces, cambiaron los dados, pero el resultado siguió siendo el mismo: los dados salían exactamente donde estas personas querían que saliesen. Se hicieron varios cambios de dados pero con el mismo resultado. Incluso con los ojos vendados conseguían sacar el número correcto. Esto hizo que otras personas prestaran atención y tomaran nota de esto. Se iniciaron unas investigaciones para encontrar el motivo. En realidad, la firmeza de su pensamiento influenciaba a los dados. Tiraban los dados con la determinación de sacar el número que querían. Sus ondas mentales hacían que los dados cayesen en ese número. ¿Qué significa esto? Si las ondas mentales son capaces de cambiar la dirección de los dados también deben ser materiales; de lo contrario, no sería posible. Haz un pequeño experimento y lo entenderás. Puesto que tú hablas de ciencia, yo hablo de experimentos. Coge un vaso lleno de agua; añade un poco de glicerina o cualquier otro líquido graso para formar una película sobre la superficie del agua. Coloca un alfiler que esté derecho delicadamente encima de esta película, de modo que flote sobre la superficie. Cierra la habitación por todos los lados. Pon las palmas de las manos en el suelo y concéntrate en el alfiler. Mira el alfiler fijamente durante cinco minutos. Entonces dile al alfiler que gire a la izquierda y girará a la izquierda. Después dile que gire a la derecha y girará a la derecha. Dile que se detenga y se detendrá; dile que se mueva y se moverá. Si puedes mover un alfiler con tu pensamiento también podrás mover una montaña; solo es cuestión de proporciones. Básicamente, el principio es el mismo. Si tienes la capacidad de mover un alfiler se cumple el principio. Que la montaña sea demasiado grande para moverla es otra cuestión, pero se puede mover.

Nuestras ondas de pensamiento afectan a la materia y la transforman. Hay personas que solo con ver tu pañuelo son capaces de hablar de ti casi como si estuvieses delante. Esto se debe a que el pañuelo absorbe tus ondas de pensamiento. Estas ondas son tan sutiles que en el pañuelo que perteneció a Alejandro Magno todavía se pueden leer hechos acerca de su personalidad. Las ondas son tan sutiles que les cuesta millones de años salir del objeto. Por eso se empezaron a construir las tumbas y los *samadhis*.

Ayer os dije que en India tenemos la costumbre de incinerar a los muertos, pero no a nuestros muertos sannyasins. El cuerpo de una persona corriente se incinera para que su espíritu deje de rondar alrededor de él. Pero no se incinera a un sannyasin, porque su espíritu ya dejó de rondarle cuando su cuerpo estaba vivo. Ahora ya no hay peligro de que su espíritu tenga apego a su cuerpo. Deseamos conservar su cuerpo porque el cuerpo de una persona que ha dedicado muchos años de su vida a experimentar lo divino difundirá el mismo tipo de ondas de pensamiento durante miles de años. El lugar donde está enterrado es muy importante; producirá efectos. El cuerpo está muerto, pero ha estado tan cerca de su espíritu que ha absorbido muchas de las vibraciones que ha emitido el espíritu.

Las posibilidades de los pensamientos son infinitas, pero no dejan de ser físicas. Por tanto, debes estar muy atento a lo que piensas, porque las ondas sutiles de pensamiento seguirán estando contigo cuando este cuerpo haya desaparecido. Tu edad física es bastante pequeña comparada con la edad de estas ondas sutiles. Los científicos han llegado a la conclusión de que si han existido personas como Jesús o Krishna, en un futuro próximo se podrá captar sus ondas de pensamiento. Entonces, podremos decir si Krishna realmente habló sobre el *Gita*, porque las ondas mentales que emanaron de Krishna todavía estarán en presentes en el Universo, rebotando desde algún planeta, desde algún asteroide. Es como cuando tiras una piedra al mar: al caer forma un pequeño círculo. La piedra se hundirá porque no puede permanecer sobre la superficie del agua durante mucho tiempo; en cuanto toca el agua se empieza a hundir. Las ondas originadas por el impacto sobre el agua empiezan a multiplicarse. Se vuelven cada vez más grandes y se extienden hasta el infinito. Pueden salirse del horizonte de tu vista, y quién sabe qué lejanas orillas habrán alcanzado.

Los pensamientos, provengan de la época que provengan —no solo los que se emitieron hablando, sino también los que estaban en la mente—, también se esparcen en el Universo, siguen extendiéndose. Y los puedes captar. Algún día, cuando la ciencia abarque más y el ser humano progrese, seremos capaces de oírlos de nuevo. Actualmente, las noticias de radio que se retransmiten desde Delhi a Bombay tardan un cierto tiempo en llegar a Bombay porque el sonido tarda en viajar. Cuando el sonido llega a Bombay ya no está en Delhi; las ondas partieron de Delhi aunque solo tarden un momento en recorrer esa distancia. Hay un intervalo de tiempo. Imagínate ahora que en India estamos viendo por la televisión a un hombre que está en Nueva York. Cuando se forma su imagen en Nueva York nosotros no podemos verla instantáneamente; hay un intervalo entre la formación de la imagen y el momento en que nos llega. Puede ocurrir que la persona se muera en ese intervalo, pero en la imagen que estamos viendo está viva.

Las ondas mentales de la tierra, así como las ondas de otros sucesos, viajan a un número infinito de planetas. Si nos adelantásemos a ellas y las captásemos, en cierto sentido, seguirían estando vivas. El hombre se muere, pero sus pensamientos no se mueren tan rápido. La vida del hombre es muy breve; la vida de los pensamientos es muy larga. También debes tener en cuenta que los pensamientos que no expresamos tienen una vida más larga que los que expresamos, porque son más sutiles. Cuanto más sutil sea una cosa, más larga será su vida; cuanto más palpable, más breve su vida.

Los pensamientos influyen en el mundo físico de muchas maneras. No tenemos ni idea de su efecto. Los biólogos han experimentado que si le pones un tipo de música romántica a una planta empezará a florecer antes, incluso aunque no sea la estación. Si le pones una música ruidosa, caótica, entonces no florecerá ni siquiera en su estación. Las vibraciones de la música afectan a la planta. Las vacas producen más leche bajo los efectos de una música determinada. Los pensamientos producen un éter más sutil que provoca un aura de ondas. Cada persona está rodeada de su propio mundo de pensamientos del que constantemente salen ondas que se van expandiendo. Esas ondas mentales también son físicas. Lo que conocemos como mente es un tipo de energía física muy sutil. Por tanto, para la ciencia no es difícil captarlas, pues las ondas pueden ser captadas y estudiadas. Por ejemplo, hasta hace poco no se sabía lo profundamente que está durmiendo una persona, hasta qué profundidad llega su mente. Ahora lo sabemos, tenemos instrumentos para medirlo. Del mismo modo que hay aparatos que miden el pulso, también hay otros que miden el sueño. Se coloca un dispositivo en la cabeza durante toda la noche y según el gráfico que resulta podemos decir exactamente cuándo entró en sueño profundo, cuánto tiempo durmió, cuánto tiempo estuvo soñando, la duración de los sueños agradables, la duración de los sueños desagradables, cuánto duran los sueños, si fueron sexuales o no. El gráfico nos muestra todo esto. En América hay cerca de diez laboratorios donde pagan a miles de personas para que vayan allí a dormir y examinar su sueño de cerca. No conocer todavía el sueño es un motivo de gran preocupación.

El ser humano pasa un tercio de su vida durmiendo. Dormir no es un asunto sin importancia. Si una persona vive hasta los

sesenta años pasará veinte años durmiendo. Si no conoce ese periodo de su vida que dura veinte años desconocerá lo que sucedió
durante un tercio de su vida. Pero el hecho interesante es que no
podrá vivir hasta los sesenta años si no duerme veinte años. Por
tanto, el sueño es una necesidad básica. Una persona puede estar
durmiendo sin despertarse durante sesenta años, pero no puede
vivir sin dormir. Por eso el sueño es un requisito básico.
Mientras dormimos, estamos en otra parte, la mente está en
otra parte. Pero podemos medir la mente. Ahora podemos medir
la profundidad de un sueño. Hay mucha gente que insiste en decir
que no sueña. Esto es absolutamente falso, y lo dicen porque no
saben. Es muy difícil encontrar una persona que no sueñe. ¡Es muy
difícil! Los sueños transcurren a lo largo de toda la noche. Crees
que solo has tenido un sueño o dos, pero eso es mentira. El aparato
dice que sueñas durante toda la noche pero no lo recuerdas. Como
estás dormido, el recuerdo está ausente. El sueño que logras recordar es el que tienes cuando estás a punto de terminar de dormir.
Cuando vuelves a despertarte el último sueño permanece en tu
pensamiento. Persiste un eco lejano en tu interior cuando te estás
despertando. Pero no recuerdas en absoluto los sueños que tuviste durante el sueño profundo.

Es necesario investigar los sueños que ocurren cuando se duerme profundamente, porque los sueños de una persona durante el
sueño profundo revelan su auténtica personalidad. Cuando nos
despertamos, en realidad, nos volvemos falsos. Habitualmente
decimos: «¿Qué representan los sueños?». Pero los sueños revelan
más verdades sobre nosotros mismos que cuando estamos despiertos. En nuestro estado consciente nos cubrimos con mantos
falsos. Una persona perdería su última libertad si consiguiésemos
hacer una ventana en su cabeza desde la que podemos observar
sus sueños. Ya no será libre ni siquiera para soñar. Tendrá miedo
de soñar porque entonces la moralidad pondrá policías con sus
leyes y reglamentos. Dirá: «Este sueño no es apropiado, no estás
soñando correctamente». En el presente, sin embargo, no tenemos
esa libertad. El ser humano es libre cuando duerme, pero esa libertad no durará mucho porque ya ha comenzado la intromisión en

el sueño. Rusia, por ejemplo, ha comenzado a educar durante el sueño.

Se están realizando muchas investigaciones sobre la educación durante el sueño. Durante las horas que estamos despiertos hay que hacer un esfuerzo mayor, porque el niño se resiste. Es difícil enseñarle algo a un niño porque, básicamente, se niega a ser educado. En realidad, todo el mundo se niega a aprender, porque cada hombre parte del pensamiento básico de que él ya sabe. El niño también se niega diciendo: «¿Qué estáis enseñando?». De ningún modo está dispuesto a aprender. Entonces, tenemos que sobornarle dándole premios después de cada examen, medallas de oro, etc. Tenemos que encender en él el fuego de la ambición; tenemos que estimularle para poder educarle. Esta lucha dura demasiado. Nos cuesta dos meses transmitirle a un niño lo que podría aprender en dos horas.

Por eso se ha desarrollado el método de aprender durante el sueño, y está tan claro como la luz del día que los niños pueden aprender muy bien mientras duermen. La razón es muy sencilla: durante el sueño no hay resistencia. Cerca del niño se pone una cinta grabada con lo que queramos enseñarle. «Dos más dos son cuatro, dos más dos son cuatro», la cinta sigue repitiéndolo. Si le preguntas al niño por la mañana, te dirá: «Dos más dos son cuatro». Ahora que sabemos que existen las ondas mentales, podemos hacer que el pensamiento que se impartía durante el sueño penetre en la mente a través de las ondas mentales. En el pasado no lo sabíamos, pero ahora sabemos que en el disco no están grabadas las palabras en sí, sino el impacto de las ondas de sonido. Cuando la aguja toca los surcos que se han creado repite las mismas ondas que causaron la impresión de los surcos.

Como dije antes, si cantas *Aum* se formará un dibujo determinado en la arena. El dibujo en sí no es el *Aum*, pero si sabes que este dibujo concreto está formado por el *Aum* entonces, algún día, serás capaz de volver a convertir este patrón en un *Aum*. Al hacer este patrón debería aparecer el sonido *Aum*. Puedes considerar el dibujo y el *Aum* como la misma cosa. En el disco no hay palabras, sino surcos creados por el impacto del sonido de las palabras. Cuando los surcos entran en contacto con la aguja se convierten en los sonidos correspondientes. En un futuro próximo seremos capaces de hacer discos de pensamientos. Desde el momento que se ha descubierto el impacto de los pensamientos, el hombre no tardará mucho en conseguir grabarlos. Entonces sucederá algo maravilloso. Es posible que aunque Einstein esté muerto, podamos grabar el proceso de su mente. Un aparato nos suministrará lo que Einstein, de haber estado vivo, habría pensado en el futuro, porque el aparato captará el impacto de todas sus ondas mentales.

Se ha investigado a fondo el sueño, los sueños y el inconsciente. De ahí que el ser humano conozca ahora todas las posibilidades de la mente. Por eso es importante entenderlas. Por ejemplo, tenemos una persona que está enfadada. De acuerdo con nuestras antiguas valoraciones, le aconsejaremos: «No te entregues a la rabia; irás al infierno». No sabemos convencerle de otra manera. Pero si nos dice que está deseando ir al infierno, nos sentiremos impotentes; no podremos hacer nada por él. Y si además declara que está impaciente por llegar, toda nuestra moral será inútil. Solo podemos controlar a un hombre cuando le asusta el infierno. Por eso, en cuanto se desterró el miedo al infierno desapareció también nuestra moral. Nadie tiene miedo del infierno. «¿Dónde está el infierno?», pregunta todo el mundo.

La moral ha desaparecido porque el miedo en el que se basaba ya no existe. Pero la ciencia dice que la moral no es necesaria, ya que ha desarrollado otra fórmula que se basa en detener ciertas secreciones del cuerpo. Cuando estamos enfadados ocurre un proceso químico determinado en el cuerpo, porque la rabia es un suceso físico. Cuando aparece la rabia es absolutamente necesario segregar determinadas sustancias químicas dentro del cuerpo. Por tanto, la fórmula científica es esta: si puedes detener la formación de esas sustancias químicas, entonces ya no habrá rabia. No será necesario detener la rabia directamente. Si detenemos estos fluidos, al hombre le resultará imposible enfadarse. Los chicos y las chicas nunca escuchan cuando intentamos aconsejarles que se abstengan del sexo, que practiquen el celibato. La ciencia dice: «¡Dejadles tranquilos! Si restringimos el crecimiento de ciertas glándulas, la madurez sexual no llegará hasta los veinticinco años». Esto es muy peligroso. En cuanto la mente esté totalmente dominada por la ciencia, el ser humano empezará a hacer mal uso de este conocimiento. La ciencia dice que la composición química de un hombre con una mente rebelde es diferente de la de un hombre con una mente ortodoxa. Este descubrimiento entraña posibilidades peligrosas. Si el ser humano descubre esta composición química podrá convertir al hombre rebelde en pasivo y al ortodoxo en rebelde. Cuando conozcamos la composición química que le obliga a alguien a robar o a matar ya no serán necesarias las cárceles ni las ejecuciones. Solo será necesaria una operación o un tratamiento para que la persona se pueda deshacer de estos defectos. Se podrá eliminar las sustancias químicas en cuestión, introducir otras sustancias químicas para neutralizarlas o darle algún antídoto. Actualmente, todo esto se está investigando. Esto demuestra que en el camino de la ciencia ya no hay muchas dificultades para llegar al cuarto cuerpo. El único problema es que la mayor parte de la ciencia se dedica a investigar al servicio de la guerra. Por eso no se le da mayor importancia a este tipo de investigaciones; sigue siendo un asunto secundario. No obstante, ha habido un gran progreso y se han obtenido resultados espectaculares.

Aldous Huxley declara que con una inyección se puede provocar lo mismo que le sucedió a Meera o a Kabir. Es una declaración muy sesuda aunque, hasta cierto punto, cierta. Mahavira ayunaba durante un mes y su mente se tranquilizaba. El ayuno también es un acto físico, y si la mente encuentra la paz con un acto físico, eso quiere decir que la mente también es física. En un mes de ayuno cambia toda la composición química del cuerpo; no tiene más misterio. El cuerpo no recibe la nutrición que debía, entonces utiliza todas las reservas que tiene. La grasa se disuelve, y los elementos que no son esenciales se destruyen, mientras que los esenciales se salvan. Así la distribución química del cuerpo cambia completamente.

La ciencia dice: «¿Qué necesidad hay de pasar por tantos sacrificios durante un largo mes? La proporción química se puede modificar según se prescriba, aquí y ahora». Si la ciencia logra realizar este cambio químico podrás experimentar la misma paz que experimentó Mahavira ayunando durante un largo mes, pero en un instante, sin que sea necesario ayunar un mes. Durante la meditación os digo que respiréis fuerte y rápido. ¿Qué sucederá después de media hora de respirar con fuerza? Se modificará en tu interior la proporción de carbono y oxígeno, pero esto también se puede conseguir con medios externos. No hace falta que te esfuerces durante media hora. La proporción de oxígeno y de dióxido de carbono de esta habitación se puede alterar, y todos los que estéis aquí sentados experimentaréis paz y tranquilidad, y os sentiréis felices. La ciencia, por tanto, ha abordado el cuarto cuerpo desde todas las vertientes y sigue profundizando en él.

Durante la meditación tienes varias experiencias. Puedes oler diferentes aromas, puedes ver colores. Todo esto también se puede producir sin la meditación, porque la ciencia ha descubierto qué parte de la mente se activa durante estas experiencias. Si se estimula la parte posterior de la mente al ver bellos colores, la investigación científica mostrará exactamente qué porción se activa y la longitud de onda que se produce. No hace falta que medites. Podemos provocar dentro de ti las mismas vibraciones por medio de la electricidad y empezarás a ver colores. Son sucesos paralelos, porque cuando agarramos uno de los polos, no importa cual, el otro se activa inmediatamente.

Sin embargo, existen algunos riesgos. Cuanto más a fondo van las nuevas investigaciones del ser humano, mayores son los riesgos. Ahora, por ejemplo, podemos alargar la vida del ser humano todo lo que queramos. Ya no está en manos de la naturaleza; está en manos de la ciencia. En Europa y en América hay miles de ancianos que claman por el derecho a morir por voluntad propia, pero los mantienen esperando en su lecho de muerte. Les dan oxígeno y de este modo los pueden mantener vivos durante mucho tiempo. Un hombre de noventa años suplica la muerte, pero los médicos dicen: «No podemos secundarle, va contra la ley». Un hijo no puede decir abiertamente que deberían dejar morir a su padre, aunque sienta que está sufriendo mucho. Hay máquinas que mantienen vivo a un moribundo y hay personas medio vivas que siguen vivas gracia a ellas. Pero, en cierto sentido, esto es peligroso.

Nuestras antiguas leyes se hicieron cuando no había manera alguna de mantener viva a una persona y cuando todavía se podía matar a una persona. Ahora hay que revisar las leyes, porque podemos mantener viva a una persona agonizante durante tanto tiempo hasta que sienta: «¡Esto es violencia, esto es una atrocidad! No quiero vivir más tiempo. ¿Qué me estáis haciendo?». Antiguamente, un hombre era castigado por su crimen colgándole. No me sorprendería de que en los próximos cincuenta años se castigue a las personas no permitiéndoles morir. Este castigo será peor que el primero, porque morirse es una cuestión de segundos, mientras que vivir puede durar décadas.

Siempre que hay un nuevo descubrimiento aparecen dos resultados en el mundo interior del hombre: o bien la humanidad sufre por ello o bien se beneficia. Siempre que haya poder será un arma de doble filo.

La ciencia ha alcanzado el cuarto plano del ser humano. En los próximos cincuenta años —o mejor dicho, en los próximos treinta años— comprenderá mejor el cuarto cuerpo. Quizá no sepáis que todo lo que se emprende a lo largo de un siglo determinado alcanza su clímax hacia el final del siglo. Cada siglo completa su trabajo cuando está llegando a su final. Este siglo ha emprendido muchas empresas que se completarán en un periodo de treinta años. La misión más importante ha sido la entrada en el espíritu del hombre, y esto se completará.

El quinto cuerpo —el cuerpo espiritual— es incluso más sutil que el cuarto. No solo hay vibraciones de pensamientos, sino también vibraciones del ser. Mi ser está creando vibraciones incluso aunque esté sentado en silencio, sin tener ni un solo pensamiento. Si te acercas a mí, aunque no tenga pensamientos, estarás dentro del campo de mis vibraciones. Y lo más curioso es que las vibraciones de mis pensamientos no son tan fuertes o penetrantes como las vibraciones de mi ser. En consecuencia, aquel que alcanza el estado de no-mente se vuelve muy poderoso. Es difícil calcular el efecto de su poder, porque empiezan a aparecer dentro de él las vibraciones de la existencia. La energía vibratoria del quinto cuerpo es la forma más sutil de energía que el ser humano puede llegar a conocer. En muchos casos sucedió, como en el caso de Mahavira, que no hablaban. Es decir, hablaba muy poco o nada en absoluto; solo estaba sentado. La gente venía, se sentaba delante de él, le entendían y se marchaban. Esto fue posible en su época, pero no ahora. Actualmente, es muy difícil, porque solo experimentarás las olas profundas del cuerpo espiritual si tú mismo ya estás en un estado de no pensamiento, y no al contrario. Si estás lleno del ruido de tus propios pensamientos se te escaparán estas vibraciones sutiles. Te atravesarán pero no serás capaz de captarlas. Si podemos captar las vibraciones de la existencia, si hay un estado de no pensamiento por ambas partes, no habrá necesidad de hablar. La comunicación tiene lugar en un plano muy íntimo, y esta comunicación va directamente al corazón. Aquí no hay explicaciones, porque no hay forma de explicarlo. Tú tampoco estarás fluctuando entre si esto o aquello será o no será. Tu ser sabrá directamente lo que ha sucedido.

Las vibraciones del quinto cuerpo no las reciben necesariamente solo los humanos. Hay un fenómeno maravilloso en la vida de Mahavira: se cuenta que hasta los animales acudían a sus reuniones. Los monjes jainistas no han sido capaces de explicar este fenómeno y no lo serán. Los animales no entienden el lenguaje de los seres humanos, pero entienden el lenguaje de sentirse muy bien. Cuando me siento en un estado de no-mente al lado de un gato, el gato ya está en un estado de no-mente. Con vosotros, sin embargo, tengo que hablar. Para poneros en un estado de no-mente como el del gato hay un largo camino. Los animales, las plantas e incluso las piedras entienden las vibraciones que surgen del cuerpo espiritual; no tienen ninguna dificultad. También se puede acceder a este cuerpo, pero solo después del cuarto cuerpo. Se ha abordado el cuarto cuerpo desde muchas vertientes, y la ciencia aceptará sin dificultad el estado espiritual. Pero después surgen las dificultades. Cuando dije que las cosas podían tener claridad científica hasta el quinto cuerpo, pero que a partir del quinto cuerpo empezaban las dificultades, tenía motivos para decirlo. La ciencia, bien entendida, es una especialización en una dirección determinada; es una selección particular. La ciencia solo puede progresar si restringe su investigación al menor número de cosas posible, e intenta saber todo lo que pueda sobre ellas. El objetivo de la ciencia es saber cada vez más sobre cada vez menos. Hace que el objeto de su estudio sea lo más pequeño posible, y aumenta sus conocimientos sobre él.

Los médicos de antes tenían conocimientos de todo el cuerpo, pero el médico actual no. Ya no se ven médicos de medicina general como los de antes. En el mundo actual, esto se ha convertido en una reliquia; ya no se puede confiar en ellos. Saben tantas cosas que no pueden saber nada lo suficientemente bien como para confiar en ellos; hay especialistas para los ojos y especialistas para los oídos; se puede confiar en ellos porque han adquirido el máximo conocimiento posible en un determinado campo.

Se ha escrito tanto sobre los ojos, por ejemplo, que no bastaría con una vida para leerlo todo. Es bastante probable que en el futuro próximo tengamos un especialista del ojo derecho y otro del ojo izquierdo, o quizá uno de la pupila y otro de la retina. A medida que aumentan los conocimientos se dividirá el ojo en diferentes partes para estudios específicos, porque cada parte es un caso importante. El objeto de la ciencia es concentrar su foco de atención con tanta precisión que pueda penetrar hasta lo más recóndito. Así es como la ciencia puede llegar a conocer muchas cosas.

Como dije antes, la ciencia llegará hasta el quinto cuerpo porque el individuo todavía está presente en este cuerpo; por tanto, puede entrar dentro de su enfoque. A partir del sexto cuerpo empieza lo cósmico, que está más allá del enfoque de la ciencia. El cuerpo cósmico significa totalidad; la ciencia no puede entrar ahí, porque la ciencia va desde lo pequeño hasta lo microscópico. Solo puede captar lo individual; le costará mucho captar lo cósmico. Solo la religión puede captarlo. Por eso la ciencia no tendrá ningún problema para llegar hasta el atman, el ser. Las dificultades comienzan con Brahman, el ser cósmico. No creo que la ciencia sea nunca capaz de captar el Brahman, porque entonces tendría que abandonar la especialización. Y en cuanto abandone la especialización dejará de ser ciencia. Se convertirá en algo tan generalizado e indefinido como la religión. Con la ayuda de la ciencia podemos viajar hasta el quinto cuerpo. En el sexto la ciencia se perderá, y el séptimo es imposible para ella porque su investigación solo se basa en la vida.

En realidad, el centro de nuestra existencia es la vida. Queremos estar menos enfermos y más sanos; queremos vivir más, más felices, más cómodos. El objetivo de la ciencia es lograr que la vida sea profundamente feliz, satisfactoria, sana y agradable. Pero el séptimo cuerpo es la aceptación de la muerte: es la muerte definitiva. En este punto, el meditador va más allá de la búsqueda de la vida. Dice: «También quiero conocer la muerte. He conocido la existencia y los misterios del ser; ahora quiero conocer la no existencia, el no ser».

En este campo, la ciencia ya no tiene sentido. Los científicos como Freud dicen que esto es desear la muerte, y añaden que no es la condición de una mente sana, dicen que es suicida. Según Freud, la liberación y el nirvana no conducen a la vida, y esos conceptos son la prueba de tu deseo de morir. Dice que estás enfermo porque deseas morirte. Los científicos están en contra del deseo de morir, porque la ciencia se basa en la voluntad de vivir y en la expansión de la vida. La persona que desea vivir está sana, pero llega un momento en el que el deseo de morir es igual de sano. Si alguien desea morir antes de que le llegue el momento, esto es decididamente nocivo. Sin embargo, llega un momento en la vida que la persona desea morir por el puro placer de morirse.

Se puede decir que es sano estar despierto y nocivo estar dormido, y gradualmente estamos dejando más espacio para el día que para la noche. Al principio, la noche empezaba a las seis de la tarde, ahora empieza a las dos de la mañana. Le hemos dado al día el tiempo de la noche. Hay algunos intelectuales modernos que llegan hasta el punto de decir que si pudiésemos eliminar completamente la noche de la vida del hombre podríamos evitar desperdiciar una parte importante de la vida. ¿Qué necesidad hay de dormir? Debería desaparecer, sostienen. Pero del mismo modo que disfrutamos al despertarnos, disfrutamos al dormirnos. Del mismo modo que el deseo de despertar es natural y sano, también lo es el deseo de dormir. Si una persona mantiene la ansiedad de vivir hasta el último aliento no será una persona sana, y si una persona alimenta el deseo de morir desde su nacimiento esto tampoco es natural, y es nocivo. Si un niño anhela morirse, está enfermo, es anormal, necesita tratamiento. Si un anciano anhela seguir viviendo también necesita un tratamiento porque también está enfermo.

La vida y la muerte son los dos extremos de la existencia. Si solo aceptas uno estarás abocado, inevitablemente, a ser un inválido. Seguirás siendo un inválido hasta que llegue el día que aceptes el otro extremo. Los dos extremos son importantes: el ser y el no ser. Podemos decir que quien abarca y acepta tanto el ser como el no ser es una persona completamente sana. Quien dice «sé lo que significa ser, y ahora quiero saber qué significa no ser» no tiene miedo de no ser.

El séptimo plano solo es para los valientes, los que, conociendo la vida, están ansiosos por conocer la muerte, desean explorar la muerte, el estado de extinción. Están anhelando saber qué significa no ser, qué significa extinguirse, qué es no ser. Han probado la vida, ahora quieren probar la muerte.

En este punto debéis saber que la muerte desciende del séptimo plano. Lo que conocemos normalmente como muerte viene del séptimo plano y lo que conocemos como vida viene del primer plano. Con el nacimiento empieza lo físico; nacer significa el comienzo de lo físico. Por eso, en el vientre de la madre, nace primero el cuerpo físico y después le siguen los otros cuerpos. De modo que el primer cuerpo es el comienzo de la vida, y la muerte procede del último cuerpo, el cuerpo nirvánico. Quien se aferra al cuerpo físico tiene mucho miedo de la muerte y quien tiene miedo a la muerte jamás conocerá el séptimo cuerpo. En consecuencia, como nos vamos separando gradualmente cada vez más del cuerpo físico llegará un momento en que aceptemos también la muerte. Solo entonces lo sabremos. Quien conoce la muerte se libera en el auténtico sentido de la palabra, porque entonces, la vida y la muerte se convierten en dos caras de la misma cosa, y uno está más allá de las dos. Por eso no hay esperanzas de que la ciencia llegue al séptimo cuerpo, aunque hay alguna posibilidad de que llegue hasta el sexto.

Se han abierto las puertas del cuarto cuerpo para la ciencia, y ahora realmente ya no hay ninguna dificultad para que alcance el quinto cuerpo. Pero es preciso que estas personas tengan una mente científica y un corazón religioso. Cuando aparezcan estas personas no será difícil entrar en el quinto cuerpo. Pero es una combinación muy rara, porque la misma educación del científico le impide, desde diferentes puntos de vista, volverse religioso. De forma paralela, la educación religiosa le impide al ser humano volverse científico. Estas dos ramas de la enseñanza no coinciden en ningún punto, y por eso hay tanta dificultad.

A veces sucede, y cuando esto sucede, se alcanza en el mundo una nueva cima del saber. Patanjali, por ejemplo, era un hombre con una mente científica pero se hizo religioso. Elevó el yoga a un punto que, hasta ahora, ha sido difícil superar. Hace ya mucho tiempo que murió Patanjali y se podía haber desarrollado mucho más este campo, pero no ha aparecido un ser humano que tuviese la inteligencia del científico y un mundo interior de práctica espiritual. No ha habido ninguno que escalase las cumbres más altas del yoga. Sri Aurobindo lo intentó pero no lo consiguió.

Sri Aurobindo tenía una mente científica, quizá más científica que Patanjali porque había sido educado en Occidente. Su educación era exquisita. Cuando tenía aproximadamente seis años, su padre le mandó fuera de India y le prohibió volver hasta que fuese totalmente maduro. Su padre ni siquiera le permitió volver cuando estaba en su lecho de muerte, y había otras personas de la familia que querían que volviese. «No importa si no le veo antes de morirme», dijo, «debe empaparse completamente de la cultura occidental. No dejemos que la sombra de Oriente le atrape. Ni siquiera debéis decirle que he muerto». Debió ser un padre muy valiente. Así, Aurobindo bebió de la cultura occidental. Si existe algún occidental en el verdadero sentido de la palabra, ese fue Aurobindo. Cuando regresó a India tuvo que volver a aprender su lengua materna.

Había completado el conocimiento de las ciencias, pero se introdujo a la religión más tarde, de modo que no la podía expresar tan profundamente; si no, este hombre habría alcanzado alturas que ni siquiera alcanzó Patanjali. Pero no tenía que suceder. Mirándolo bien, la educación occidental se convirtió en un obstáculo, porque su forma de pensar era la de un científico. Trasladó a la religión la teoría de la evolución de Darwin. Introdujo en la religión ideas que trajo de Occidente. Pero no vislumbró nada en la religión que se pudiese aplicar a la ciencia. Como resultado, escribió un voluminoso tratado científico en donde se aborda la religión de un modo superficial, porque cualquier intento de explicar los misterios del sexto y séptimo cuerpo está abocado al fracaso, ya que esto no se puede explicar en términos científicos ni lógicos.

Siempre que se llega a un equilibrio entre el intelecto científico y la mente religiosa se alcanzan grandes cimas. Pero hay pocas posibilidades de que esto suceda en Oriente, porque Oriente ha perdido su religión y nunca ha tenido ciencia. Hay más posibilidades en Occidente, donde hay un exceso de ciencia. Siempre que hay un exceso, el péndulo tiende a oscilar hacia el extremo contrario. Por eso, los superintelectuales de Occidente leen el *Gita* con tanto placer como nunca se ha visto en India.

La primera vez que Schopenhauer leyó el *Gita* se lo puso encima de la cabeza y bailó de alegría. Cuando la gente le preguntó qué le pasaba, cuando le preguntaban por qué se comportaba como un loco, él contestaba: «¡No solo vale la pena leer este libro, sino que también vale la pena ponértelo encima de la cabeza y bailar! No sabía que en la tierra hubiese habido gente que hablase de esta forma. En este libro está escrito lo que yo creía que no se podía expresar con palabras». Pero en India no encontrarás ni una sola persona que se ponga el *Gita* encima de la cabeza y empiece a bailar. Lo que sí podemos encontrar es gente que pone el *Gita* en el asiento del tren y viaja sentada encima de él... pero esto no es significativo.

Al final de este siglo alcanzaremos otra cima, porque cuando existe la necesidad se activan muchas fuerzas en el mundo. Einstein se volvió religioso antes de morir. A lo largo de su vida fue un científico, pero a medida que fue llegando a su fin se fue volviendo religioso. Por eso, las personas esencialmente científicas dijeron: «No deberíamos tomar en serio las últimas declaraciones de Einstein. Había perdido la cabeza».

Las últimas palabras de Einstein fueron muy significativas. Dijo: «Creía que podía saber todo lo que hay que saber sobre el mundo, pero cuanto más aprendí, más me di cuenta que esto era imposible, porque todavía quedaba una vasta infinidad por conocer. Pensé que un día resolvería el misterio del mundo de la ciencia y lo reduciría a una ecuación matemática, y que entonces dejaría de ser un misterio. Pero el problema matemático se fue haciendo cada vez mayor, y en vez de resolver el misterio del mundo se convirtió él mismo en un misterio. Ahora es imposible resolver este problema».

Algunos de los científicos más importantes de los tiempos modernos están revoloteando a las puertas de la religión. En la ciencia aparece esta posibilidad porque ha traspasado el segundo cuerpo y se aproxima al tercero, y a medida que se acerca al tercer cuerpo los ecos de la religión se vuelven inevitables. Entran, por su propio pie, en un mundo desconocido de incertidumbres y probabilidades. Alguna vez, en algún lugar, tendrán que aceptar lo desconocido. Tendrán que admitir que hay algo más de lo que se puede ver a simple vista. Lo que no puede ser visto también existe; lo que no puede ser oído también existe. Hace cien años decíamos que no existía lo que no se podía oír, ver o tocar. Ahora la ciencia dice otra cosa. Dice que el mundo de lo que se puede tocar es muy pequeño; sin embargo, el mundo de lo que no se puede tocar es muy grande. El mundo del sonido es muy pequeño; sin embargo, el mundo de lo que no se puede oír es ilimitado. Lo que se ve es infinitesimal comparado con lo ilimitado de lo que no se ve.

En realidad, lo que nuestros ojos pueden ver es una pequeña parte de lo que existe. Nuestros ojos pueden captar una longitud de onda determinada, nuestros oídos pueden oír ciertas longitudes de onda. Hay una infinidad de longitudes de onda por encima y por debajo de estas. A veces, por casualidad, nuestros sentidos también captan esas longitudes de onda.

Una vez, un hombre se cayó de una montaña y se lesionó un oído. Entonces, su oído empezó a captar ondas de radio de la emisora de radio de su pueblo. En el hospital tuvo muchos problemas; al principio no entendía lo que le estaba pasando.

—O me estoy volviendo loco o no entiendo lo que está pasando —dijo.

Cuando las cosas empezaron a ir mejor, protestó al doctor:

—¿Dónde guardan la radio en este hospital?

El doctor dijo:

—¿Estás oyendo algo? No hay ninguna radio.

Pero seguía insistiendo que oía las noticias y le contó lo que había oído. El doctor fue al despacho corriendo y encendió la radio. Para su sorpresa, descubrió que estaban emitiendo exactamente la misma noticia. Entonces, quedó todo claro. Se descubrió que sus oídos se habían vuelto sensibles a nuevas longitudes de onda; cambiaron al caerse de la montaña.

Es muy posible que en un futuro cercano podamos captar longitudes de onda simplemente colocando un pequeño dispositivo en el oído. Hay infinidad de sonidos que están pasando a nuestro lado pero no los podemos oír porque nuestra capacidad auditiva está muy limitada. Incluso hay muchos sonidos muy fuertes que no podemos oír. No podemos oír los sonidos que están por encima o por debajo de nuestra capacidad auditiva. Cuando cae una estrella, el sonido tremendo de su caída se extiende a nuestro alrededor, pero no podemos oírlo. Si no fuese así, estaríamos sordos. De un modo similar, la temperatura de nuestro cuerpo oscila entre los

36 y los 41 grados. Si baja de los 36 grados o sube más de los 41 grados, nos morimos. Nuestra vida oscila entre estos diez o doce grados. La temperatura tiene un intervalo muy grande. Puede estar por debajo de este margen de doce grados pero no nos atañe. Tenemos, igualmente, limitaciones en todos los aspectos. Pero podemos tener conocimiento de las cosas que están fuera de esos límites porque también existen. La ciencia ha empezado a aceptar su existencia. Cuando hay aceptación comienza la averiguación de dónde y qué son esas cosas. Todo esto se puede conocer, se puede comprender, por eso he dicho que la ciencia puede llegar hasta el quinto cuerpo.

Capítulo 6

SOBRE LOS SIETE TIPOS DE SUEÑOS Y LOS SIETE NIVELES DE REALIDAD

*T*enemos siete cuerpos: el físico, el etéreo, el astral, el mental, el espiritual, el cósmico y el nirvánico. Cada cuerpo tiene un tipo de sueño. En la psicología occidental el cuerpo físico se conoce como cuerpo consciente, el cuerpo etéreo se conoce como inconsciente y el cuerpo astral se conoce como inconsciente colectivo.

El cuerpo físico tiene sus propios sueños. Si tienes malestar en la barriga, tendrás un cierto tipo de sueños. Si estás enfermo, febril, el cuerpo físico crea un sueño determinado. Hay algo evidente: el sueño es creado por algún tipo de mal-estar.

El malestar físico, la enfermedad física, crean su propio mundo de sueños, de modo que es posible estimular el sueño físico incluso desde el exterior. Estás dormido. Si te colocan un paño mojado alrededor de las piernas, empezarás a soñar. Puedes soñar que estás cruzando un río. Si te colocan una almohada en el pecho empezarás a soñar. Puedes soñar que se te ha sentado alguien encima, o que te ha caído una piedra. Estos sueños surgen del cuerpo físico.

El cuerpo etéreo —el segundo cuerpo— sueña a su manera. Los sueños etéreos han creado mucha confusión en la psicología occidental. Freud confundió los sueños etéreos con los sueños causados por la represión de ciertos deseos. Hay sueños que se deben a deseos reprimidos, pero estos sueños pertenecen al primer cuerpo, al cuerpo físico. Si has reprimido tus deseos físicos, por ejemplo, si has estado ayunando, hay muchas posibilidades de que sueñes con el desayuno. Si has reprimido el sexo, habrá muchas posibilidades de que tengas fantasías sexuales. Pero estos sueños pertenecen al primer cuerpo. El cuerpo etéreo queda fuera de la investigación psicológica, por eso sus sueños se interpretan como si perteneciesen al primer cuerpo, el físico. Esto crea mucha confusión.

El cuerpo etéreo puede viajar en sueños. Hay muchas posibilidades de que abandone tu cuerpo. Cuando lo recuerdas, lo haces como un sueño, pero no es un sueño como los del cuerpo físico. El cuerpo etéreo puede salirse de ti mientras duermes. Tu cuerpo físico estará ahí, pero tu cuerpo etéreo puede salir y viajar por el espacio. No está limitado por el espacio; la distancia no es un problema. Los que no lo entienden, los que no admiten la existencia del cuerpo etéreo, pueden interpretar esto como el mundo inconsciente. Dividen la mente del ser humano en consciente o inconsciente. Entonces, el sueño fisiológico es «consciente» y el etéreo es «inconsciente». No es inconsciente. Es tan consciente como los sueños fisiológicos, pero a otro nivel. Si tomas conciencia de tu cuerpo etéreo, los sueños que corresponden a ese mundo serán conscientes.

Del mismo modo que podemos provocar sueños fisiológicos desde el exterior también podemos provocar y estimular sueños etéreos. El mantra es uno de los métodos para crear visiones etéreas, sueños etéreos. Un cierto *mantra* o un cierto *nada* —una palabra concreta que resuena reiteradamente en el centro etéreo— puede provocar sueños etéreos. Hay muchos métodos. El sonido es uno de ellos.

Lo sufíes utilizan el perfume para crear visiones etéreas. Mahoma mismo era un amante de los perfumes. Un perfume determinado provoca un sueño determinado.

Los colores también pueden servir de ayuda. Leadbeater[6] una vez tuvo un sueño etéreo sobre el azul, el azul nada más, pero un

---

[6] Presidente fundador de la Sociedad Teosófica. *(N. del T.)*

cierto tono de azul. Empezó a buscar ese azul determinado en todos los mercados del mundo. Después de varios años de búsqueda, finalmente lo encontró en una tienda italiana, era un terciopelo que tenía ese tono. Entonces se empezó a utilizar el terciopelo para crear también sueños etéreos en los demás.

Cuando alguien esta en meditación profunda y ve colores, y tiene experiencias de perfumes, sonidos y música absolutamente desconocida, esto también es un sueño, un sueño del cuerpo etéreo. Las visiones que llamamos espirituales pertenecen al cuerpo etéreo; son sueños etéreos. Los gurús que se manifiestan ante sus discípulos no son más que un viaje etéreo, un sueño etéreo. Pero como solo hemos estudiado la mente en un nivel de existencia, el fisiológico, estos sueños se han interpretado en el lenguaje de lo fisiológico o se han desechado, se han negado.

O se han metido dentro del inconsciente. Decir que algo forma parte del inconsciente es lo mismo que admitir que no sabemos nada de esto. Es un tecnicismo, un truco. No hay nada inconsciente, pero todo lo que es consciente a un nivel más profundo es inconsciente a un nivel menos profundo. Por tanto, lo etéreo es inconsciente para lo físico; lo astral es inconsciente para lo etéreo; lo mental es inconsciente para lo astral. Consciente significa aquello que conoces. Inconsciente significa lo que todavía no se conoce, lo desconocido.

También hay sueños astrales. En los sueños astrales vuelves a tus vidas pasadas. Es la tercera dimensión de los sueños. A veces, en un sueño corriente puede haber algunas partes de sueño astral o de sueño etéreo. Entonces el sueño se vuelve un lío, un barullo; no entiendes nada. Como los siete cuerpos existen simultáneamente, las cosas de un mundo pueden pasar a otro mundo, introducirse en él. Por eso a veces incluso en los sueños corrientes hay fragmentos de lo etéreo o lo astral.

En el primer cuerpo, el cuerpo físico, no puedes viajar en el tiempo ni el espacio. Estás confinado a tu estado físico y a la hora que sea... pongamos, las diez de la noche. Tu cuerpo físico puede soñar en ese tiempo y espacio específicos pero no más allá de ellos. En el cuerpo etéreo puedes viajar en el espacio pero no en el tiempo. Puedes ir a cualquier parte, pero seguirán siendo las diez de la noche. En el mundo de lo astral, en el tercer cuerpo, no solo puedes viajar en el tiempo sino también en el espacio. El cuerpo astral puede traspasar la barrera del tiempo, pero solo hacia el pasado, no hacia el futuro. La mente astral puede ir recorrer todo el pasado, desde la ameba hasta el ser humano. En la psicología de Jung la mente astral se denomina inconsciente colectivo. Es vuestra historia individual de nacimientos. Algunas veces se introduce en los sueños corrientes, pero más frecuentemente en estados patológicos que en estados saludables. En una persona con una enfermedad mental, los primeros tres cuerpos pierden la distinción habitual con los demás. Un enfermo mental puede soñar sobre sus vidas pasadas, pero nadie le creerá. Él mismo tampoco lo cree. Dirá que solo ha sido un sueño.

Esto no es soñar en el plano físico. Es un sueño astral. El sueño astral tiene un gran significado, mucha importancia. Pero el tercer cuerpo solo puede soñar sobre el pasado, no sobre lo que será.

El cuarto cuerpo es el cuerpo mental. Puede viajar al pasado y al futuro. En una emergencia grave, a veces, incluso un ser corriente puede tener un destello del futuro. Si se está muriendo alguien muy próximo y querido, puedes recibir el mensaje en un sueño corriente. Como no conoces otra dimensión del sueño, como no conoces las otras posibilidades, el mensaje se introducirá en un sueño corriente.

Pero el sueño no estará claro, porque tiene que superar algunos obstáculos para que el mensaje se vuelva parte de tus sueños corrientes. Cada obstáculo elimina algo, transforma algo. Cada cuerpo tiene su propia simbología; por eso, cada vez que un sueño pasa de un cuerpo a otro se traduce a la simbología de ese cuerpo. Entonces se mezcla todo.

Si sueñas en el cuarto cuerpo de forma inequívoca —no por medio de otro cuerpo sino por medio del cuarto cuerpo mismo—, entonces podrás penetrar en el futuro, pero solo en el tuyo. Seguirá siendo individual, no podrás penetrar en el futuro de otra persona. Para el cuarto cuerpo, el pasado es tan presente como el futuro. El pasado, el presente y el futuro se vuelven uno. Todo es ahora: ahora penetrando hacia atrás, ahora penetrando hacia delante. No hay pasado ni futuro, pero todavía existe el tiempo. El tiempo, incluso como «presente», sigue siendo un fluir de tiempo. Tendrás que seguir enfocando tu mente. Puedes mirar al pasado pero tienes que enfocar tu mente en esa dirección. Entonces, el futuro y el presente estarán en suspenso. Cuando te enfocas hacia el futuro, los otros dos —el pasado y el presente— estarán ausentes. Serás capaz de ver el pasado, el presente y el futuro, pero no como uno. Y solo serás capaz de ver tus sueños individuales, los que te pertenecen como individuo.

El quinto cuerpo, el cuerpo espiritual, atraviesa el mundo del individuo y del tiempo. Ahora estás en la eternidad. El soñar no está relacionado contigo como tal, sino con la conciencia de la totalidad. Ahora conoces el pasado de la existencia pero no el futuro.

A través del quinto cuerpo se han desarrollado los mitos de la creación. Son todos iguales. Varían los símbolos, las historias difieren un poco, pero los mitos de la creación —cómo se creó el mundo, como comenzó su existencia— son paralelos, ya sean cristianos, hinduistas, judíos o egipcios; todas tienen un parecido subyacente. En todo el mundo, por ejemplo, hay historias similares a la del diluvio universal. Sin embargo, no existe una crónica histórica, pero hay un testimonio. Ese testimonio pertenece a la quinta mente, al cuerpo espiritual. La quinta mente puede soñar sobre esto.

Cuanto más penetras en tu interior, más se acerca el sueño a la realidad. El sueño fisiológico no es tan real. Tiene su propia realidad pero no es tan real. El etéreo es mucho más real, el astral es todavía más real, el mental se aproxima a la realidad y, finalmente, en el quinto cuerpo tus sueños se vuelven totalmente realistas. Esta es la forma de conocer la realidad. El término soñar no es apropiado. Pero, en cierto sentido, es soñar, porque lo real no está presente objetivamente. Tiene su propia objetividad, pero aparece como una experiencia subjetiva. Dos personas que hayan alcanzado el quinto cuerpo pueden soñar simultáneamente, lo cual no era posible antes. Habitualmente, no hay forma de tener un sueño común con otra persona, pero a partir del quinto cuerpo varias personas pueden tener el mismo sueño simultáneamente. Por eso, en cierto sentido, los sueños son objetivos. Se pueden comparar con las notas y hay tantas personas que sueñan en el quinto cuerpo y descubren los mismos mitos. Estos mitos no fueron inventados por personas individuales. Fueron inventados por escuelas determinadas, tradiciones concretas que trabajan conjuntamente.

El quinto tipo de sueños se vuelve mucho más real. Los cuatro tipos precedentes son, en cierto sentido, irreales, porque son individuales. No hay posibilidad de que otra persona comparta la experiencia; no hay posibilidad de juzgar su validez, si son fantasía o no. Una fantasía es algo que has proyectado; un sueño es algo que no existe como tal, pero que has llegado a conocer. A medida que vas profundizando, los sueños se vuelven menos fantásticos, menos imaginarios, más objetivos, reales, auténticos.

Los conceptos teológicos han sido creados por el quinto cuerpo. Difieren en el lenguaje, la terminología, los conceptos, pero, básicamente, son iguales. Son sueños del quinto cuerpo.

En el sexto cuerpo o cuerpo cósmico atraviesas el umbral de la conciencia/inconsciencia, materia/mente. Se abandonan las distinciones. El sexto cuerpo sueña sobre el cosmos. Cruzas el umbral de la conciencia y el mundo inconsciente también se vuelve consciente. Ahora, todo está vivo y consciente. Incluso lo que recibe el nombre materia forma parte de la conciencia.

En el sexto cuerpo surgen los sueños de los mitos cósmicos. Has trascendido el individuo, has trascendido la conciencia, has trascendido el tiempo y el espacio, pero el lenguaje todavía existe. Señala en una dirección; te está indicando algo. Las teorías sobre Brahma, sobre maya, las teorías sobre la unidad, el infinito, todas ellas han surgido en el sexto tipo de sueños.

Los que han tenido sueños en la dimensión cósmica son los creadores de las grandes doctrinas, de las grandes religiones. En el sexto tipo de mente, los sueños aparecen en términos de ser, y no de no ser; en términos de existencia positiva, no en términos de no existencia. Todavía sigue habiendo un cierto apego a la existencia y miedo a la no existencia. La materia y la mente se han vuelto uno, pero la existencia y la no existencia no, el ser y el no ser no. Siguen estado separados. Esta es la última barrera. El séptimo cuerpo, el nirvánico, atraviesa la frontera de lo positivo y salta a la nada. Tiene sus propios sueños: sueños de la no existencia, sueños de la nada, sueños del vacío. El sí se ha quedado atrás, incluso el no ya no es un no; la nada no es nada. La nada, más bien, es incluso más infinita. Lo positivo tiene límites; no puede ser infinito. Solo lo negativo no tiene límites.

El séptimo cuerpo tiene sus propios sueños. Ahora ya no hay símbolos, no hay formas. Solo existe lo que no tiene forma. Ahora ya no hay más sonido que la ausencia de sonido; hay silencio absoluto. Los sueños de silencio son totales, interminables.

Estos son los siete cuerpos. Cada uno de ellos tiene sus propios sueños. Pero estas siete dimensiones de los sueños se pueden convertir en un obstáculo para conocer los siete tipos de realidades.

Tu cuerpo fisiológico tiene una manera de conocer la realidad y una manera de soñar sobre ella. Cuando comes, es una realidad, pero cuando sueñas que estás comiendo no es una realidad. El sueño es un sustituto de la verdadera comida. El cuerpo fisiológico tiene su propia realidad y sus propios sueños. Son las dos formas de funcionar de lo fisiológico y están muy lejos una de otra.

Cuanto más te aproximas al centro —cuanto más elevado sea el cuerpo en el que estás— más se aproximan el sueño y la realidad. Del mismo modo que las líneas que van desde la periferia de un círculo hacia el centro se acercan a medida que se aproximan al centro, y están más separadas cuanto más se acercan a la circunferencia, el sueño y la realidad se van acercando a medida que tú te acercas a tu centro, y se separan a medida que vas hacia la periferia. Por tanto, en lo que respecta al cuerpo fisiológico, el sueño y la realidad están separados. La distancia que los separa es muy grande. Los sueños solo son fantasías. Esta separación no es tan grande en el cuerpo etéreo. Lo real y lo soñado se aproximan, por eso en el cuerpo etéreo será más difícil distinguir lo que es real de lo soñado que en el cuerpo fisiológico. No obstante, se puede saber la diferencia. Si tu viaje etéreo es un viaje real, sucederá cuando estás despierto. Si ha sido un sueño, sucederá cuando estás dormido. Para saber la diferencia debes haber despertado al cuerpo etéreo.

Hay métodos para ser conscientes del cuerpo etéreo. Los métodos de trabajo personal, como el *japa* —la repetición de un mantra—, te desconectan del mundo exterior. Si te duermes, la repetición constante puede crear un sueño hipnótico. Entonces, soñarás. Pero si permaneces atento durante tu *japa* y no te origina un efecto hipnótico, entonces conocerás la realidad en lo que concierne al cuerpo etéreo.

En el tercer cuerpo o astral todavía es más difícil saber la diferencia entre los dos, porque se han acercado más. Si conoces el verdadero cuerpo astral y no solo el sueño astral dejarás de tener miedo a la muerte. Desde aquí, uno llega a conocer su inmortalidad. Pero si el astral es un sueño y no es real estarás atenazado por el miedo a la muerte. Este es el punto de distinción, esta es la prueba: el miedo a la muerte.

Una persona que cree que el alma es inmortal, y lo repite constantemente para convencerse de que es verdad, no será capaz de distinguir entre lo que es real en el cuerpo astral y el sueño astral. No deberíamos creer en la inmortalidad sino conocerla. Pero antes de conocerla uno debe tener dudas, incertidumbres. Solo así podrás saber si realmente la conoces o si la has proyectado. Si crees que el alma es inmortal, entonces esta creencia puede penetrar en tu mente astral. Después empezarás a soñar, pero solo será un sueño. Pero, si no tienes creencias sino sed de saber, sed de buscar —sin saber qué hay que buscar ni saber qué vas a encontrar, sin ideas preconcebidas ni prejuicios—, si solo estás buscando en el vacío, sabrás la diferencia. Las personas que creen en la inmortalidad del alma, en las vidas pasadas, que las aceptan en un acto de fe, quizá solo estén soñando en el plano astral sin conocer la realidad. En el cuarto cuerpo o cuerpo mental, el sueño y la realidad son vecinos. Se parecen tanto que es muy fácil confundirlos. El cuerpo mental puede tener sueños más reales que la realidad. Hay muchos métodos para provocar dichos sueños: el yoga, el tantra y otros métodos. Una persona que está practicando el ayuno, la soledad, la oscuridad, puede crear el cuarto tipo de sueños, los sueños mentales. También serán reales, más reales que la realidad que nos rodea.

En el cuarto cuerpo, la mente es totalmente creativa, sin que se lo impida nada objetivo, sin tener ningún límite material. Ahora es totalmente libre de crear. Los poetas y los pintores viven en el cuarto tipo de sueños; el cuarto tipo de sueños produce el arte. La persona que es capaz de soñar en el mundo del cuarto cuerpo se puede convertir en un gran artista, pero no en alguien que conoce.

En el cuarto cuerpo hay que estar atento a cualquier tipo de creación mental. Uno no debería proyectar nada; de lo contrario, se proyectará. No se debería desear nada; de lo contrario, hay muchas posibilidades de que se cumpla el deseo. No solo se puede cumplir el deseo internamente, sino exteriormente. En el cuarto cuerpo, la mente es tan poderosa y cristalina porque el cuarto cuerpo es el último refugio de la mente. Más allá comienza la nomente.

El cuarto cuerpo es el principio original de la mente, de modo que puedes crear lo que quieras. Hay que estar continuamente alerta de que no haya ningún deseo, ninguna imaginación, ninguna idea; ningún dios, ningún gurú. De lo contrario, su creación partirá de ti. ¡Tú serás el creador! Se siente tanta alegría al verlos que uno anhela crearlos. Es el último obstáculo para el *sadhaka*, el buscador. Si puede cruzar la última barrera, ya no habrá otra barrera mayor. Si estás atento, si solo eres un testigo en el cuarto cuerpo, entonces conoces la verdad. De lo contrario, seguirás soñando. Y no hay ninguna realidad que se pueda comparar con estos sueños. Serán extáticos; no hay un éxtasis comparable con esto. Por eso debemos estar atentos al éxtasis, la felicidad, la dicha, y debemos estar vigilantes con cualquier tipo de concepto. En cuanto aparece un concepto, la cuarta mente empieza a flotar en un sueño. Un concepto lleva a otro, y sigues soñando.

El cuarto tipo de sueños solo se puede evitar si eres testigo; esto marca la diferencia, porque si estás soñando te identificarás con ello. En todo lo que respecta al cuarto cuerpo, la identificación es soñar. En el cuarto cuerpo la conciencia y una mente testigo son el camino hacia la verdad.

En el quinto cuerpo sueño y realidad son uno. Desaparece toda dualidad. Ya no es cuestión de conciencia. Aunque seas inconsciente, serás consciente de tu inconsciencia. El sueño no es más que un reflejo de la realidad. Hay una diferencia, pero no una distinción. Si me miro al espejo no habrá distinción entre mi reflejo y yo, pero hay una diferencia. Yo soy real y el reflejo no lo es.

Si la quinta mente ha cultivado distintos conceptos quizá crea que se conoce porque se ha visto reflejada en el espejo. Se conoce, pero no como es, sino como se refleja. Esta es la única diferencia. En cierto sentido, es peligrosa. El peligro consiste en que puedes quedarte satisfecho con el reflejo y considerar la imagen reflejada como verdadera.

En lo que respecta al quinto cuerpo, no hay un peligro real si esto ocurre, pero sí hay un peligro en lo que respecta al sexto cuerpo. Si solo te has visto en el espejo, no podrás cruzar el límite del quinto cuerpo y pasar al sexto. No puedes pasar el límite a través del espejo. Por eso hay personas que se han quedado en el quinto cuerpo. Se han conocido, pero no con inmediatez, no directamente, sino a través de un espejo.

¿De dónde viene el espejo? Viene de cultivar los conceptos: «Yo soy el espíritu. Eterno. Inmortal. Más allá de la muerte, más allá del nacimiento». Concebirse a uno mismo como espíritu sin saberlo es crear un espejo. Entonces, no te conocerás tal como eres, sino reflejado por tus conceptos. Esta es la única diferencia: si el conocimiento te llega a través del espejo será un sueño, y si es directo, inmediato, sin necesidad de espejos, entonces será real. Esta es la única diferencia, aunque es muy grande, no en relación a los cuerpos que has atravesado, sino en relación a los cuerpos que todavía tienes que penetrar.

¿Cómo podemos saber si estamos soñando en el quinto cuerpo o viviendo la realidad? Solo hay un modo de saberlo: abandonar las escrituras, abandonar las filosofías. Ya no debería haber un gurú; de lo contrario, el gurú se convertirá en el espejo. De ahora en adelante, estarás completamente solo. No puedes tener un guía; si no, este se convertirá en un espejo.

De ahora en adelante, estarás total y absolutamente solo. No solitario sino solo. Solitario siempre se refiere a los demás; solo se refiere a uno mismo. Me siento solitario cuando no tengo vínculo con los demás, pero estoy solo, cuando soy.

Uno debería estar solo en todas las dimensiones: las palabras, los conceptos, las teorías, las filosofías, las doctrinas, los gurús, las escrituras; cristianismo, hinduismo; Buda, Cristo, Krishna, Mahavira... Ahora uno debería estar solo; de lo contrario, todo el presente se volverá un espejo. Ahora Buda se convertirá en un espejo. Muy querido, pero muy peligroso.

Si estás completamente solo no te podrás reflejar en nada. Meditación es el término del quinto cuerpo. Significa estar completamente solo, libre de cualquier mención. Significa estar en la no-mente. Si hay mente de algún tipo, se convertirá en un espejo y te verás reflejado en ella. Ahora uno debería ser una no-mente, sin pensar, sin contemplar.

En el sexto cuerpo no hay ningún espejo. Solo existe lo cósmico. Tú has desaparecido. Ya no existes, el que sueña no existe. Pero el sueño puede seguir existiendo sin el que sueña. Y cuando hay un sueño sin un soñador parece la auténtica realidad. No hay mente, nadie que piense, de modo que todo lo que se conoce se conoce. Se vuelve tu conocimiento. Aparecen los mitos de la creación; pasan flotando. Tú no existes; las cosas solo pasan flotando. No hay nadie ahí para juzgar; ahí no hay nadie para soñar.

Pero una mente que no existe, sigue existiendo. Una mente aniquilada sigue existiendo, no individualmente, sino en la totalidad cósmica. Tú no existes pero Brahma sí existe. Por eso dicen que el mundo es un sueño de Brahma. Todo el mundo es un sueño, maya. No un sueño de un individuo sino un sueño de la totalidad, del todo. Tú no existes, pero la totalidad está soñando. Ahora la única distinción que existe es si el sueño es positivo. Si es positivo será ilusorio, será un sueño, porque en el sentido fundamental, solo existe lo negativo. Cuando todo ha pasado a constituir lo que no tiene forma, cuando todo ha vuelto a su origen, entonces todo existe y a la vez no existe. El único factor que queda es lo positivo. Esto debe ser superado.

Por tanto, si abandonas lo positivo en el sexto cuerpo pasarás al séptimo cuerpo. Lo real del sexto cuerpo es la puerta del séptimo. Si no hay nada positivo, no hay mitos ni conceptos, entonces el sueño habrá terminado. Entones solo existe lo que es: lo que es, es. Solo existe la existencia. Las cosas no existen pero el origen sí. El árbol no existe, pero la semilla sí.

Los que lo han conocido llaman a este tipo de mente samadhi con semilla: *samadhi sabeej*. Se ha abandonado todo; todo ha vuelto a la fuente original, la semilla cósmica. El árbol no existe pero la semilla sí. Pero desde la semilla todavía es posible soñar, de modo que también hay que destruir la semilla.

En el séptimo cuerpo no hay sueño ni realidad. Solo puedes ver lo verdadero hasta el punto en que se puede soñar. Si ya no hay posibilidad de soñar, entonces no existirá lo verdadero ni lo ilusorio. El séptimo cuerpo es el centro. Ahora, sueño y realidad se han vuelto uno. No se diferencian. Puedes soñar la nada o conocer la nada, pero la nada sigue siendo lo mismo.

Si sueño sobre ti será ilusorio. Si te veo es real. Pero no hay ninguna diferencia entre soñar con tu ausencia o ver tu ausencia. Si sueñas sobre la ausencia de cualquier cosa, el sueño será igual a la ausencia misma. Solo puede haber una diferencia real en términos de lo positivo. Hasta el sexto cuerpo hay diferencia. En el séptimo cuerpo solo queda la nada. Hay ausencia incluso de la semilla. Esto es *nirbeej samadhi*, el samadhi sin semilla. Ahora ya no hay posibilidad de soñar.

Por tanto, hay siete tipos de sueños y siete tipos de realidades. Se mezclan los unos con los otros. Por culpa de esto, se crea mucha confusión. Pero te ayudará mucho hacer una distinción entre los siete, aclararlo. La psicología todavía está muy lejos de conocer los sueños. Solo conoce lo fisiológico y, a veces, lo etéreo. Pero lo etéreo también se interpreta como fisiológico.

Jung ha profundizado más que Freud, pero su análisis de la mente humana tiene un tratamiento mitológico, religioso. No obstante, tiene la semilla. Si la psicología occidental sigue evolucionando, será a través de Jung y no de Freud. Freud fue el pionero, pero si se obsesionan con aferrarse a sus avances, todos los pioneros se convierten en un obstáculo para un progreso mayor. Aunque Freud ahora esté pasado de moda, la psicología occidental sigue obsesionada con su origen freudiano. Freud debe pasar a formar parte de la historia. La psicología tiene que evolucionar.

En América están intentando aprender sobre los sueños a través de métodos de laboratorio. Hay muchos laboratorios de sueños, pero los métodos que utilizan solo se interesan en la fisiología. Si se quiere conocer el mundo de los sueños habrá que introducir el yoga, el tantra y otras enseñanzas esotéricas. Cada tipo de sueño tiene un tipo de realidad paralelo, pero si no se puede conocer todo el mundo del maya, si no se puede conocer el mundo ilusorio, será imposible conocer el mundo real. Solo se puede conocer lo real a través de lo ilusorio.

No tenéis que interpretar lo que digo como si fuese una teoría, una doctrina. Tomadlo como punto de partida y empezad a soñar con una mente consciente. Solo podrás conocer la realidad cuando seas consciente en tus sueños.

Ni siquiera somos conscientes de nuestro cuerpo físico. Seguimos estando en la inconsciencia. Solamente nos hacemos conscientes cuando hay una parte que se pone enferma. Debemos hacernos conscientes del cuerpo cuando está sano. Ser consciente del cuerpo cuando está enfermo no es más que una medida de emergencia. Es un proceso natural, intrínseco. Tu mente tiene que estar atenta cuando se enferma una parte del cuerpo para poderla cuidar, pero en cuanto se cura, vuelves a dejar de ser consciente. Debes hacerte consciente de tu propio cuerpo, de su funcionamiento, sus sentimientos sutiles, su música y sus silencios. A veces el cuerpo está quieto; a veces hace ruido; a veces está relajado. Es una sensación tan distinta en cada uno de estos estados que desgraciadamente no somos conscientes de ello. Cuando te vas a dormir hay cambios sutiles en tu cuerpo. Pero cuando te vas a despertar por la mañana vuelve a haber cambios. Debemos ser conscientes de estos cambios. Cuanto estés a punto de abrir los ojos por la mañana no lo hagas inmediatamente. Cuando seas consciente de que tu sueño ha terminado toma conciencia de tu cuerpo. Todavía no abras los ojos. ¿Qué te ocurre? En tu interior está teniendo lugar un gran cambio. El sueño te abandona y llega el despertar. Has visto el amanecer del sol, pero nunca has visto el amanecer del cuerpo. Tiene su belleza particular. En tu cuerpo hay una mañana y una noche. Se llama *sandhya*; el momento de la transformación, el momento del cambio.

Cuando estés a punto de dormirte observa lo que sucede. El sueño llegará, estará llegando. ¡Estate alerta! Solo así podrás hacerte consciente de tu cuerpo físico. Cuando te hagas consciente sabrás qué es el sueño fisiológico. Entonces, por la mañana, podrás saber qué sueños han sido fisiológicos y cuáles no. Si conoces tus sentimientos internos, tus necesidades internas, los ritmos internos de tu cuerpo, cuando se reflejen en tus sueños, serás capaz de entender su lenguaje.

No hemos comprendido el lenguaje de nuestro cuerpo. El cuerpo tiene su propia sabiduría; tiene miles y miles de años de experiencia. Mi cuerpo tiene la experiencia de mi padre y mi madre, la de sus padres y así sucesivamente, durante siglos y siglos la semilla de mi cuerpo se ha ido desarrollando hasta llegar a lo que es. Tiene su propio lenguaje. Primero hay que entenderlo. Cuando lo entiendas, sabrás qué es un sueño fisiológico. Entonces, por la mañana, serás capaz de separar los sueños fisiológicos de los que no lo son. Solo así nacerá una nueva posibilidad: el ser consciente de tu cuerpo etéreo. Solo entonces y no antes. Te vuelves más sutil. Puedes experimentar niveles más sutiles de sonido, perfume y luz. Cuando caminas, sabes que lo hace el cuerpo fisiológico; sabes que no lo está haciendo el cuerpo etéreo. La diferencia está muy clara. Estás comiendo, está comiendo tu cuerpo físico, no tu cuerpo etéreo. Hay sed etérea, hambre etérea, deseos etéreos, pero estas cosas solo se pueden ver cuando se conoce el cuerpo físico por completo. Entonces, poco a poco, empezarás a conocer los otros cuerpos.

El sueño es un tema importante. Todavía está sin descubrir, desconocido, escondido. Es parte del conocimiento secreto. Pero ha llegado el momento de sacar a la luz todos los secretos. Todo lo que estaba escondido hasta ahora no deberá seguir escondido; si no, puede llegar a ser peligroso.

En el pasado había algunas cosas que debían permanecer en secreto, porque el conocimiento en manos de los ignorantes puede resultar peligroso. Esto es lo que está sucediendo con el conocimiento científico en Occidente. Los científicos se han dado cuenta de esta crisis y quieren inventar ciencias secretas. Las armas nucleares no se deberían haber dado a conocer a los políticos. Los descubrimientos posteriores deberán permanecer ocultos. Tenemos que esperar hasta el momento en que el ser humano esté tan capacitado que no sea un peligro exponer el conocimiento.

De una forma similar, en Oriente se sabía mucho del mundo espiritual. Pero podría resultar peligroso si caía en manos de los ignorantes, por eso se escondía la llave. El conocimiento era secreto, esotérico. Se pasaba de uno a otro a escondidas. Pero ahora, gracias al progreso científico, ha llegado el momento de que salga a luz. La ciencia puede resultar peligrosa si no se conocen las verdades espirituales, esotéricas. Hay que difundirlas para que el conocimiento espiritual esté a la altura del conocimiento científico.

Los sueños son uno de los mundos esotéricos más importantes. Os he hablado un poco sobre ello para que empecéis a ser

conscientes, pero no os he hablado de toda la ciencia. No es necesario ni tampoco os servirá de ayuda. He dejado espacios vacíos. Si
os introducís, estos espacios se rellenarán automáticamente. Lo
que os he dicho solo es la capa exterior. No es suficiente para desarrollar una teoría sobre ello pero sí es suficiente para empezar.

Capítulo 7

NATURALEZA Y POTENCIALIDAD DE LOS CHAKRAS

Has dicho que el buscador debería preocuparse más de su receptividad en vez de ir mendigando de puerta en puerta. ¿Pero buscar no implica también enfrentar los obstáculos del camino espiritual?

*B*uscar y preguntar son dos cosas diferentes. En realidad, solo pregunta el que no está buscando. Buscar y preguntar no son la misma cosa; son, más bien, dos cosas contradictorias. Quien quiere evitar buscar, pregunta. El proceso de buscar y el de pedir son muy diferentes. Al preguntar, la atención se centra en el otro: en el que da; al buscar la atención se centra en uno mismo: en el que recibe. Decir que hay obstáculos en el camino del crecimiento espiritual significa que hay obstáculos dentro del propio buscador. El camino también está en nuestro interior y no es muy difícil entender nuestros propios impedimentos. Habrá que explicar detalladamente cuáles son los obstáculos y cómo se pueden eliminar. Ayer os hablé de los siete cuerpos. Hablaremos sobre ellos más en detalle para que os quede claro.

Del mismo modo que hay siete cuerpos también hay siete chakras, siete centros de energía, y cada chakra está conectado de un modo especial con su cuerpo correspondiente. El chakra del cuerpo físico es *muladhara*. Es el primer chakra y está en completa conexión con el cuerpo físico. El chakra *muladhara* tiene dos posibilidades. La primera función es natural y nos es dada de nacimiento; la otra función se puede obtener con la meditación.

La posibilidad natural básica de este chakra es el apremio sexual del cuerpo físico. La primera cuestión que surge en la mente del buscador es: ¿qué podemos hacer respecto a este principio básico? Pero en este chakra existe otra posibilidad y es el *brahmacharya*, el celibato, que se puede alcanzar mediante la meditación. El sexo es la posibilidad natural, y el brahmacharya es su transformación. Cuanto más enfocada y atrapada esté la mente en el deseo sexual más le costará alcanzar su máxima potencialidad de brahmacharya.

Esto significa que podemos utilizar la situación que no es dada por la naturaleza de dos formas. Podemos vivir dentro de la condición que nos ha impuesto la existencia —entonces, el proceso de crecimiento espiritual no podrá comenzar—, o podemos transformar este estado. El único peligro en el camino de la transformación es que existe la posibilidad de que empecemos a luchar con nuestro centro natural. ¿Cuál es el verdadero peligro en el camino del buscador? El primer obstáculo es que si el meditador se entrega al orden natural de las cosas no alcanzará la posibilidad máxima de su cuerpo físico y se estancará en el punto de partida. Por una parte existe la necesidad; por otra existe una represión que provoca en el meditador un conflicto con su apremio sexual. La represión es un obstáculo en el camino de la meditación. Es el obstáculo del primer chakra. La transformación no puede suceder si hay represión.

Si la represión es un obstáculo, ¿cuál es la solución? La comprensión resolverá este asunto. En cuanto empiezas a entender el sexo, tiene lugar dentro de ti una transformación. Esto tiene un motivo. Dentro de nosotros están dormidos e inconscientes todos los elementos de la naturaleza. Si nos hacemos conscientes de ellos comienza la transformación. La conciencia es la alquimia; la conciencia es la alquimia para cambiarlos, para transformarlos. Si una persona se hace consciente de sus deseos sexuales con todos sus sentidos y su comprensión, entonces, dentro de él empezará a surgir el brahmacharya en vez del sexo. Será difícil trabajar sobre las posibilidades de los otros centros a menos que una persona alcance el brahmacharya en su primer cuerpo.

El segundo cuerpo, como dije, es el cuerpo emocional o etéreo. El segundo cuerpo está conectado con el segundo chakra, el chakra *svadhistana*. Este también tiene dos posibilidades. Básicamente, su potencialidad es el miedo, el odio, la rabia y la violencia. Son condiciones que se obtienen del potencial natural del chakra *svadhistana*. Si la persona se estanca en el segundo cuerpo, entonces las condiciones de transformación directamente opuestas, el amor, la compasión, el valor y la amistad no tendrán lugar. Los obstáculos del camino del meditador son el odio, la rabia y la violencia, y se trata de transformarlos.

Aquí se vuelve a cometer el mismo error. Una persona puede dar rienda suelta a su enfado; otra puede reprimirlo. Una persona puede ser miedosa; otra puede reprimir su miedo y hacer alarde de valor. Pero nada de esto te conducirá a la transformación. Cuando hay miedo hay que aceptarlo, no sirve de nada taparlo o reprimirlo. Si hay violencia en nuestro interior no vale de nada cubrirla con el manto de la no violencia. Gritar eslóganes de no violencia no provocará ningún cambio en el estado de nuestra violencia interior. Sigue siendo violencia. Es una condición que nos impone la naturaleza del segundo cuerpo. Tiene su utilidad, del mismo modo que el sexo tiene un significado. A través del sexo pueden nacer otros cuerpos físicos. Antes de que muera un cuerpo físico, la naturaleza ha previsto el nacimiento de otro.

El miedo, la violencia y la rabia son necesarios en el segundo plano; si no, el ser humano no sobreviviría, no se podría proteger. El miedo le protege, la rabia le implica en la lucha contra otros y la violencia le ayuda a salvarse de la violencia de otros. Son cualidades del segundo cuerpo y son necesarias para sobrevivir, pero generalmente nos detenemos aquí y no seguimos adelante. Si una persona entiende la naturaleza del miedo alcanzará la valentía, y si entiende la naturaleza de la violencia alcanzará la no violencia. De una forma similar, entendiendo la rabia, desarrollamos la cualidad de perdonar.

De hecho, la rabia es una cara de la moneda y el perdón es la otra. Cada una se esconde tras la otra, pero hay que dar la vuelta a la moneda. Si llegamos a conocer una cara de la moneda perfectamente, naturalmente tendremos curiosidad de saber qué hay en la otra cara, y así la moneda se da la vuelta. Si escondemos la moneda y fingimos que no tenemos miedo ni violencia dentro, nunca seremos capaces de conocer la valentía y la no violencia. Quien acepta la existencia del miedo en su interior y lo investiga a fondo pronto alcanzará un punto en el que querrá saber qué hay detrás del miedo. Su curiosidad le animará a mirar el otro lado de la moneda.

En cuanto gira la moneda, pierde el miedo. Paralelamente, la violencia se convertirá en compasión. Estas son las características del segundo cuerpo. En consecuencia, el meditador tiene que llevar a cabo una transformación de las cualidades que ha recibido de la naturaleza. Y para esto no es necesario ir preguntándole a los demás; hay que buscar y preguntárselo uno mismo. Todos sabemos que la rabia y el miedo son impedimentos, porque ¿cómo puede ser que un cobarde busque la verdad? Irá mendigando la verdad; deseará que alguien se la dé sin tener que entrar en terrenos desconocidos.

El tercer cuerpo es el cuerpo astral. También tiene dos dimensiones. En primer lugar, el tercer cuerpo gira en torno a la duda y el pensamiento. Si se transforman, la duda se convierte en confianza y el pensamiento se convierte en *vivek*, atención. Si reprimes las dudas nunca alcanzarás *shraddha*, confianza, aunque se nos aconseja reprimir las dudas y creer en lo que escuchamos. Quien reprime sus dudas nunca alcanzará la confianza porque la duda seguirá estando presente en nuestro interior aunque reprimida. Se deslizará por dentro como un cáncer y acabará con tu vitalidad. Las creencias se imponen por el miedo al escepticismo. Tendremos que entender la cualidad del miedo, tendremos que vivirlo y cargar con él. Entonces, un día llegaremos al punto que empezaremos a tener dudas sobre la propia duda. En cuanto empezamos a dudar de la duda, empieza la confianza.

No podemos tener la claridad de la discriminación si no vamos a través del proceso del pensamiento. Hay gente que no piensa, y gente que les anima a que no piensen. Dicen: «No pienses; abandona todos los pensamientos». Aquel que deja de pensar aterriza en la ignorancia y la fe ciega. Esto no es claridad. El poder de la discriminación se obtiene solo después de pasar por los procesos de pensamiento más sutiles. ¿Cuál es el significado de vivek, discriminación? La duda siempre está presente en todos los pensamientos. Siempre hay indecisión. Por tanto, quienes piensan mucho nunca llegan a una decisión. Solo pueden decidir si se salen de la rueda de pensamientos. La decisión proviene de un estado de claridad que está más allá de los pensamientos.

Los pensamientos no tienen conexión con la decisión. Quien está absorto en pensamientos nunca tomará una decisión. Por eso sucede, invariablemente, que aquellos cuyas vidas no están dominadas por los pensamientos son muy decididos, mientras que los que piensan mucho carecen de decisión. Los dos entrañan peligro. Los que no piensan continúan y hacen lo que han decidido hacer, por el simple hecho de que no tienen un proceso de pensamiento que les provoque dudas.

Los dogmáticos y los fanáticos del mundo son gente muy activa y enérgica; para ellos no se trata de dudas... ¡nunca piensan! Si creen que llegarán al cielo matando a mil personas no descansarán hasta que hayan matado a mil personas. Nunca se paran a pensar lo que están haciendo, de modo que nunca hay indecisión por su parte. Un ser humano que piensa, por el contrario, seguirá pensando antes de tomar ninguna decisión.

Si cerramos las puertas por miedo a los pensamientos nos quedaremos solo con la fe ciega. Esto es muy peligroso y un gran obstáculo en el camino del meditador. Se necesita prudencia vigilante y pensamientos claros, decididos, que nos ayuden a tomar decisiones. Este es el significado de vivek: claridad, vigilancia. Significa que el poder del pensamiento es completo. Significa que hemos examinado los pensamientos con tanto detalle que se han aclarado todas las dudas. Ahora lo que queda es decisión pura en esencia. El chakra del tercer cuerpo es *manipura*. La duda y la confianza son sus dos formas. El resultado es que la duda se transforma en confianza. Pero ten en cuenta esto, la confianza no es lo opuesto o lo contrario a la duda. La confianza es la forma más pura y el desarrollo máximo de esta. Es el extremo máximo de la duda, donde se pierde incluso la duda porque empieza a dudar de sí misma y de este modo se suicida. Entonces, nace la confianza.

El cuarto plano es el cuerpo mental o la psique, y el cuarto chakra, *anahata*, está conectado con este cuerpo. Las cualidades naturales de este plano son la imaginación y los sueños. Esto es lo que siempre hace la mente: imaginar y soñar. Por la noche sueña y durante el día ensueña. Si la imaginación se ha desarrollado totalmente, es decir, si se ha desarrollado hasta su máxima capacidad, de una forma completa, se convertirá en determinación, voluntad. Si el sueño se desarrolla completamente se transforma en visión, visión psíquica. Si la habilidad de soñar de una persona se ha desarrollado plenamente, solo tiene que cerrar los ojos para ver cosas. Entonces, podrá ver incluso a través de un muro. Al principio, sueña que está viendo a través del muro; más tarde realmente verá a través del muro. Ahora solo puede adivinar lo que estás pensando, pero después de la transformación podrá ver lo que piensas. Visión significa ver y oír cosas sin usar los órganos sensoriales habituales. Las limitaciones del tiempo y el espacio ya no existen para alguien que ha desarrollado la visión.

En los sueños puedes viajar a tierras lejanas. Si estás en Bombay puedes ir a Calcuta. En la visión también puedes viajar en el espacio, pero hay una diferencia: en los sueños imaginas que has estado, mientras que en la visión realmente estás. El cuarto cuerpo o cuerpo psíquico realmente puede estar ahí presente. Como no tenemos ni idea de las posibilidades fundamentales del cuarto cuerpo hemos descartado, en el mundo actual, el antiguo concepto de sueños. La experiencia antigua era que en los sueños uno de los cuerpos del hombre salía de viaje.

Actualmente, los científicos también están de acuerdo en que el cuarto cuerpo tiene muchas posibilidades psíquicas. Ahora que el hombre ha salido al espacio, la investigación en esta dirección es más importante. El hecho sigue siendo que a pesar de lo fiables que sean los aparatos que tiene el ser humano a su disposición no puede confiar totalmente en ellos. Si deja de funcionar el equipo de radio de una nave espacial, los astronautas perderán el contacto con el mundo. No serán capaces de decirnos dónde están o qué ha pasado. Los científicos actuales están interesados en desarrollar la telepatía y la visión del cuarto cuerpo para evitar este riesgo. Si los astronautas fuesen capaces de comunicarse directamente con poderes telepáticos estarían desarrollando una parte del cuarto cuerpo. Entonces sería seguro viajar por el espacio. Hay que investigar mucho en ese campo.

El quinto chakra es el chakra *visuddha*. Se localiza en la garganta. El quinto cuerpo es el cuerpo espiritual. El chakra *visuddha* está conectado con el cuerpo espiritual. Los primeros cuatro chakras y sus cuerpos estaban divididos en dos. En el quinto cuerpo se acaba la dualidad.

Como dije antes, la diferencia entre masculino y femenino se mantiene hasta el cuarto cuerpo; a partir de ahí se acaba. Si lo observamos de cerca, la dualidad pertenece a lo masculino y lo femenino. Cuando ya no hay distancia entre lo masculino y lo femenino, en ese preciso instante, se acaba la dualidad. El quinto cuerpo no es dual. No tiene dos posibilidades, sino solo una.

Por eso el meditador no tiene que hacer tanto esfuerzo; porque no hay que desarrollar un contrario; uno solamente tiene que entrar. Cuando llegas al cuarto cuerpo has desarrollado tanta capacidad y fuerza que es muy fácil pasar al quinto cuerpo. En ese caso, ¿cómo podemos distinguir a la persona que ha pasado al quinto cuerpo de la que no? La diferencia es que la persona que ha pasado al quinto cuerpo se ha librado de la inconsciencia. En realidad, no duerme por las noches. Es decir, duerme pero solo duerme su cuerpo; hay alguien en su interior que siempre está despierto. Sabe si se da la vuelta mientras duerme, o si no lo hace. Sabe si se ha tapado con una manta, o si no lo ha hecho. Su conciencia no disminuye mientras duerme, está despierto las veinticuatro horas. Para alguien que no ha pasado al quinto cuerpo, su estado es precisamente el opuesto. Cuando duerme, duerme, y durante las horas que está despierto también hay una parte de él que está dormida.

La gente aparenta estar trabajando. Pero cuando vuelves a casa por las noches, el coche gira hacia la derecha y cruza la verja; pisas el freno cuando llegas al porche. No caigas en la ilusión de creer que eres tú el que hace todo esto. Sucede inconscientemente por la fuerza de la costumbre. Solo en ciertos momentos, en momentos de mucho peligro, estamos realmente alerta. Cuando existe un peligro tan grande que no sirve ir con falta de atención, nos despertamos. Por ejemplo, si un hombre te pone una navaja en el pecho, saltas a la conciencia. La punta de la navaja te lleva, por un instante, al quinto cuerpo. A excepción de estos pocos instantes, vivimos nuestra vida como sonámbulos.

El marido todavía no ha visto bien la cara de su mujer, y la mujer tampoco. Si el marido intenta imaginarse la cara de su mujer no será capaz de hacerlo. Las líneas de la cara se irán difuminando y no será capaz de decir si es la misma cara que ha estado viendo los últimos treinta años. Nunca has visto, porque para ver, dentro hace falta que haya una persona iluminada.

La persona que está «despierta» aparenta estar viendo pero en realidad no es así, porque está dormida por dentro, soñando, y todo sucede en su estado de sueño. Te enfadas, después dices: «No sé cómo me he enfadado; no quería enfadarme». Dices: «¡Perdóname! No quería ser grosero, se me ha escapado». Has dicho una obscenidad y tú eres el que niegas la intención. El criminal siempre dice: «No quería matarle. Ha ocurrido sin proponérmelo». Esto demuestra que funcionamos como autómatas. Decimos lo que no queremos decir; hacemos lo que no queremos hacer.

El sueño es una condición innata antes de comenzar en el plano espiritual. El ser humano es un sonámbulo antes de llegar al quinto cuerpo, y la cualidad de este cuerpo es la de estar despierto. Por tanto, después de desarrollar el cuarto cuerpo podemos decir que el individuo es buda, el que está despierto. Este ser humano está despierto. Buda no es el nombre de Gautama Siddharta sino el nombre que recibió después de alcanzar el quinto plano. Gautama Buda significa Gautama el que se ha despertado. Su nombre siguió siendo Gautama, pero era el nombre de la persona que estaba dormida; por eso, poco a poco, pasó a ser Buda. La diferencia sucede al alcanzar el quinto cuerpo. Antes de pasar a este cuerpo, todo lo que hacemos son actos inconscientes en los que no podemos confiar. En un momento, el hombre promete amar y apreciar a su amada toda la vida, y al instante siguiente es capaz de estrangularla. La alianza que le prometió de por vida no dura mucho. El pobre hombre no tiene la culpa. ¿Qué valor tienen las promesas que se hacen dormido? Durante el sueño puedo prometer: «Esta es una relación para toda la vida». ¿De qué sirve esta promesa? Por la mañana la negaré porque solo se trataba de un sueño.

No puedes confiar en una persona dormida. Nuestro mundo es enteramente un mundo de gente dormida; por eso hay tanta confusión, tantos conflictos, tantas luchas, tanto caos. Es el resultado de gentes que están dormidas.

Hay otra diferencia importante que deberíamos tener en cuenta entre el ser humano dormido y el ser humano despierto. El ser humano dormido no sabe quién es, por eso siempre está intentando demostrar a los demás que es esto o aquello. Lo intenta durante toda su vida. Intenta demostrarlo de mil maneras. A veces sube a la escalera de la política y dice: «Soy así y asá». A veces construye una casa y hace ostentación de su dinero, o sube a una montaña y hace ostentación de su fuerza. Intenta demostrar quién es de todas las maneras. Y en medio de estos esfuerzos, en realidad, está intentando averiguar, sin saberlo, quién es. No sabe quién es.

No encontraremos la respuesta antes de pasar del cuarto plano. El quinto cuerpo se llama el cuerpo espiritual porque es donde recibes la respuesta a la pregunta «¿Quién soy yo?». La llamada del yo se detiene de una vez por todas en este plano; desaparece inmediatamente el reclamar ser alguien especial. Si a esta persona le dices «eres tal y tal», se reirá de ti. Dejará de reclamar nada, porque ahora ya sabe. Ya no tiene que demostrar nada, porque ahora quién es él es un hecho demostrado.

Los conflictos y los problemas del individuo se acaban en el quinto plano. Pero este plano tiene sus propios riesgos. Ahora te conoces, y este conocerte te llena de tanta dicha y satisfacción que puedes querer acabar aquí tu viaje. Quizá no te apetezca seguir. Hasta ahora, los riesgos eran por el dolor y la agonía, pero ahora los riesgos son por la felicidad. El quinto plano es tan dichoso que no te gustará tener que abandonarlo y seguir adelante. Por tanto, el individuo que pasa a este plano tiene que estar muy atento de no aferrarse a la dicha, para que esta no le impida seguir. Ahora la dicha es suprema y está en la cima de su gloria; es su mayor profundidad. La persona que se ha conocido a sí misma sufre una gran transformación. Pero esto no es todo, hay que seguir adelante.

Debemos estar atentos a la dicha. Ahora nuestro esfuerzo debe ser el no perdernos en la dicha. La dicha nos arrastra hacia sí; nos ahoga; no sumerge completamente en ella. No te sumerjas en la dicha. Debes saber que también esto es una experiencia. La felicidad era una experiencia, la desgracia era una experiencia; la dicha también es una experiencia. Mantente al margen, sé un testigo. Siempre que siga habiendo experiencias seguirá habiendo un obstáculo; no se ha alcanzado la meta final. En el estado absoluto se acaban todas las experiencias. La alegría y la tristeza llegan a su fin, y lo mismo ocurre con la dicha. Nuestro idioma, no obstante, no alcanza más allá de este punto. Por eso hemos descrito a Dios como *sat-chit-ananda*, verdad-conciencia-dicha. No es la forma del ser supremo, pero es lo máximo que pueden expresar las palabras. La dicha es la expresión máxima del ser humano. De hecho, las palabras no pueden ir más allá del quinto plano. Pero podemos decir del quinto plano que: «Allí hay dicha; hay un despertar completo; allí hay realización del ser». Todo esto se puede describir.

Por tanto, no hay ningún misterio respecto a los que se detienen en el quinto plano. Su forma de hablar puede resultar muy científica porque a partir de este plano nos encontramos con el mundo del misterio. Hasta el quinto plano las cosas están muy claras. Creo que, antes o después, la ciencia integrará las religiones que van hasta el quinto cuerpo, porque la ciencia será capaz de alcanzar el atman.

Cuando un buscador se dirige a este camino busca meramente la dicha y no la verdad. Frustrado por el sufrimiento y la inquietud empieza a buscar la dicha. Quien busca la dicha, decididamente se detendrá en el quinto plano; por tanto, debo deciros que no busquéis la dicha, sino la verdad. Así no estarás mucho tiempo en el quinto plano.

Entonces, surge una pregunta: «Hay *ananda*; eso está muy bien. Me conozco; mucho mejor. Pero solo son las hojas y las flores. ¿Dónde están las raíces? Me conozco, estoy dichoso, eso está bien, pero ¿de dónde procedo? ¿Dónde están mis raíces? ¿De dónde he venido? ¿Dónde están las profundidades de mi existencia? ¿De qué océano ha surgido esta ola que soy yo?».

Si buscas la verdad, continuarás después del quinto cuerpo. Desde el mismo comienzo, por tanto, debes buscar la verdad y no la dicha; si no, tu viaje hasta el quinto plano será fácil, pero te detendrás ahí. Si buscas la verdad, no te detendrás.

El mayor obstáculo del quinto plano es la felicidad que sentimos ahí, y más aún porque venimos de un mundo donde no hay más que sufrimiento, dolor, ansiedad y tensión. Entonces, cuando llegamos a este templo de dicha, tenemos un irresistible deseo de bailar en éxtasis, de ahogarnos y perdernos en esta dicha. No debes perderte en este lugar. Ese lugar llegará y no tendrás que perderte, sino que simplemente estarás perdido. Hay una gran diferencia entre perderse y estar perdido. En otras palabras, llegarás a un sitio donde, aunque quieras, no te salvarás. Verás cómo te pierdes, sin remedio. Pero aquí, en el quinto cuerpo, también te puedes perder. Tu esfuerzo, tu empeño, sigue funcionando en este plano, y aunque en el quinto plano el ego está intrínsecamente muerto, el yo soy todavía persiste. Es necesario, por tanto, entender la diferencia entre el ego y el yo soy.

El ego, la sensación del «yo» morirá, pero no morirá la sensación de «soy». En el «yo soy» hay dos cosas, el «yo» es el ego, y el «soy» es *asmita*, la sensación de ser. El «yo» muere en el quinto plano, pero el ser, el «soy» permanece. El «yo soy» seguirá estando ahí. Desde este plano, el meditador declarará: «Hay infinitos espíritus y cada espíritu es diferente y está separado del resto». En este plano, el meditador experimentará la existencia de infinitos espíritus, porque todavía tiene la sensación del ser, esta sensación de ser es la que le hace sentirse separado de los demás. Si la mente está atrapada con la búsqueda de la verdad, podrás atravesar el obstáculo de la dicha, porque la dicha incesante se vuelve aburrida. Si solo suena una nota de una melodía puede volverse molesto.

Bertrand Russell dijo una vez en broma: «No me atrae la salvación, porque oigo que ahí no hay más que dicha. Es muy aburrido cuando solo hay dicha nada más. Si no hay ni traza de infelicidad, de angustia, de tensión, ¿cuánto tiempo aguantaremos la dicha?».

Estar perdido en la dicha es un riesgo del quinto plano. Es muy difícil superarlo. A veces, nos puede costar varias vidas. Los primeros cuatro niveles no son tan difíciles de pasar, pero el quinto es muy difícil. Se necesita haber nacido muchas veces para aburrirse de la dicha, aburrirse del ser, aburrirse del atman.

Hasta el quinto cuerpo, la búsqueda se enfoca a librarse del dolor, el odio, la violencia y los deseos. Después del quinto, la búsqueda se dirige a librarnos del ser. Por eso hay dos cosas: la primera es librarse de algo; esto es una cosa y se completa en el quinto plano. La segunda cosa es librarse del ser, y a partir de aquí comienza un nuevo mundo.

El sexto cuerpo es *brahma sharir*, el cuerpo cósmico; y el sexto chakra es el *agya chakra*. Aquí ya no hay dualidad. En el quinto plano se intensifica la experiencia de dicha o beatitud, mientras que en el sexto lo que se intensifica es la experiencia de «ser», de la existencia. Desaparece *asmita*, el «yo soy». En el quinto plano el «yo» desaparece, mientras que el «soy» se irá tan pronto trasciendas el quinto plano. Sentirás el «ser»; sentirás *tathata*, la existencia tal cual es. Ya no está en ninguna parte la percepción de un «yo» o un «soy»; solo permanecerá lo que es. Habrá la percepción de la realidad, del ser...; la percepción de la conciencia. Pero aquí la conciencia se ha librado de mí; ya no es mi conciencia. Es conciencia. Ya no es mi existencia; es existencia, sin más.

Brahman es el obstáculo final, la última barrera en la búsqueda final del buscador. Solo queda el ser, pero todavía hay que comprender el no ser. El ser se conoce, pero todavía hay que realizar el no ser; todavía falta por conocer lo que no es. Por tanto, el séptimo plano es el *nirvana kaya*, el cuerpo nirvánico y su chakra *sahasrara*. No se puede decir nada respecto a este chakra. Como mucho, podemos seguir hablando hasta el sexto chakra, y eso con mucha dificultad. Casi todo lo que digamos será erróneo.

Hasta el quinto cuerpo, la búsqueda progresa de una forma muy científica, todo tiene explicación. En el sexto plano el horizonte empieza a difuminarse; nada parece tener sentido. Se puede sugerir algo pero, por último, desaparece el dedo que señala, y las sugerencias dejan de existir porque ha desaparecido incluso nuestro propio ser. Brahman, el ser absoluto, se conoce desde el sexto cuerpo y el sexto chakra.

Por tanto, quienes buscan Brahman meditarán en el chakra *ajna*, que se encuentra entre los ojos. Este chakra está conectado con el cuerpo cósmico. Quienes trabajan a fondo sobre este chakra empezarán a llamar tercer ojo a la vasta expansión infinita de la que son testigos. Desde este tercer ojo podrán ver lo cósmico, lo infinito.

Todavía queda un último viaje, el viaje hacia el no ser, hacia la no existencia. La existencia solo es la mitad de la historia; también está la no existencia. La luz existe, pero en la otra cara está la oscuridad. La vida es una parte, pero también está la muerte. Por tanto, es necesario que conozcamos el resto, la no existencia, el vacío, porque la verdad absoluta solo se puede conocer cuando conoces ambos: la existencia y la no existencia. Conoces el ser y el no ser en su totalidad: entonces el conocimiento será completo. La existencia se conoce totalmente, y la no existencia también se conoce totalmente: entonces conocemos la totalidad; si no, nuestra experiencia será incompleta. *Brahma gyan* todavía es imperfecto, porque no ha sido capaz de conocer el no ser. Por eso el brahma gyan niega que haya algo como la no existencia y dice que es una ilusión. Dice que no existe. Dice que la verdad es ser, y no ser es una falsedad. No existe nada parecido; por tanto, no se plantea la cuestión de conocerlo. Nirvana kaya significa el *shunya kaya*, el vacío desde el que saltamos del ser al no ser. En el cuerpo cósmico sigue habiendo algo que no conocemos. También tenemos que conocerlo: qué es no ser, qué es borrarnos completamente. En cierto sentido, el séptimo plano es la muerte definitiva. Nirvana, como os expliqué antes, significa la extinción de la llama. El yo se ha extinguido. Pero ahora, siendo uno con la totalidad, volvemos a ser. Ahora somos Brahman, y también tendremos que renunciar a esto. La persona que está lista para dar el último salto conoce la existencia y la no existencia.

Estos son los siete cuerpos y los siete chakras, y dentro de ellos podremos encontrar los medios, así como los obstáculos. Fuera no hay obstáculos; por tanto, no tiene mucho sentido indagar afuera. Si has ido a ver a alguien para preguntarle o para entender, entonces no mendigues. Entender es una cosa, mendigar otra. Tu búsqueda debe continuar. También debes examinar todo lo que hayas oído o entendido. No lo conviertas en una creencia, de lo contrario, estarás mendigando.

Me has preguntado algo; yo te doy una respuesta. Si has venido a por limosna, lo pondrás dentro de tu saco y lo guardarás como un tesoro. Entonces no serás un meditador sino un mendigo. No, lo que te he dicho se debe convertir en tu búsqueda. Debería acelerar tu búsqueda; debería estimular y motivar tu curiosidad. Debería ponerte en mayores dificultades, volverte más inquieto y provocar nuevas preguntas, nuevas dimensiones, trazará un nuevo camino de descubrimientos. Entonces no habrás aceptado limosnas sino que habrás entendido lo que he dicho. Y si esto te ayuda a comprenderte a ti mismo, entonces esto no es mendigar.

Sal a saber y a entender; sal a buscar. No eres el único que está buscando; hay muchos más. Hay muchas personas que han buscado; hay muchas personas que lo han alcanzado. Intenta saber y captar lo que le ha sucedido a esas personas y también lo que no les ha sucedido; intenta entender todo eso. Pero mientras lo haces, no te pares a intentar entenderte a ti mismo. No creas que te has realizado por entender a los demás. No tengas fe en sus experiencias; no les creas ciegamente. Mas bien convierte todo en una indagación. Convierte todo en preguntas y no en respuestas; así tu camino continuará. Así no será mendigar: será tu búsqueda.

Solo tu búsqueda te llevará hasta el final. A medida que te introduces en ti mismo encontrarás las dos caras de cada chakra. Como te dije, uno lo recibes de la naturaleza y el otro lo tienes que descubrir. Recibes la rabia; tienes que encontrar el perdón. Recibes el sexo; tienes que desarrollar el brahmacharya. Recibes los sueños; tienes que desarrollar la visión.

Tu búsqueda de los opuestos continuará hasta el cuarto chakra. A partir del quinto empezarás a buscar lo indivisible, lo no dual. Intenta continuar tu búsqueda de lo que es distinto a lo que has recibido en el quinto cuerpo. Cuando alcances la dicha, intenta adivinar que hay más allá de la dicha. En el sexto plano alcanzas Brahman, pero sigue indagando: «¿Qué hay más allá de Brahman?». Entonces, un día te detendrás en el séptimo cuerpo, donde ocurren a la vez el ser y el no ser, la luz y la oscuridad, la vida y la muerte. Eso es alcanzar lo absoluto... y no tenemos forma de transmitir este estado.

Por eso, nuestras escrituras se acaban en el quinto cuerpo, o como mucho llegan hasta el sexto. Los que tienen inclinación científica no hablan de lo que hay más allá del quinto cuerpo. La realidad cósmica, que es ilimitada e infinita, comienza ahí, pero hay místicos como los sufíes que hablan de los planos que hay después del quinto. Es muy difícil hablar sobre estos planos porque hay que contradecirse continuamente. Si analizas el texto de todo lo que ha dicho un sufí dirás que esta persona está loca. A veces dice una cosa y a veces otra. Dice: «Dios existe» y también dice «Dios no existe». Dice «le he visto», y sin tener que volver a tomar aire dice «¿cómo puedes verle? No se trata de algo que puedan ver los ojos».

Estos místicos hacen tantas preguntas que no sabes si se las hacen a otras personas o a sí mismos. El misticismo comienza en el sexto plano. Por tanto, sabes que si una religión no tiene misticismo acaba en el quinto cuerpo. Pero el misticismo tampoco es el estado final. El estado final es el vacío, la nada. La religión que acaba con el misticismo acaba en el sexto cuerpo. El vacío es lo último, el nihilismo es lo último, porque después ya no hay nada más que decir.

La búsqueda del *advaita*, de lo no dual, comienza en el quinto cuerpo. La búsqueda de los polos opuestos se acaba en el cuarto cuerpo. Las barreras están dentro de nosotros mismos y son útiles, porque estos obstáculos, al transformarse, se convierten en medios para seguir adelante.

Hay una piedra en el camino. Mientras sigas sin entenderlo, seguirá siendo un obstáculo para ti. El día que lo entiendas se convertirá en una escalera. La piedra está en el camino, mientras no lo entendías gritabas. «Hay una piedra en mi camino. ¿Cómo voy a continuar?». Cuando lo entiendes, saltas por encima de la piedra y sigues caminando, dándole gracias a la piedra con estas palabras: «Has sido una bendición para mí, porque después de saltarte me encuentro en un plano superior. Ahora continúo en un nivel más alto. Tú has sido el medio, sin embargo, te tomé por un obstáculo». La roca bloquea el camino. ¿Qué pasará? Atraviésala y lo sabrás. Supera así la rabia; atraviésala y llega al perdón que está en otro nivel. Supera el sexo y alcanza brahmacharya, que está en un plano totalmente distinto. Entonces, estarás agradecido al sexo y a la rabia por haber sido los escalones.

Cada piedra del camino puede ser una barrera o un medio. Depende enteramente de lo que hagas con ella. Hay una cosa segura: no luches con una piedra; si no, te romperás la cabeza y la piedra no te servirá de nada. Si luchas con la piedra, la piedra te obstruirá el camino, porque nos detenemos donde luchamos. Nos tenemos que detener al lado de la persona o cosa contra la que luchamos, no se puede pelear a distancia. Por eso, cuando alguien lucha contra el sexo, está tan implicado o más que una persona que se entrega al sexo. De hecho, muchas veces ocurre que está más cerca del sexo, porque la persona que se abandona al sexo podrá salir algún día, podrá trascenderlo; pero la persona que lucha no podrá salir; dará vueltas y vueltas alrededor.

Si luchas contra la rabia te enfadarás. Toda tu personalidad estará repleta de rabia y todas las fibras de tu cuerpo vibrarán con ella. Emanarás rabia. Las historias que conocemos de los sabios y ascetas que se enfadan, como Durwasa, suceden porque luchan contra la rabia; entonces, solo pueden pensar en maldecir. La personalidad de este tipo de personas se inflama. Son personas que han luchado contra las rocas y ahora están en dificultades. Se han convertido en lo mismo contra lo que peleaban.

Habrás oído hablar de las muchachas celestiales que descienden del cielo en un momento para corromper a los *rishis* [7] ¡Qué extraño! Esto solo es posible cuando el ser humano lucha contra el sexo, y no al contrario. Ha luchado tanto que se ha debilitado. Entonces, el sexo se esconde en su sitio, esperando a que le fallen las fuerzas. El sexo puede desatarse en cualquier punto. Hay pocas posibilidades de que una *apsara* [8] descienda de los cielos, ¿acaso han contratado a estas muchachas para que molesten a los rishis y los *munis* [9]? Cuando se reprime el sexo con mano dura, una mujer corriente se convierte en un ser celestial. La mente proyecta sueños por la noche, y pensamientos durante el día, y se llena de estos pensamientos. Y así, algo que no tenía demasiado interés se vuelve fascinante.

Por eso, el buscador debe guardarse de la tendencia a luchar. Debería hacer todo lo posible por entender, entender significa entender lo que le ha sido dado por la naturaleza. A través de lo que has recibido podrás alcanzar lo que tienes que alcanzar. Este es el punto de partida. Si sales corriendo alejándote del principio, será imposible alcanzar la meta. Si sales huyendo del sexo, ¿cómo

---

[7] Aquel que alcanza a ver la verdad de sí mismo a través de la visión interna. *(N. del T.)*

[8] Ninfa celestial. *(N. del T.)*

[9] Monjes jainistas. *(N. del T.)*

vas a alcanzar brahmacharya? El sexo es la puerta que te da la naturaleza y brahmacharya es la búsqueda que debes llevar a cabo a través de esa puerta. Si lo miras desde esta perspectiva, no tendrás necesidad de mendigar nada; entendimiento es lo único que necesitas. La existencia entera está ahí y su finalidad es el entendimiento. Aprende de quien sea, oye a quien sea, y finalmente, comprende a tu propio ser interior.

Capítulo 8

SUEÑO Y VIGILIA
DE LOS CHAKRAS

*C*ada chakra tiene una parte que está dormida, excepto el último, el *sahasrara*. El séptimo chakra es totalmente consciente: es pura consciencia. Por eso dice Krishna en el *Gita:* el yogui nunca duerme. «Yogui» significa aquel que ha llegado al último centro de su ser, al florecimiento absoluto; el que se ha convertido en una flor de loto. Nunca duerme. Su cuerpo duerme, su mente duerme, pero él nunca duerme. Aunque un Buda esté durmiendo, en lo más profundo de su ser, sigue brillando una luz.

El séptimo chakra no tiene una parte dormida, aunque el resto de los chakras tienen dos partes: yin y yang. A veces están dormidos y a veces despiertos, el día y la noche; tienen los dos aspectos. Cuando tienes hambre, el centro del hambre está despierto. Si has intentado ayunar alguna vez, te habrás llevado una sorpresa. Si intentas ayunar, los primeros dos o tres días tendrás hambre, y después habrá momentos que desaparecerá totalmente. Vendrá y se volverá a ir, vendrá otra vez… y no estás comiendo, por eso no puedes decir: «El hambre ha desaparecido porque he comido». Si estás ayunando, a veces el hambre aparece con una fuerza enorme, te intenta vencer, y si permaneces inamovible, el hambre desaparecerá. El chakra se ha dormido, y se volverá a despertar cuando le toque por la mañana; y después se volverá a quedar dormido.

Lo mismo ocurre con el centro sexual. Estás ávido de amor y haces el amor, y de repente, el deseo de amor desaparece. El chakra se ha quedado dormido. Si practicas el celibato sin represión, te llevarás una sorpresa. Si no reprimes tu deseo sexual, si simplemente lo observas... Inténtalo durante tres meses, solo tienes que estar atento. Cuando aparece el deseo, siéntate en silencio, deja que esté ahí, deja que llame a tu puerta, escúchalo, estate atento, pero no te dejes llevar por él. Permítele estar ahí: no lo reprimas, no cedas. Sé testigo, y te volverás a sorprender. A veces el deseo es tan intenso que sientes que te vas a volver loco. Y entonces, desaparece automáticamente, por su propia voluntad. El chakra sigue cambiando: unas veces es de día y surge el deseo sexual; otras veces es de noche y el deseo sexual se duerme.

Y lo mismo sucede con los seis chakras inferiores. El sueño no tiene un chakra diferenciado; el sueño tiene una contrapartida con cada chakra, excepto el *sahasrara*. Hay otra cosa que debes comprender: cuanto más vas avanzando en los chakras, mejor será tu sueño, porque un chakra más elevado tiene una cualidad de relajación más profunda. La persona que vive en el primero —*muladhara*— no tiene un sueño profundo. Tiene un sueño muy superficial porque vive dentro de lo físico, lo material.

También puedo describir los chakras de este modo. Primero el material, *muladhara*. Segundo el vital, *svadhistana*. Tercero el sexual, el eléctrico, *manipura*. Cuarto el moral, ascético, *anahata*. Quinto el religioso, *visuddha*. Sexto el espiritual, *ajna*. Y séptimo el divino, *sahasrara*.

A medida que vas subiendo, tu sueño será más profundo y tendrá una cualidad diferente. El sueño de una persona que está obsesionada con la comida y vive solo para comer será muy agitado. Su sueño no tendrá tranquilidad, paz; su sueño no tendrá música. Su sueño será como una pesadilla. La persona que es un poco más elevada que la que es adicta a la comida, que está más interesada en las personas que en las cosas y que quiere llamar la atención de las personas, tendrá un sueño más profundo, pero no demasiado. La persona sexual tendrá el sueño más profundo del mundo inferior. Por eso se usa el sexo casi como un tranquilizante. Si no te puedes dormir, haz el amor e, inmediatamente, te quedarás dormido. El amor relaja las tensiones. En Occidente, los médicos recetan el sexo para los que sufren de insomnio. Ahora recetan el sexo incluso para las personas propensas a los infartos, porque el sexo relaja, te permite dormir profundamente. En el plano inferior, el sexo te da el sueño más profundo. Después, si sigues subiendo, en el cuarto chakra —*anahata*—, el sueño se vuelve enormemente tranquilo, callado, purificante y refinado. Cuando amas a alguien, te sientes enormemente, tremendamente relajado. Simplemente la idea de que amas a alguien y que alguien te ama, te relaja; desaparecen todas las tensiones. El mundo ya no es hostil, es tu hogar. Con amor, la casa se transforma en un hogar y el mundo hostil se convierte en una comunidad, y nada está lejos. Una persona amorosa conoce el sueño profundo. Si odias, perderás el sueño. Si te enfadas perderás el sueño, caerás más bajo. Ama, ten compasión, y tendrás un sueño profundo.

Con el quinto chakra, el sueño se vuelve casi una oración. Por eso todas las religiones del mundo insisten en que debes rezar antes de irte a dormir. Haz que la oración esté asociada con el sueño. Nunca te quedes dormido sin rezar, para que este ritmo siga vibrando durante el sueño. La reverberación de la oración transformará tu sueño. El quinto chakra es el centro de la oración, y si puedes rezar, si puedes quedarte dormido mientras rezas, te llevarás una sorpresa por la mañana: te despertarás, y te despertarás rezando. Tu despertar será una especie de oración. Con el quinto chakra, el sueño se convierte en oración. Ya no es un sueño corriente. No solo entras en el sueño, sino que, de una forma sutil, vas hacia Dios.

El sueño es un camino para olvidar el ego; y es más fácil disolverte en Dios que cuando estás despierto, porque cuando estás despierto, el ego es muy fuerte. Cuando estás profundamente dormido tus poderes de curación funcionan a la máxima capacidad. Por eso los médicos dicen que si una persona está enferma y no puede dormir, hay pocas posibilidades de que pueda curarse, porque la curación parte de dentro. La curación sucede cuando el ego es totalmente inexistente; cuando el ego no existe, el poder de curación fluye desde dentro, te cura. La vida de la persona que ha llegado al quinto chakra, *visuddha* —el chakra de la oración—, se vuelve una bendición. Se puede ver aunque solo esté caminando, notarás la relajación que hay en sus gestos, en sus movimientos.

El sexto chakra —*ajna*— es el último; aquí el sueño es perfecto, a partir de aquí ya no se necesita dormir; se ha terminado el trabajo. Hasta el sexto, necesitamos dormir. Con el sexto chakra el sueño se vuelve meditativo —ni siquiera devoto, sino meditativo— porque en la oración hay una dualidad: yo y tú, el devoto y la deidad. Con el sexto desaparece incluso esa dualidad. El sueño es profundo…, tan profundo como la muerte. En realidad, la muerte no es más que un largo sueño, y el sueño no es más que una muerte breve. Con el sexto, la muerte penetra hasta lo más profundo de tu ser…, y aquí se acaba el trabajo. Cuando vas del sexto al séptimo ya no necesitas dormir. Has trascendido la dualidad. Ahora ya no te cansas, de modo que no necesitas dormir.

El estado del séptimo chakra es un estado de conciencia pura y absoluta, puedes llamarlo el estado de Cristo, Buda, Dios.

La misma persona ha preguntado otra pregunta, relacionada con la primera:

Si el sexo se transforma en amor, ¿se convertirá la necesidad de dominar en voluntad, o en esfuerzo para ser consciente?

También hay que entender esto. Los primeros tres centros inferiores están íntimamente relacionados con la segunda parte, los tres centros superiores. Primero, *muladhara, svadhistana, manipura*: estos son los tres primeros. Los tres segundos son: *anahata, visuddha, ajna*. Estos son los dos grupos. Están relacionados íntimamente, y hay que entenderlo porque te servirá de ayuda para tu viaje.

El primer chakra está relacionado con la comida y el cuarto con el amor. Amor y comida están íntimamente relacionados, están unidos. Por eso cuando alguien te ama no comes demasiado. Si una mujer es amada, está delgada, fina y hermosa. Si no es amada, empieza a engordar, a ponerse fea, empieza a acumular; empieza a comer demasiado. O también viceversa: si una mujer no quiere ser amada, empezará a comer mucho. Es una protección para no atraer a nadie.

¿Lo has observado? Si llega a tu casa una amada, una amiga, estás tan contento y tan feliz, tan lleno de amor que desaparece el hambre. No te apetece comer, es como si te hubiese saciado algo más sutil que la comida, en tu interior hay algo más sutil que la comida y ya no hay vacío. Estás lleno, te sientes saciado. La gente desgraciada come mucho, la gente feliz no come mucho. Cuanto más feliz es una persona, menos adicta a la comida, porque tiene un tipo de comida más elevado: amor. El amor es el alimento en un plano más elevado. Si la comida es el alimento del cuerpo, el amor es el alimento del espíritu.

Incluso los científicos han empezado a sospecharlo. Cuando nace un niño, la madre solo puede darle leche, alimento para el cuerpo. Si no le da amor, el niño sufrirá; su cuerpo crecerá, pero su espíritu sufrirá. El alimento del cuerpo no es suficiente; el alimento espiritual es necesario. Si una madre da alimento y no da amor, no será una madre, solo será una nodriza. Y el niño sufrirá el resto de su vida, algo se quedará atascado, no crecerá, se quedará atrasado. El niño necesita alimento, necesita amor; el amor es más necesario que el alimento.

¿Lo has observado? Si un niño recibe amor, no se preocupa demasiado por la comida. Cuando la madre ama al niño, siempre está preocupada de que el niño no tome toda la leche que debería. Pero cuando la madre no es amorosa, el niño toma demasiada leche. De hecho, es difícil separarle del pecho, porque se asusta: no tiene amor, y tiene que depender solo del alimento físico, le falta el alimento sutil.

Esto va pasando a lo largo de tu vida. Siempre que sientes que necesitas amor, te empachas el cuerpo con comida; es un sustituto. Cuando la gente se siente vacía, sin la excitación que produce el amor, sin el placer que da el amor, sin la energía que se libera con el amor, empiezan a hartarse de comida. Regresan a la infancia; es una regresión.

Los niños que reciben suficiente amor nunca se vuelven adictos a la comida. Su espíritu está tan lleno; pudiendo acceder a lo más elevado, ¿a quién le interesa lo inferior? Recuerda, hay algún motivo para que todas las religiones hablen del ayuno. A menos que salgas de tu obsesión por la comida, no habrá oración. Por eso, el ayuno te ofrece una gran oportunidad de rezar. No estoy diciendo que te vuelvas un adicto al ayuno. No estoy diciendo que empieces a torturarte. Pero si eres adicto a la comida, el ayuno es tu medicina. Si has estado comiendo demasiado, trae una balanza. Cuando comes demasiado sigues apegado a lo físico..., y no puedes volar alto. Estás demasiado cargado, un poco de ayuno te ayudará. La gente ha observado que cuando ayuna les resulta más fácil rezar, es más sencillo; ya no es un problema. Porque cuando no estás demasiado cargado por la comida y el cuerpo, el espíritu es ingrávido, puede volar: el espíritu tiene alas...

El primero y el cuarto chakra están emparentados. He llegado a la conclusión de que si se permite a la gente ser más amorosa, poco a poco, se irán olvidando de la comida. Las religiones antiguas insisten en el ayuno para alejarte de la obsesión con la comida. Yo insisto en el amor, mi técnica es más sutil. Si eres amoroso, entonces, sin darte cuenta, te irás olvidando de tu obsesión por la comida. Las religiones antiguas a veces pueden ser peligrosas, porque el adicto a la comida se puede convertir en un adicto al ayuno. Se puede transformar en otro tipo de neurótico: antes estaba comiendo demasiado, ahora puede estar muriéndose de hambre. En los dos casos sigue estando relacionado con la comida.

He observado a muchos monjes jainistas; están pensando constantemente en la comida. Creen en el ayuno, lo practican, pero luego están constantemente pensando en la comida —qué se puede comer, qué no, cómo comer, cuándo comer—, su psicología se basa en la comida. La comida se convierte en un gran problema. Por eso yo no insisto en el ayuno, insisto en el amor, y el ayuno aparece como una sombra. Si estás tremendamente enamorado, un día notarás que no quieres comer. El amor es tan grande..., y no quieres destruirlo. Estás volando alto, no quieres atiborrarte y

bajar..., hoy no quieres estar en la tierra. Y ayunas espontáneamente, no lo piensas, no tienes que hacer una promesa, no tienes
que decidirlo; de repente, sientes que tienes a tu disposición un
alimento superior y no necesitas el alimento inferior..., entonces,
empiezas a ayunar. De esta forma es hermoso ayunar.

El segundo chakra está emparentado con el quinto. El segundo chakra es político: la dominación, dominar a los demás; y el
quinto chakra es el poder espiritual: dominarte a ti mismo. Con
el segundo chakra intentas imponerte a los demás, con el quinto
intentas imponerte a ti mismo. Con el segundo intentas conquistar a los demás, con el quinto intentas conquistarte a ti mismo.
Con el segundo chakra te conviertes en un político; con el quinto,
en un sacerdote. Los sacerdotes y los políticos siempre han estado
juntos: entre los sacerdotes y los políticos existe una conspiración.
Los reyes y los sacerdotes, los políticos y los papas, están unidos.
Quizá no lo hayan descubierto, pero es la causa básica que se
esconde detrás: el político necesita el apoyo del sacerdote, y el
sacerdote, en cierto modo, se siente igual que el político, porque
los dos luchan por el poder, uno de ellos busca el poder sobre los
hombres, el otro, sobre sí mismo, pero el objetivo es el poder.

Tenlo en cuenta. No me gustaría que te convirtieses en un
político y tampoco me gustaría que te convirtieses en un sacerdote. De hecho no hay necesidad de dominar a los demás ni de domi-
narse a uno mismo. La dominación como tal debería desaparecer,
uno simplemente debería ser. Incluso la idea de dominación es
egoísta, da igual si dominas a los demás o te dominas a ti mismo.
¿No lo has observado? Las personas que creen que tienen un gran
autocontrol se vuelven egoístas. Se empeñan en declarar que tienen un enorme control sobre sí mismas. Su ego se va fortalecien-
do, y ese es el peligro.

La dominación como tal debería desaparecer. No deberías
hacerte sacerdote. Vuélvete religioso, pero no te hagas sacerdote.
Una cosa es volverse religioso y otra es hacerse sacerdote. El sacerdote, poco a poco, empieza a declarar que no solo tiene poder
sobre sí mismo sino que también tiene poder sobre Dios. Poco a
poco, empieza a declarar que tiene poder sobre las fuerzas espiri-

tuales, las fuerzas psíquicas, ocultas, esotéricas..., cada vez se obsesiona más con los poderes internos. Pero el poder siempre es una obsesión del ego.

Debes estar atento al segundo chakra y también al quinto: hay trampas, hay posibilidades peligrosas. Cuando alguien se convierte en sacerdote se detiene, su crecimiento no seguirá adelante. Cuando te conviertes en sacerdote dejas de ser religioso; tu energía se estanca. La persona religiosa siempre está fluyendo: del primer chakra al segundo, del segundo al tercero, del tercero al cuarto, siempre está pasando de un chakra al siguiente. No sabe lo que es detenerse hasta el séptimo, no hay paradas en el camino. En el séptimo tampoco se detiene, porque en el séptimo chakra desaparece..., no hay nadie para detenerse.

Hasta el sexto chakra te puedes estancar. Existe la posibilidad de caer y quedarse estancado en cada uno de los centros. Si te estancas en el primero solo conocerás lo material. Si te estancas en el tercero, solo conocerás lo sexual... y así sucesivamente. El segundo y el quinto están relacionados, igual que el tercero y el sexto. El tercero es el centro sexual y el sexto es el centro tántrico.

No hay que olvidar una cosa: si no estás muy atento, tal vez creas que estás evolucionando hacia el tantra mientras que solo estás buscando una explicación racional a tu sexualidad; probablemente no sea más que sexo, pero expresado en la terminología del tantra. Si desarrollas el sexo de una forma consciente, se puede convertir en tantra. Pero si te introduces en el tantra con inconsciencia, este caerá y se convertirá en sexo corriente. Esto es lo que ha sucedido en India, porque es el único país que lo ha intentado.

Las escuelas tántricas de India, antes o después, se redujeron a orgías sexuales. Es muy difícil ser consciente..., es casi imposible. Si desde el primer momento no tienes una gran disciplina, lo más probable es que te empieces a engañar. Las escuelas tántricas aparecieron en India con mucha energía, con mucha clarividencia. Y tenían algo, porque se trata del último centro alcanzable por el ser humano, el séptimo es suprahumano, es divino. El sexto es el centro espiritual.

Del sexo al tantra: en el ser humano puede haber una gran revolución, una mutación. En Oriente, la gente se ha dado cuenta de que si eres meditativo al hacer el amor, la cualidad del sexo cambiará y se le incorporará algo nuevo, se volverá tántrico, devoto, meditativo... se convertirá en SAMADHI [10]. Y fluye de otra manera: ahora puedes pasar del tercer chakra al sexto, saltándote el cuarto y el quinto. Es una gran tentación, un gran salto, puedes adelantar, tomar un atajo, pero también puede ser peligroso, porque quizá solo te estés engañando..., y el ser humano es muy astuto a la hora de dar explicaciones racionales.

He oído contar esta historia...

Extraído del diario de una joven reina de la pantalla muy viajera:

LUNES: El capitán me vio en la cubierta y fue muy amable al pedirme que me sentara a su mesa durante el resto del viaje.

MARTES: He pasado la mañana en la cubierta con el capitán. Me sacó una foto apoyada contra el cartel «Prohibido a los pasajeros».

MIÉRCOLES: El capitán me ha hecho proposiciones impropias de un oficial y un caballero.

JUEVES: El capitán ha amenazado con hundir el barco a menos que acceda a sus proposiciones.

VIERNES: Hoy he salvado ochocientas vidas.

Puedes encontrar explicaciones racionales. Siempre está ahí la tentación, puedes encontrar buenas razones para un motivo equivocado.

El tantra puede transformarse en sexualidad disfrazada; disfrazada de tantra, pero no es más que sexo. Entonces es peligroso, más todavía que el sexo corriente ya que este, por lo menos, es franco. No finges, no estás atribuyéndote algo más elevado; simplemente dices que es sexo corriente. Pero el tantra puede ser peli-

---

[10] Término que usa Patanjali para referirse a la iluminación. *(N. del T.)*

groso: empiezas a fingir que es algo más elevado, sobrehumano, algo que no es de este mundo. Debes tenerlo en cuenta. El tercer y sexto chakra están íntimamente relacionados. El tercero se puede convertir en el sexto, y el sexto puede caer al tercero. Hay que estar muy atento.

Los tres primeros y los tres últimos son fuerzas que están en equilibrio. El séptimo está más allá. Cuando los tres primeros se equilibran con los otros tres —cuando el inferior se equilibra con el superior, cuando el superior suprime al inferior, cuando el inferior y el superior pesan lo mismo—, entonces aparece el séptimo. De repente desaparece la dualidad. No hay nada inferior, nada superior, no hay nada exterior, nada interior, no hay nada terrenal ni del más allá; solo tú eres. Este es el objetivo de la búsqueda.

Capítulo 9

TENSIÓN Y RELAJACIÓN EN LOS CUERPOS SUTILES

*E*l origen de la tensión es el convertirse en algo. Uno siempre quiere convertirse en algo; nadie está contento con lo que es. No aceptas el ser, niegas el ser, y escoges alguna cosa como el ideal en el que tienes que convertirte. De modo que siempre hay una tensión básica entre lo que eres y lo que anhelas convertirte.

Deseas convertirte en algo. Tensión significa no aceptar lo que eres y desear ser lo que no eres. Entre estos dos aparece una tensión. No tiene importancia en qué deseas convertirte. Querer ser rico, famoso, poderoso, o incluso querer ser libre, la libertad, ser divino, inmortal, aunque busques la salvación, moksha[11], seguirá habiendo tensión.

Todo lo que deseas es algo que tienes que satisfacer en el futuro, se enfrenta a ti y a tu forma de ser, crea tensión. Cuanto más imposible sea el ideal, será inevitable que haya más tensión. Por eso, normalmente, una persona materialista no estará tan tensa como una persona religiosa, porque la persona religiosa anhela lo imposible, lo extremo. La distancia es tan grande que la separación solo se puede llenar con una gran tensión.

---

[11] Liberación. *(N. del T.)*

Tensión significa la separación que hay entre lo que eres y lo que quieres ser. Si hay mucha distancia, habrá mucha tensión. Si no hay tanta distancia, no habrá tanta tensión. Si no hay distancia en absoluto, esto significa que estás satisfecho con lo que eres. Dicho de otro modo, no deseas ser nada distinto a lo que eres. Entonces, tu mente está en el momento presente. No hay motivos para estar tenso; estás satisfecho contigo mismo. Estás en el Tao. Para mí, cuando no hay separación eres religioso; estás en el dharma.

La separación puede tener muchos niveles. Si el deseo es físico, la tensión también será física. Cuando buscas un cuerpo determinado, una forma determinada —si anhelas ser algo distinto de lo que eres en el plano físico— entonces, habrá una tensión en tu cuerpo físico. Quieres ser más hermoso. Tu cuerpo se tensa. La tensión comienza en tu primer cuerpo, el fisiológico, pero es insistente, constante, puede infiltrarse más y extenderse a otros planos de tu ser.

Si deseas tener poderes psíquicos, entonces la tensión comienza en el plano psíquico y se extiende. Se extiende como cuando echas una piedra al lago. Cae en un punto determinado, pero las vibraciones que origina se extienden hasta el infinito. La tensión puede comenzar en cualquiera de tus siete cuerpos, pero el origen siempre es el mismo, la separación que existe entre el estado que es y el que anhelamos.

Si tienes un tipo de mente determinado y quieres cambiarla, transformarla —si quieres ser más listo, más inteligente—, se crea tensión. Solo dejará de haber tensión si nos aceptamos totalmente. La aceptación total es el milagro, el único milagro. Lo único sorprendente es encontrar a alguien que se ha aceptado totalmente.

En la existencia misma no existe tensión. La tensión aparece a causa de las posibilidades hipotéticas, no existentes. En el presente no hay tensión; la tensión siempre se dirige al futuro. Proviene de la imaginación. Puedes imaginarte diferente a lo que eres. Este potencial que has imaginado creará una tensión. Cuanta más imaginación tenga una persona, mayores posibilidades de tensión. Entonces, la imaginación se habrá vuelto destructiva.

La imaginación también se puede volver constructiva, creativa. Si toda tu capacidad de imaginar se enfoca en el presente, en este momento y no en el futuro, entonces empezarás a sentir tu existencia como una poesía. Tu imaginación no está creando ningún anhelo; estás usándola para vivir. Vivir el presente está más allá de la tensión.

Los animales no están tensos, los árboles no están tensos, porque no tienen la capacidad de imaginar. Están por debajo de la tensión, no por encima. La tensión solo existe en potencia, no se ha vuelto real. Están evolucionando. Llegará un momento que explotará la tensión dentro de su ser y empezarán a anhelar el futuro. Es inevitable que suceda. La imaginación se vuelve activa.

La imaginación se vuelve activa, en primer lugar, respecto al futuro. Vas creando imágenes, y como no hay realidades que se correspondan, sigues creando nuevas imágenes. Pero en lo que respecta al presente, normalmente no puedes concebir que la imaginación tenga nada que ver con él. ¿Cómo puedes ser imaginativo en el presente? No parece ser necesario. Esto debe quedar claro.

Si puedes estar presente en el presente conscientemente no estarás viviendo en la imaginación. Entonces la imaginación tendrá la libertad de crear dentro del presente. Solo se necesita tener el enfoque adecuado. Si tu imaginación está enfocada en lo real, empieza a crear. La creación puede tomar muchas formas. Si eres poeta, se volverá una explosión de poesía. La poesía no estará anhelando el futuro, sino que será una expresión del presente. Si eres pintor, la explosión será en la pintura. La pintura no será algo que has imaginado, sino algo que has conocido y vivido.

Cuando no vives en la imaginación, recibes el momento presente. Lo puedes expresar o puedes entrar en silencio.

Pero el silencio ya no es un silencio muerto que practicas. Este silencio también es una expresión del momento presente. Es tan profundo el momento que solo se puede expresar a través del silencio. Ni siquiera es apropiada la poesía, ni la pintura. No hay ninguna expresión posible. El silencio es la única expresión. Este silencio no es negativo, sino más bien un florecimiento positivo. Algo ha florecido dentro de ti, la flor del silencio, y a través de este silencio expresas todo lo que estás viviendo.

Hay una segunda cuestión que también debe quedar clara. Esta expresión del presente a través de la imaginación no es una imaginación del futuro ni una reacción contra el pasado. No es la expresión de una experiencia que has conocido. Es la experiencia de experimentar; cómo lo estás viviendo, qué te está sucediendo. No es una experiencia vivida, sino un proceso vivo de experimentar.

Entonces, tu experiencia y la experimentación no son dos cosas distintas. Son solo una misma cosa. Ya no está el pintor. La experimentación se ha convertido en el cuadro; la experimentación se ha expresado a sí misma. No eres el creador; eres la creatividad, una fuerza viva. No eres el poeta; eres la poesía. La experimentación no es hacia el futuro ni el pasado; no es del futuro ni del pasado. El momento mismo se ha convertido en la eternidad, y todo surge de ahí. Es un florecimiento.

Este florecimiento tiene siete planos, del mismo modo que la tensión tiene siete planos. Estará en todo tu cuerpo. Por ejemplo, si sucede en el plano fisiológico, te volverás hermoso en un sentido nuevo. No es la belleza de la forma, sino de la no forma; no es la belleza de lo visible, sino de lo invisible. Y si logras conocer este momento de no tensión en tu cuerpo conocerás un bienestar que no has sentido nunca anteriormente, un bienestar positivo.

Hemos conocido estados de bienestar que son negativos; negativos en el sentido que cuando no estamos enfermos decimos que estamos sanos. Esta salud solo es una negación de la enfermedad. No tiene nada de positivo; solo que no hay enfermedad. Pero la salud también tiene una dimensión positiva. No es solo la ausencia de enfermedad; es la presencia de salud.

Cuando estás viviendo la existencia momento a momento, tu cuerpo puede no estar tenso. Si estás comiendo y el momento se ha vuelto eterno, entonces no hay pasado ni futuro. Lo único que hay es el proceso de comer. No estás haciendo algo, sino que te has convertido en el hecho de hacer. No habrá tensión; todo tu cuerpo se sentirá satisfecho. Si estás en comunión sexual y el sexo no es una descarga de tensión sexual, sino por el contrario, una expresión positiva del amor —el momento es total, entero, y estás en él completamente—, entonces conocerás el bienestar positivo de tu cuerpo.

Si estás corriendo, y el correr se ha vuelto la totalidad de tu existencia; si eres las sensaciones que te están sucediendo, no algo separado, sino formando una unidad junto con ellas; si no hay futuro ni meta en el correr, si la meta es el correr mismo, entonces conocerás un bienestar positivo. Entonces tu cuerpo no estará tenso. En el plano fisiológico has conocido un momento de vida no tensa.

Y lo mismo se aplica a cada uno de los siete cuerpos. Es sencillo entender qué es un momento de no tensión en el primer cuerpo, porque sabemos que en el cuerpo son posibles dos cosas: la dolencia, una enfermedad positiva; y el bienestar negativamente definido, ausencia de enfermedad. Hemos aprendido esto, de modo que podemos concebir una tercera posibilidad, la del bienestar positivo, la salud. Pero entender qué es la no tensión en el segundo cuerpo, el etéreo, es un poco más difícil, porque no sabemos nada acerca de él. No obstante, podemos llegar a entender ciertas cosas.

Los sueños están relacionados básicamente con el segundo cuerpo, el cuerpo etéreo. Cuando hablamos de los sueños nos estamos refiriendo normalmente a los sueños del cuerpo etéreo. Pero si tu cuerpo físico ha estado viviendo en tensión, entonces creará muchos sueños. Por ejemplo, si has pasado hambre o estás ayunando, se origina un tipo de sueño particular. Es el sueño fisiológico. No está conectado con el cuerpo etéreo.

El cuerpo etéreo tiene su propia tensión. Solo conocemos al cuerpo etéreo en los sueños, de modo que si el cuerpo etéreo está tenso, el sueño se convertirá en una pesadilla. Estarás tenso incluso en tu sueño, la tensión te perseguirá.

La primera tensión del cuerpo etéreo está conectada con la satisfacción de tus deseos. Todos tenemos sueños sobre el amor. El sexo es fisiológico, el amor no. El amor no tiene nada que ver con el cuerpo físico, atañe al cuerpo etéreo, pero si no se satisface, a raíz de esto puede sufrir incluso tu cuerpo físico. No solo el cuerpo físico tiene necesidades que hay que satisfacer, sino que el cuerpo etéreo también tiene necesidades. Tiene sus propias hambres, también necesita alimento. El amor es su alimento. Todos soñamos con el amor, pero nunca estamos enamorados. Todo el mundo sueña con el amor —cómo debería ser, con quién— y todo el mundo está frustrado. Estamos soñando con el futuro, o con el pasado frustrado; pero nunca estamos amando. En el cuerpo etéreo hay otras tensiones además de esta, pero el amor es la que se puede entender más fácilmente. Si puedes amar en el momento presente, entonces crearás una situación de no tensión en el cuerpo etéreo. Pero, si tienes exigencias, expectativas y condiciones para tu amor, no podrás amar en el presente porque las exigencias, las expectativas y las condiciones le corresponden al futuro.

El presente está más allá de nuestras especificaciones. Es como es. Pero puedes tener expectativas sobre el futuro: cómo debería ser. El amor también se ha vuelto un «debería»; siempre se trata de qué «debería ser». Solo puedes ser amoroso en el presente cuando tu amor no es una expectativa, una exigencia, solo cuando es incondicional.

Además, si solo eres amoroso con una persona y nadie más, entonces no podrás querer en el presente. Si tu amor es una relación y no un estado mental, entonces no podrás amar en el presente porque, muy sutilmente, esto también es una condición. Si digo que solo te puedo querer a ti, entonces es cuando no seré amoroso. Durante veintitrés horas, estaré en un estado no amoroso y solo seré amoroso durante una hora, cuando esté contigo. ¡Esto es imposible! No puedes estar enamorado en un momento y al siguiente momento no estarlo.

Si tengo buena salud, tengo buena salud durante las veinticuatro horas del día. Es imposible estar sano una hora y enfermo las otras veintitrés. La salud no es una relación; es un estado.

El amor no es una relación entre dos personas. Es un estado mental en tu interior. Si eres amoroso, eres amoroso con todo el mundo, no solo con las personas, sino con las cosas también. Tu amor también se dirige a los objetos. Cuando estás solo, cuando no hay nadie, eres amoroso. Es igual que respirar. Si juro que solo voy a respirar cuando esté contigo solo podré morirme. La respiración no es una relación; no está atada a ninguna relación. Y para el cuerpo etéreo el amor es como la respiración. Es su respiración. Por tanto, o bien eres amoroso o no lo eres. La humanidad ha creado un tipo de amor muy peligroso. Ni siquiera la enfermedad ha provocado tantas tonterías como lo que llamamos amor. Toda la humanidad está enferma a causa de esta noción equivocada del amor.

Si puedes amar y ser amoroso sin que sea respecto a nadie, entonces tu segundo cuerpo tendrá una sensación de bienestar, una tranquilidad positiva. Entonces no habrá pesadillas. Los sueños se convertirán en poesía. Entonces sucederá algo en tu segundo cuerpo, y este perfume no te impregnará solo a ti, sino también a los demás. Donde quiera que estés, se esparcirá el perfume de tu amor. Y por supuesto, tiene su propia respuesta, su propia resonancia.

El verdadero amor no es una función del ego. El ego siempre está reclamando poder, por eso, incluso cuando estás enamorado, tu amor —porque tu amor no es verdadero, sino solo parte del ego— tenderá a ser violento. Siempre que amamos hay violencia, es un tipo de guerra. El padre y el hijo, la madre y la hija, el marido y la mujer..., no son amantes; se han convertido en enemigos. Están peleando constantemente, y solo lo llamamos amor cuando no están peleando. Es una definición negativa. Es un espacio entre dos batallas; un periodo de paz.

Pero realmente entre dos guerras no hay ninguna posibilidad de paz. La supuesta paz solo es una preparación para la próxima guerra. No hay paz entre el marido y la mujer, no hay amor. El espacio que llamamos amor solo es una preparación para la próxima pelea. Creemos que hay salud entre dos enfermedades, y creemos que hay amor cuando estamos entre dos peleas. No es amor. Solo es un espacio entre dos peleas. No puedes luchar las veinticuatro horas del día; por eso, en un momento dado, empiezas a querer a tu enemigo.

El amor no existe como relación, sino solo como estado mental. Si te sucede el amor como estado mental, entonces tu segundo cuerpo —el cuerpo etéreo— estará tranquilo, no estará tenso. Está relajado. Hay otros motivos de tensión en el segundo cuerpo, pero estoy hablando del que podéis entender más fácilmente. Podemos hablar del amor porque creemos que sabemos lo que es.

El tercer cuerpo es el cuerpo astral. Tiene sus propias tensiones. No corresponden solo a esta vida, sino también a las vidas pasadas. La tensión en el tercer cuerpo se debe a la acumulación de todo lo que has sido y todo lo que has deseado. En el cuerpo astral están todos tus deseos, miles y miles de vidas con sus reiterativos anhelos. ¡Y siempre has estado anhelando algo! No importa el qué. El deseo está ahí.

El cuerpo astral es el almacén de todos tus anhelos, todos tus deseos. Por eso es la parte más tensa de tu ser. Cuando meditas, te das cuenta de las tensiones astrales, porque la meditación comienza en el tercer cuerpo. Las personas que han empezado a ser conscientes de estas tensiones durante la meditación vienen y me dicen: «Desde que medito, ha aumentado la tensión». No ha aumentado, sino que ahora eres consciente de que existe. Ahora sabes algo que antes no conocías.

Son tensiones astrales. Como son la esencia de tantas vidas pasadas, no se pueden describir con una palabra concreta. No se puede decir nada que sea comprensible. Solo pueden ser vividas, y conocidas.

El deseo en sí mismo es tensión. Nunca estamos libres del deseo de esto o aquello. Incluso hay gente que desea la ausencia de deseo. Se convierte en algo completamente absurdo. En el tercer cuerpo, el cuerpo astral, puedes desear no tener deseos. En realidad, el deseo de no tener deseos es uno de los deseos más grandes. Puede provocar una mayor separación entre lo que es y lo que quieres ser.

Acepta tus deseos como son, y reconoce que has tenido muchos deseos a lo largo de tantas vidas. Has deseado tanto, que todo esto se ha ido acumulando. Para el tercer cuerpo —el cuerpo astral— debes aceptar tus deseos como son. No luches con ellos; no crees un deseo contra los otros deseos. Simplemente, acéptalos. Aprende que estás lleno de deseos y siéntete cómodo con esto. Entonces, dejarás de tener tensiones en el cuerpo astral.

Si puedes aceptar la multitud infinita de deseos que hay en tu interior sin crear un deseo contra estos deseos; si puedes estar en medio de esta multitud de deseos —son tu pasado acumulado— y aceptarlos como son; si esta aceptación es total, entonces, en un solo instante desaparecerá toda la multitud. Ya no están ahí porque solo pueden existir como telón de fondo del desear, un deseo constante de lo que no existe.

No importa cuál sea el objeto del deseo, eso es irrelevante. Para que aparezca el telón de fondo, basta con que desees la ausencia de deseo: aparecerá toda la multitud de deseos. Si aceptas tu deseo, creas un momento de ausencia de deseos. Aceptas tu deseo tal como es. No hay nada que desear, el desear no está. Aceptas todo como es, incluso tus deseos. Entonces, los deseos se evaporan; no tienes que hacer nada. El cuerpo astral se encuentra cómodo; se encuentra en un estado de bienestar positivo. Entonces, puedes continuar hacia el cuarto cuerpo.

El cuarto cuerpo es el cuerpo mental. Del mismo modo que hay deseos en el cuerpo astral, en el cuerpo mental hay pensamientos: pensamientos contradictorios, una multitud de pensamientos, cada uno de ellos imponiéndose, poseyéndote. La tensión del cuarto cuerpo se origina por los pensamientos. La salud y el bienestar del cuarto cuerpo se consigue al estar sin pensamientos, no dormido ni inconsciente, sino en un estado de conciencia sin pensamientos. ¿Pero cómo se puede ser consciente y no tener pensamientos?

En cada momento se origina un nuevo pensamiento. En cada momento hay algo de tu pasado que entra en conflicto con algo de tu presente. Antes eras comunista, ahora eres católico y crees en otra cosa, pero el pasado sigue ahí. Puedes hacerte católico, pero no puedes quitarte de encima el comunismo, está dentro de ti.

Puedes cambiar tus pensamientos, pero los pensamientos que has descartado siempre están esperando. No puedes desaprenderlos. Llegan hasta el fondo de tu ser, hasta el inconsciente. No se mostrarán ante ti porque los has descartado, pero seguirán ahí, esperando a que llegue su oportunidad. Y esta oportunidad llegará. Incluso en un periodo de veinticuatro horas habrá momentos que serás comunista y momentos que volverás a ser católico. Esto continuará sin cesar, idas y vueltas, y el efecto final será la confusión. De modo que para el cuerpo mental, la tensión significa confusión —pensamientos contradictorios, experiencias contradictorias, expectativas contradictorias— y finalmente, tienes por resultado una mente confusa. Una mente confusa, que intenta ir más allá de la confusión solo se confundirá más, porque no puedes conseguir un estado de no confusión partiendo de un estado de confusión.

Estás confuso. La búsqueda espiritual creará una nueva dimensión en tu estado de confusión. Las demás confusiones siguen ahí, pero además ahora has añadido una nueva. Conoces a un gurú, después a otro, después al siguiente, y cada gurú te aporta más confusión. La confusión antigua seguirá ahí, y además añades una nueva. Te vas a convertir en un manicomio. Esto es lo que sucede en el cuarto cuerpo, el cuerpo mental. Aquí, la tensión es la confusión.

¿Cómo podemos dejar de estar confundidos? Solo puedes dejar de estar confundido si no rechazas ningún pensamiento determinado en contra de otro, si no rechazas nada, si no niegas el comunismo a favor de la religiosidad, si no niegas a Dios a favor de una filosofía del ateísmo. Si aceptas todo lo que piensas, no tienes que tomar elecciones y la tensión desaparece. Si no puedes dejar de elegir, seguirás aumentando las tensiones.

Donde hay conciencia no hay elección. Debes ser consciente del proceso de tu pensamiento, de la confusión total que existe. En cuanto te haces consciente de esto, comprenderás que todo es confusión. No hay ninguna elección que hacer; hay que descartar toda la casa. En cuanto te des cuenta de que solo es confusión, podrás deshacerte de la casa; no es difícil.

Empieza a ser consciente de toda tu mente. No elijas; no escojas nada. No digas «soy ateo» o «soy creyente». No digas «soy cristiano» o «soy hindú». No elijas. Solo debes ser consciente de que a veces eres ateo y a veces creyente, a veces eres cristiano y a veces comunista, a veces un santo y a veces un pecador. A veces te atrae una ideología y otras veces otra, pero solo son modas.

Sé totalmente consciente de esto. En el momento que descubres el proceso completo de tu mente hay un momento de no identificación. Entonces, no te identificas con tu mente. Por primera vez, te reconoces como conciencia y no como mente. La misma mente se convierte en un objeto para ti. De la misma forma que eres consciente de las demás personas, de la misma forma que eres consciente de los objetos de tu casa, eres consciente de tu mente, de tu proceso mental. Ahora eres esta conciencia que no se identifica con la mente.

La dificultad que surge en el cuarto cuerpo, el cuerpo mental, es que nos identificamos con nuestra mente. Si tu cuerpo se enferma y alguien te dice que estás enfermo, no te ofendes; pero si tu mente se enferma y alguien dice «tu mente está enferma; me parece que estás volviéndote loco», entonces te ofendes. ¿Por qué?

Cuando alguien dice «tu cuerpo está enfermo», sientes que te compadecen. Pero si alguien menciona la enfermedad mental —si te dicen que estás descarriado en lo que respecta a tu mente; que estás neurótico—, entonces te ofendes, porque con la mente hay una identificación mayor que con el cuerpo.

Puedes sentirte separado del cuerpo. Puedes decir «es mi mano», pero no puedes decir «es mi mente», porque piensas «mi mente, significa yo». Me dejas manipular tu cuerpo, pero no permites que manipules tu mente. «No. ¡Esto es demasiado!», dirás, «¡Voy a perder mi libertad!». Nos identificamos mucho más con la mente. Somos la mente. Más allá de la mente no conocemos nada, por eso nos identificamos.

Más allá del cuerpo conocemos algo: la mente. Por eso tenemos la oportunidad de no identificarnos con el cuerpo. Pero más allá de la mente no sabemos nada. Solo si te haces consciente de los pensamientos llegarás a saber que la mente no es más que un proceso, una acumulación, una máquina, un almacén, un ordenador con tus experiencias del pasado, tu aprendizaje del pasado, tus conocimientos del pasado. No eres tú, puedes vivir sin ello. Se puede manipular la mente. Se puede modificar; puedes renunciar a ella.

Y entonces, surgen nuevas posibilidades. Algún día, incluso se podrá trasplantar tu mente a otra persona. Del mismo modo que se puede trasplantar el corazón, antes o después se podrá trasplantar la memoria. Así, una persona que se esté muriendo no morirá totalmente. Al menos podremos salvar su mente y trasplantársela a un niño. El niño adquirirá toda la memoria de esa persona. Hablará de experiencias por las que no ha pasado pero dirá «he conocido». El niño sabrá todo lo que sabía la persona que se murió, porque le han trasplantado su mente.

Esto parece peligroso, y es posible que no permitamos que suceda, porque entonces perderíamos toda nuestra identidad. ¡Somos la mente! Pero para mí, esta posibilidad tiene un potencial enorme. Podría surgir una nueva humanidad. Podemos ser conscientes de la mente porque no somos la mente; «yo» no soy la mente. La mente forma parte de mi cuerpo igual que el riñón. Del mismo modo que me pueden trasplantar un riñón y seguiré siendo la misma persona, sin que haya cambiado nada, también puedo vivir con una mente trasplantada sin que cambie nada. Puedo seguir siendo el ser de siempre, pero con una nueva mente. La mente también es una máquina, y la tensión se origina a causa de nuestra identificación con ella.

En el cuarto cuerpo la conciencia es salud, y la inconsciencia enfermedad; la conciencia es no tensión, y la no conciencia es tensión. Debido a los pensamientos, debido a nuestra identificación con ellos, seguimos viviendo absortos en los pensamientos y se crea una barrera entre nosotros y nuestro ser existencial.

Tienes a tu alcance una flor, pero nunca llegarás a conocerla porque estás pensando en ella. La flor se morirá, y seguirás pensando en ella. El pensamiento ha creado una película entre la experiencia y tú; una película transparente, pero no tanto, solo es una transparencia ilusoria.

Por ejemplo, me estás escuchando. Pero quizá no me estés escuchando realmente. Si estás pensando en lo que estoy diciendo habrás dejado de escucharme. Te habrás adelantado o habrás retrocedido, pero no estás conmigo. Será el pasado que repites en tu mente, o el futuro que proyectas a través del pasado, pero no es lo que estoy diciendo. Es posible, incluso, que repitas al pie de la letra lo que he dicho. Tu máquina lo está grabando. Es capaz de repetir lo que he dicho, de reproducirlo. Entonces tú dirás: «Si no te he oído, ¿cómo lo puedo reproducir?». Pero una grabadora no escucha lo que digo. Tu mente puede seguir trabajando como si se tratara de una máquina. Y tú puedes estar presente o no. No eres imprescindible. Puedes seguir pensando y, no obstante, estar escuchando. Tu mente —el cuarto cuerpo, el cuerpo mental— se ha convertido en una barrera.

Hay una barrera entre tú y lo que es. Cuando tocas, te alejas de la experiencia. Cuando miras, te alejas de la experiencia. Tomo tu mano en mi mano. Esto es algo existencial. Pero quizá tú no estés ahí. Entonces, habrás perdido la ocasión. Has conocido —has tocado y has experimentado— pero estabas absorto en tus pensamientos.

En el cuarto cuerpo debemos ser conscientes del proceso de nuestros pensamientos en su totalidad. Sin elegir, sin decidir, sin juzgar; simplemente, siendo conscientes de ello. Si te vuelves consciente, dejarás de identificarte. Y la no identificación con el mecanismo de la mente significa no tensión.

El quinto cuerpo es el cuerpo espiritual. En lo relativo al cuerpo espiritual, la única tensión es la ignorancia que tenemos respecto de nosotros mismos. Existimos todo el tiempo y sabemos perfectamente que no nos conocemos. La vida va pasando, harás esto y lo otro, conseguirás esto y aquello, pero la sensación de auto ignorancia continuará a tu lado. Estará escondida detrás de ti; será una compañera constante, aunque intentes olvidarla, aunque intentes huir de ella. No puedes escapar de la ignorancia. Sabes que no sabes. Es la enfermedad del quinto plano.

Las personas que escribieron «conócete a ti mismo» en el templo de Delfos se referían al quinto cuerpo; trabajaban sobre él. Sócrates repetía continuamente: conócete a ti mismo. Estaba refiriéndose al quinto cuerpo. Para el quinto cuerpo, *atma gyana* o auto conocimiento, es el único conocimiento.

La tensión del quinto cuerpo está entre la sabiduría y la ignorancia. Pero recuerda que estoy diciendo sabiduría e ignorancia; no estoy diciendo conocimientos e ignorancia. Puedes adquirir conocimientos en las escrituras; la sabiduría no se puede obtener en ningún sitio. Hay muchas personas que funcionan con esta idea equivocada, la confusión entre conocimiento y sabiduría. La sabiduría siempre es vuestra. No puedo transferiros mi sabiduría; solo puedo transferiros mis conocimientos. Las escrituras nos aportan conocimientos, no sabiduría. Puedo deciros que sois divinos, atman, el ser, pero esto no es sabiduría.

Si te aferras a estos conocimientos aparecerá una enorme tensión. La ignorancia seguirá estando ahí, junto a los conocimientos adquiridos, la información y los conocimientos prestados. Serás ignorante, pero sentirás que sabes. Entonces habrá mucha tensión. Es preferible ser ignorante y saber perfectamente que «soy un pobre ignorante». Entonces, habrá tensión pero no será tan grande. Si no te engañas con el conocimiento que has adquirido a través de otras personas podrás buscar e investigar dentro de ti, y entonces habrá sabiduría.

Ya que existes, hay algo cierto: que seas lo que seas, eres. Esto no se puede negar. Otra cosa: eres alguien que conoce. Quizá conozcas a los demás, quizá solo conozcas las ilusiones, quizá sea cierto lo que conoces, pero conoces. De modo que puedes dar por hecho dos cosas: tu existencia y tu conciencia.

Pero falta la tercera cosa. La personalidad esencial de una persona se puede concebir a través de tres dimensiones: la existencia, la conciencia y la dicha, *sat-chit-ananda*. Sabemos que somos la existencia; sabemos que sabemos: somos la conciencia misma. Solo nos falta la dicha. Pero si buscas en tu interior, conocerás también la tercera dimensión. Está ahí. La dicha, el éxtasis de tu propia existencia está ahí. Y cuando lo sepas, te conocerás completamente: tu existencia, tu conciencia, tu dicha.

No te conocerás completamente hasta que no conozcas la dicha, porque la persona que no es dichosa seguirá huyendo de sí misma. Toda nuestra vida es una huida de nosotros mismos. Los demás son importantes porque nos ayudan a huir. Por eso estamos enfocados hacia los demás. Aunque nos volvamos religiosos, crearemos un Dios que es el otro. Volvemos a enfocarnos hacia el otro; se vuelve a repetir el mismo error.

En el quinto plano uno debe buscarse a sí mismo desde dentro. Esto no es una búsqueda sino un «estar buscando».

Solo eres necesario hasta el quinto cuerpo. A partir del quinto, las cosas se vuelven fáciles y espontáneas.

El sexto cuerpo es cósmico. La tensión se halla entre ti —tu sentimiento de individualidad, de limitación— y el cosmos ilimitado. En el quinto plano estarás personificado en tu cuerpo espiritual. Serás una persona. Esa «persona» será la tensión del sexto plano. De modo que para conseguir una existencia no tensa con el cosmos, para ser uno con el cosmos, debemos dejar de existir como individuos.

Jesús dice «el que se pierda se hallará». Esta afirmación se refiere al sexto cuerpo. No se puede comprender hasta llegar al sexto cuerpo, porque es una afirmación completamente antimatemática. A partir del sexto cuerpo son las únicas matemáticas que existen, la única posibilidad racional: perdernos.

Nos hemos ido realzando, hemos ido cristalizándonos. Hasta el quinto cuerpo podemos seguir acarreando la cristalización, la personalidad, la individualidad. Pero si alguien insiste en seguir siendo un individuo se quedará en el quinto cuerpo. Por eso muchas doctrinas religiosas se detienen en el quinto cuerpo. Todos los que dicen que el alma tiene su propia individualidad, y que esa individualidad seguirá existiendo en un estado liberado —que serás un individuo encarnado en tu personalidad—, cualquier doctrina que afirme esto, se detendrá en el quinto plano. En una doctrina de estas características no existe el concepto de Dios. No es necesario.

El concepto de Dios solo aparece en el sexto cuerpo. «Dios» significa la individualidad cósmica, o mejor dicho, la no individualidad cósmica. No es que «yo» exista en la existencia; es la totalidad que hay dentro de mí la que ha hecho posible que yo exista. Yo solo soy un punto, un nexo entre los infinitos nexos de la existencia. Si mañana no sale el sol, yo no existiré. Dejaré de existir; se apagará la llama. Estoy aquí porque existe el sol. Está muy lejos, pero sigue estando en conexión conmigo. Si se muere la tierra, como han muerto muchos planetas, entonces no podré vivir, porque mi vida es lo mismo que la vida de la tierra. Todo existe en una cadena de existencia. No somos islas. Somos el océano.

En el sexto chakra, la sensación de individualidad es la única tensión que hay frente a la sensación oceánica, una sensación sin límites, una sensación que no tiene comienzo ni fin, una sensación de nosotros, y no de yo. El «nosotros» incluye todo. No solo a las personas, no solo a los seres orgánicos, sino a todo lo que existe. «Nosotros» significa la existencia misma.

«Yo» es la tensión del sexto cuerpo. ¿Cómo puedes deshacerte del «yo», cómo puedes deshacerte del ego? Ahora no seréis capaces de entenderlo, pero si llegáis al quinto cuerpo será sencillo. Es como un niño que está encariñado con un juguete y no concibe tirarlo. Pero en cuanto el niño se va, lo tiran. El niño no volverá a acordarse del juguete. Hasta el quinto cuerpo el ego es muy importante, pero a partir del quinto cuerpo es como un muñeco con el que has estado jugando. Lo puedes tirar sin ninguna dificultad.

La única dificultad se presenta si has alcanzado el quinto cuerpo con un proceso gradual y no con una iluminación repentina. Entonces, resultará más difícil abandonar completamente el «yo». A partir del quinto cuerpo, todos los procesos que son repentinos nos sirven de ayuda. Antes del quinto cuerpo, los procesos graduales parecen ser más sencillos; pero a partir del quinto son un impedimento.

En el sexto cuerpo la tensión se halla entre el individuo y la conciencia oceánica. La gota se tiene que perder para unirse en el océano. Realmente no se está perdiendo, pero desde el punto de vista de la gota, podría parecerlo. Por el contrario, en el momento que se pierde la gota se gana el océano. No es que se haya perdido la gota sino que se ha convertido en el océano.

El séptimo cuerpo es el nirvánico. La tensión del séptimo cuerpo se halla entre la existencia y la no existencia. En el sexto se pierde el buscador, pero no la existencia. Existe, pero no como un individuo, sino como ser cósmico. La existencia está ahí. Hay filosofías y doctrinas que se detienen en el sexto cuerpo. Se detienen en Dios o en moksha: la liberación. El séptimo cuerpo significa incluso que la existencia se pierde en la no existencia. No es perderse uno mismo. Solo es perder. Lo existencial pasa a ser no existencial. Entonces, vuelves a la fuente original de donde surge toda la existencia y a donde irá a parar. La existencia surge de ahí; la no existencia vuelve ahí.

La existencia misma es solo una fase. Debe retornar. Del mismo modo que llega el día y le sigue la noche, llega la existencia y le sigue la no existencia; llega la no existencia y le sigue la existencia. Si uno quiere saber todo, no deberá escaparse de la no existencia. Si ha de conocer el círculo completo, deberá volverse no existencial.

Ni siquiera lo cósmico es total, porque más allá se encuentra la no existencia. Ni siquiera Dios es total. Dios solo es parte de Brahma; Dios no es Brahman mismo. Brahman significa la luz unida a la oscuridad. La vida unida a la muerte, la existencia unida a lo no existencial. Dios no es la muerte; Dios solo es la vida. Dios no es la no existencia; Dios solo es existencia. Dios no es oscuridad; Dios solo es luz. Es una parte del ser total, pero no es la totalidad.

Conocer la totalidad es transformarse en la nada. Solo la nada puede conocer el todo. Para el séptimo cuerpo, el todo es la nada, y la nada es el todo.

Estas son las tensiones que hay en los siete cuerpos, empezando por el fisiológico. Si comprendes tu tensión fisiológica, la forma de aliviarla y de alcanzar el bienestar, entonces podrás proceder fácilmente en los siete cuerpos. Conseguir el bienestar en el primer cuerpo es dar un paso hacia el segundo. Y si consigues algo en el segundo —si sientes un momento etéreo de no tensión— estarás dando un paso hacia el tercer cuerpo.

Si comienzas con el bienestar de cada cuerpo se abrirá automáticamente una puerta hacia el siguiente cuerpo. Pero si te frustras en el primer cuerpo será muy difícil, casi imposible, que se abran las puertas siguientes.

Comienza con el primer cuerpo y no pienses en los otros seis. Vive el cuerpo físico completamente y de repente sabrás que se ha abierto otra puerta. Continúa hacia delante. Pero no pienses en los otros cuerpos, o estarás perturbando y creando tensiones.

Por tanto, ¡olvida todo lo que he dicho!

Capítulo 10

LA EXPERIENCIA DE LA MUERTE Y LA VIDA EN LOS CUERPOS SUTILES

*E*l alma reside dentro de dos cuerpos: el cuerpo sutil y el físico. En el momento de la muerte, muere el cuerpo físico. El cuerpo que está hecho de tierra y agua, el cuerpo que está hecho de carne, huesos y médula, fallece, se muere. Posteriormente, sigue estando el cuerpo formado por pensamientos, sentimientos, vibraciones y filamentos sutiles. Este cuerpo —formado por todas estas cosas sutiles—, junto con el alma, continúa el viaje y vuelve a entrar dentro de un cuerpo físico para una nueva vida. Cuando dentro del vientre de la madre entra una nueva alma significa que ha entrado el cuerpo sutil.

Con el acontecimiento de la muerte solo se desintegra el cuerpo físico, no el sutil. Pero cuando sucede la muerte absoluta, lo que recibe el nombre de moksha, el cuerpo sutil se desintegra junto con el cuerpo físico. Entonces el alma ya no volverá a nacer. El alma se hace uno con la totalidad. Esto solo sucede una vez. Es como una gota que se une al océano.

Hay que tener tres cosas claras. En primer lugar, está el elemento del alma. Cuando los dos cuerpos —el físico y el sutil— entran en contacto con el elemento del alma, ambos se activan. Estamos familiarizados con lo físico, el cuerpo físico; un yogui está familiarizado con el cuerpo sutil, y los que van más allá del yoga están familiarizados con el alma.

Los ojos ordinarios pueden ver el cuerpo físico. El ojo yóguico puede ver el cuerpo sutil. Pero solo en el SAMADHI se puede sentir aquello que está más allá del yoga, más allá del cuerpo sutil. La persona que va más allá de la meditación alcanza el samadhi, y en este estado de samadhi uno puede sentir lo divino. El hombre corriente tiene la experiencia del cuerpo físico, el yogui corriente tiene la experiencia del cuerpo sutil, y el yogui iluminado tiene la experiencia de lo divino. Dios es uno, pero hay innumerables cuerpos sutiles y hay innumerables cuerpos físicos.

El cuerpo sutil es el cuerpo fortuito; este cuerpo es el que adopta un nuevo cuerpo físico. Alrededor hay muchas bombillas. La electricidad solo es una, la energía solo es una, pero se manifiesta a través de muchas bombillas. Las bombillas tienen diferentes cuerpos, pero solo un alma. De forma parecida, la conciencia que se manifiesta a través de nosotros es una, pero se utilizan dos vehículos en la manifestación de esta conciencia. Uno es el vehículo sutil, el cuerpo sutil; el otro es el vehículo físico, el cuerpo físico.

Nuestra experiencia se limita a lo físico, al cuerpo físico. Esta experiencia restringida es la causa del sufrimiento y la ignorancia humanas. Pero hay personas que, incluso después de haber superado el cuerpo físico, se detienen en el cuerpo sutil. Estas personas dirán: «Hay un número infinito de almas». Pero los que van más allá del cuerpo sutil dirán: «Solo hay un Dios, solo hay un alma, Brahman es uno».

No hay contradicción en estas declaraciones. Cuando hablaba de la entrada del alma, me refería al alma que todavía está asociada al cuerpo sutil. Significa que todavía no se ha desintegrado el cuerpo sutil en el que está envuelta el alma. Por eso decimos que el alma que ha alcanzado la libertad absoluta se sale del ciclo de nacimientos y muertes. Realmente, no hay nacimiento ni muerte del alma, nunca ha nacido y nunca morirá. El ciclo de nacimiento y muerte cesa cuando se acaba el cuerpo sutil, porque el cuerpo sutil es el que provoca una nueva vida.

El cuerpo sutil es una semilla formada por el conjunto de nuestros pensamientos, deseos, aficiones, anhelos, experiencias y conocimientos. Este cuerpo sirve para llevarnos en nuestro viaje constante. Sin embargo, la persona cuyos pensamientos han sido aniquilados, cuyas pasiones se han desvanecido, cuyos deseos han desaparecido, la persona a la que no le queda ningún deseo, ya no tiene ningún sitio a donde ir, ningún motivo para ir a ninguna parte. Entonces ya no tiene motivos para volver a nacer.

Hay una historia maravillosa de la vida de Ramakrishna. Los que estaban más próximos, y sabían que era un *paramhansa*, un iluminado, se sentían muy molestos con una cosa. Les molestaba enormemente ver a una persona iluminada como Ramakrishna —que había alcanzado samadhi— estar ansioso por la comida. Ramakrishna solía ponerse muy ansioso con la comida. A menudo, entraba en la cocina y le preguntaba a Sharada Devi, su mujer:

—¿Qué estáis cocinando hoy? ¡Se está haciendo muy tarde!

En medio de una seria charla sobre cuestiones espirituales, se levantaba abruptamente y corría hacia la cocina para preguntar qué estaban cocinando y en busca de comida.

Avergonzada, Sharada le regañaba atentamente:

—¿Qué haces? ¿Qué pensará la gente? ¡Interrumpir de repente la discusión sobre Brahman para empezar a hablar de comida!

Ramakrishna se reía y se quedaba en silencio. Hasta sus discípulos más próximos protestaban. Decían:

—Eso te crea mala reputación. La gente dice «¿cómo puede ser que una persona así haya alcanzado la sabiduría, si no se puede resistir al ansia de comer?».

Un día, su esposa Sharada se enfadó mucho y le regañó. Ramakrishna le dijo:

—No te lo imaginas, pero el día que empiece a mostrar rechazo a la comida sabré que no voy a vivir más de tres días.

Sharada le preguntó:

—¿Qué quieres decir?

Ramakrishna dijo:

—Han desaparecido todos mis deseos y todas mis pasiones, se han ido todos mis pensamientos, pero por el bien de la humanidad, me estoy aferrando deliberadamente a este deseo por la comida. Es como un barco que ya solo está atado con una cuerda.

Cuando se suelte esa cuerda, el barco se irá en su viaje sin fin. Estoy haciendo un esfuerzo por quedarme.

Probablemente, los que estaban con él no le dieron demasiada importancia. Pero tres días antes de su muerte, cuando Sharada entró con un plato de comida, Ramakrishna lo miró, cerró los ojos y se tumbó dándole la espalda. De repente, se acordó de las palabras de Ramakrishna sobre su muerte. Se le cayó el plato de las manos y se echó a llorar amargamente. Ramakrishna dijo:

—No llores. Querías que no anhelara la comida, tu deseo se ha hecho realidad.

Exactamente tres días después de este incidente, Ramakrishna murió. Se estaba agarrando con esfuerzo a un pequeño deseo. Ese pequeño deseo se había convertido en el soporte para continuar en el viaje de la vida. Al desaparecer el deseo, dejó de existir el soporte.

Los que reciben el nombre de tirthankaras, los que reciben el nombre de budas, los hijos de Dios, los avatares, se agarran a un deseo. Mantienen este deseo por compasión, por el bien y el bienestar de la humanidad. El día que desaparece el deseo dejan de vivir dentro del cuerpo y comienza un viaje eterno hacia el infinito. Después de eso ya no hay nacimientos ni muertes. Después ya no hay uno mi muchos. Lo que queda después no se puede contar con números en absoluto; por eso los que saben, ni siquiera dicen «Brahman es uno, lo divino es uno». No tiene sentido hablar de «uno» si no le sigue un «dos», no podemos seguir contando en una sucesión de dos y tres. Tiene sentido hablar de «uno», si se suceden el dos, el tres y el cuatro. «Uno» solo es significativo dentro de un contexto de números. Por eso, los que saben ni siquiera dicen que Brahman es uno; dicen que Brahman es no dual, no es dos.

Están diciendo algo extraordinario. Están diciendo: «Dios no es dos; no se puede contar a Dios con expresiones numéricas». Incluso cuando decimos que es uno estamos intentando contarlo con una expresión numérica, y esto es un error. Pero hay un largo trecho hasta experimentar ese uno. Ahora mismo estamos en el plano del cuerpo físico, del cuerpo que, sin cesar, toma múltiples formas. Cuando nos introducimos en este cuerpo encontramos otro cuerpo, el cuerpo sutil. Si vamos más allá del cuerpo sutil alcanzaremos algo que no es corpóreo sino incorpóreo, el alma.

Capítulo 11

ACTIVACIÓN Y CONCIENCIA DE LOS CUERPOS SUTILES

*O*s he hablado de los siete cuerpos. Teniendo esto en cuenta, podemos dividir la existencia en siete dimensiones. En toda la existencia están continuamente presentes los siete cuerpos. Despiertos o dormidos, activos o latentes, feos o bellos, pero siempre están ahí. Si tomamos un trozo de metal, por ejemplo, un trozo de hierro, en él estarán presentes los siete cuerpos pero los siete están dormidos; están latentes, inactivos. Por tanto, el trozo de hierro parece estar muerto. Si tomamos una planta, el primer cuerpo —el cuerpo físico— se ha activado; por tanto, tenemos un primer atisbo de la vida en las plantas.

Después están los animales; se activa el segundo cuerpo. El movimiento, que no existía en las plantas, comienza en los animales. La planta echa raíces y se queda en el mismo sitio para siempre. No es móvil porque, para eso, se tiene que activar el segundo cuerpo, el cuerpo etéreo del que surgen todos los movimientos. Si solo se despierta el cuerpo físico, se quedará inmóvil, clavado. La planta es un animal que está fijo. Hay plantas que se mueven un poco, se trata de un estado intermedio entre las plantas y los animales. En algunas zonas pantanosas de África hay ciertas plantas que se pueden desplazar distancias de entre siete y ocho metros al año. Realizan el movimiento gracias a sus raíces, que pueden agarrarse a la tierra y soltarla. Es un vínculo revolucionario entre las plantas y los animales. En los animales también ha empezado a funcionar el segundo cuerpo. Esto no significa que los animales sean conscientes; solo significa que se ha activado, pero los animales no lo saben. Debido a la activación del segundo cuerpo, los animales experimentan rabia, pueden expresar amor, pueden correr, pueden defenderse, experimentan miedo, pueden atacar o esconderse y pueden moverse.

En el ser humano se activa el tercer cuerpo, el astral. Por tanto, no solo se mueve con el cuerpo, sino también con la mente: puede viajar con la mente. Viaja al pasado tanto como al futuro. Para los animales el futuro no existe, y por esta razón no se preocupan ni están tensos, porque la ansiedad siempre está en el futuro. Nuestra mayor preocupación es qué sucederá mañana. Pero para los animales no existe el mañana; el presente es todo. Para ellos ni siquiera existe el hoy, porque ¿qué significa hoy para alguien, si el mañana para él no tiene sentido?

En el ser humano ha tenido lugar un proceso más sutil, el proceso de la mente. Procede del tercer cuerpo, el astral. Ahora, con la ayuda de la mente, puede pensar en el futuro. También se puede preocupar de lo que habrá después de la muerte, dónde irá, dónde no irá... También reflexiona sobre dónde se encontraba antes de nacer.

El cuarto cuerpo se activa en algunas personas, no en todas. Si una persona muere después de activarse su cuarto cuerpo volverá a nacer en el plano de los *devas*, los dioses, donde hay muchas posibilidades de que se active el cuarto cuerpo. Si el tercer cuerpo sigue estando activo, el hombre seguirá siendo un hombre. A partir del cuarto cuerpo empieza el nacimiento en planos superiores.

A partir del cuarto cuerpo hay que tener en cuenta una diferencia. Si el cuarto cuerpo se activa hay menos posibilidades de volver a asumir una forma física, y más posibilidades de ser un ser incorpóreo. Pero, como dije, recuerda la diferencia entre activación y conciencia. Si el cuarto cuerpo solamente se ha activado, y no somos conscientes de ello, recibe el nombre de plano de los *pretas*, los espíritus malignos; si se ha activado y es plenamente consciente, recibe el nombre de plano de los *devas*, espíritus divinos. Es la única diferencia entre *devas* y *pretas*. Un espíritu maligno no se da cuenta de que su cuarto plano se ha activado, mientras que uno divino sí. A consecuencia de esto, el *preta* puede hacerse mucho daño a sí mismo y a los demás con la actividad del cuarto cuerpo, porque la inconsciencia solo aporta daño. El *deva* será motivo de buenas obras para sí mismo y los demás, porque la conciencia solo puede ser beneficiosa.

La persona cuyo quinto cuerpo se activa va más allá de la existencia de los *devas*. El quinto cuerpo es el cuerpo espiritual. En el quinto plano la activación y la conciencia son lo mismo. Nadie puede llegar al quinto plano sin conciencia; por tanto, la activación y la conciencia suceden a la vez en este plano. Puedes llegar al cuarto plano sin conciencia. Si despiertas, el viaje tomará otro rumbo: irá hacia el plano de los *devas*, el plano de los dioses. Si sigues siendo inconsciente, tu viaje será hacia el mundo de los espíritus malignos.

En el quinto plano la activación y la conciencia existen simultáneamente, porque se trata del cuerpo espiritual, y la inconsciencia no tiene sentido en lo que respecta al ser. *Atman* significa conciencia; por tanto, atman es otra forma de decir conciencia. Aquí no tiene sentido la inconsciencia.

Por tanto, a partir del quinto plano activación y conciencia son lo mismo, pero hasta llegar aquí van por caminos diferentes. Hasta el cuarto cuerpo hay diferencia entre lo masculino y lo femenino; hay diferencia entre dormir y estar despierto. De hecho, la dualidad y el conflicto solo existen hasta el cuarto cuerpo. A partir del quinto comienza lo no dual, lo indiviso. La unidad comienza a partir del quinto cuerpo. Hasta aquí había diversidad, diferencias. El potencial del quinto cuerpo no viene del plano de los *pretas* ni el de los *devas*. Esto debe quedar claro.

El quinto cuerpo no es posible para los pretas porque su existencia es inconsciente. No tienen el cuerpo que se necesita para la conciencia, y no tienen primer cuerpo, que es el primer paso hacia la conciencia. A consecuencia de esto, el preta deberá regresar a la forma humana. La forma humana, en algún sentido, está en un cruce de caminos. El plano de los devas está por encima pero no lo ha superado, porque para superarlo tendrá que volver a la forma humana. El preta tiene que regresar para poder acabar con su inconsciencia, y para esto es absolutamente necesario tomar forma humana. Los devas tienen que regresar porque en su existencia no hay sufrimiento. En realidad, es una existencia consciente. Sin embargo, en una existencia de este tipo no puede haber dolor ni sufrimiento que son los que aportan el deseo de meditar. Si no hay sufrimiento, no hay deseo de transformación o de realización.

El mundo de los devas es una existencia extática en la cual no hay ningún progreso. Esto es una característica de la felicidad: bloquea cualquier progreso futuro. En el dolor y el sufrimiento hay anhelo de crecer. El sufrimiento nos estimula a buscar caminos y formas de libertad que nos alejen del dolor y la tristeza. La búsqueda se detiene con la felicidad. Sin duda, es extraña la naturaleza de este hecho, y la gente normalmente no lo entiende.

En las vidas de Mahavira y de Buda hay descripciones de cómo los devas se dirigen a ellos para recibir enseñanza, pero sucede en contadas excepciones. Es extraño que los devas tengan que ir a los seres humanos, ya que se trata de seres superiores a los seres humanos. Parece extraño, pero no lo es, porque la existencia en el cielo es una existencia estática en la que no hay crecimiento. Si quieres avanzar, del mismo modo que das un paso atrás para saltar, tendrás que dar un paso atrás hacia la existencia humana para después poder saltar.

La felicidad tiene la característica de que ya no evoluciona. Y otra cosa: la felicidad es aburrida. Ningún otro factor puede causar tanto aburrimiento como la felicidad. La infelicidad no es aburrida; una mente infeliz nunca se aburre. Por tanto, un hombre infeliz nunca estará insatisfecho, como tampoco lo estará una sociedad en la que prima el dolor y la infelicidad. Solo están insatisfechas las personas felices o las comunidades felices. India no está tan insatisfecha como América. El único motivo es que ellos son ricos y felices mientras que nosotros somos pobres y desgraciados. En América no hay ilusión por nada y no hay sufrimiento que les obligue a seguir creciendo. Además, la felicidad es reiterativa: las mismas formas de placer y diversión, repetidas una y otra vez, dejan de tener sentido.

El mundo de los dioses es la cumbre del aburrimiento. En el universo no hay ningún sitio tan aburrido como este, y es realmente aburrido. Pero el aburrimiento tarda un tiempo en desarrollarse. Además, depende de la sensibilidad de cada individuo. Cuanto más sensible es una persona, antes se aburrirá; cuanto menos sensible sea una persona, más tardará en aburrirse. Es posible, incluso, que no se llegue a aburrir. El búfalo come la misma hierba todos los días y no se cansa.

La sensibilidad es algo muy raro. El aburrimiento será proporcional a la sensibilidad de la persona. La sensibilidad siempre busca cosas nuevas, cada día quiere más cosas nuevas. La sensibilidad es una especie de desasosiego, que a su vez es una especie de vitalidad. El mundo de los devas es una especie de existencia muerta, igual que el mundo de los pretas. Pero el mundo de los devas está más muerto porque en el mundo de los pretas hay mucho sufrimiento y muchas formas de infligir sufrimiento, así como el placer de hacernos sufrir a nosotros mismos y a los demás. Hay suficientes provisiones de desasosiego como para que haya aburrimiento.

El mundo de los devas es muy tranquilo; no hay ningún altercado. Por eso, el regreso del mundo de los devas será, finalmente, por aburrimiento. Recuerda que está por encima de la vida humana; hay más sensibilidad. El placer, que no nos aburría a lo largo de los años de vida corpórea, se convierte en algo muy trillado y aburrido cuando lo difrutas en el mundo de los devas.

Por eso, en los *Puranas*[12] se dice que los dioses ansían volver a nacer como seres humanos. Esto puede parecer sorprendente porque aquí en la tierra estamos deseando ir al mundo de los dioses. Incluso hay historias en las que algún deva desciende a la tierra

---

[12] Escrituras hindúes. *(N. del T.)*

para enamorarse de una mujer. Estas historias nos indican la situación de la mente. Nos muestran que en ese mundo hay felicidad, pero es aburrida porque solo hay placer y diversión, sin ninguna traza de dolor o pena. Entonces se vuelve aburrido. Si te dan a elegir entre la felicidad infinita, sin un momento de tristeza, o tristeza y sufrimiento infinitos, el sabio escogerá lo segundo. Tenemos que regresar del mundo de los devas y tenemos que regresar del mundo de los pretas.

La existencia humana está en medio de una encrucijada de caminos: de ahí salen todos los caminos posibles. La persona que alcanza el quinto cuerpo, sin embargo, no tiene que ir a ningún sitio. Entra en un estado en el que ya no nace de un vientre; no renace en el vientre de una madre.

El que alcanza el ser, en cierto sentido, ha terminado su viaje. El estado del quinto cuerpo es un estado de liberación. Pero si está satisfecho consigo mismo puede quedarse durante eras infinitas en este plano, porque no hay dolor ni placer, esclavitud ni sufrimiento. Solo está nuestro ser, no el ser universal, la totalidad. De modo que una persona puede quedarse viviendo en este estado durante un número infinito de eras, hasta que llegue un día que empiece a tener curiosidad por conocer la totalidad.

La semilla de la indagación está en nuestro interior, por eso brota. Si el meditador alimenta su curiosidad de conocer la totalidad desde un principio podrá escapar al peligro de atascarse en el quinto cuerpo.

Si conoces la ciencia de los siete cuerpos sabrás que la indagación deberá ser completa y absoluta desde el principio. Si tienes por objeto detenerte a medio camino, entonces, cuando llegues al quinto cuerpo, sentirás que has llegado al final, a tu destino, y perderás tu oportunidad.

La persona del quinto cuerpo no tiene que nacer pero está confinado dentro de sí mismo: rompe con todo el mundo pero permanece atado a sí mismo. Se ha librado del ego pero no del sentimiento «yo soy». El ego es para afirmarse frente a los demás.

Debe quedar claro que cuando digo «yo» es para dominar a algún «tú». Por tanto, cuando el yo consigue dominar al tú, el ego se siente victorioso. Cuando es dominado por el yo de alguien, el ego se siente desgraciado. El yo siempre es un intento de subyugarte. El ego siempre existe en oposición al otro.

En el quinto cuerpo ya no existe el otro, y ya no hay competencia. El estado de ser yo, *asmita*, es un estado de independencia. Esta es la única diferencia entre el ego y *asmita*. Ahora ya no tengo nada que ver contigo; no hay afirmación del ego pero está mi ser. Ya no tengo que estar frente a nadie, pero «yo soy» aunque no haya un tú con quien compararme.

Por eso el ego dice «yo» y el ser dice «soy». Esta es la diferencia. En «yo soy» hay dos conceptos: el yo es el ego, y el soy es el ser.

El sentimiento de ser yo no está contra nadie, está a favor de sí mismo. El sentimiento es el de «yo soy»; por tanto, aunque no haya nadie más en la tierra, aunque haya una tercera guerra mundial y muera todo el mundo, yo seguiré estando. Por consiguiente, aunque ya no tenga un ego, el sentimiento de ser yo seguirá estando: sé que soy, aunque no se lo diga a los demás, porque para mí ya no queda un tú a quien decírselo. Cuando estás absolutamente solo, y no hay nadie más, en cierto sentido, tú todavía existes.

En el quinto cuerpo desaparece el ego, y de este modo se rompe el eslabón más fuerte de la cadena de la esclavitud. Pero el sentimiento de ser yo permanece, libre, independiente, ilimitado y sin ataduras. Pero el ser yo tiene sus propios límites. Han desaparecido todas los demás fronteras excepto la del ser yo. En el sexto cuerpo también desaparece esta o se trasciende. El sexto cuerpo es el cósmico.

En el quinto cuerpo desaparece la cuestión de nacer de un vientre, pero todavía hay que nacer. Hay que tener clara esta diferencia. Un nacimiento sucede dentro del vientre de la madre, y el otro sucede dentro de nosotros mismos. Por eso, en este país, el *brahmin*[13] recibe el nombre de *dwig*, nacido dos veces. El término se usaba en realidad para el *brahma gyani*, el que conoce Brahman, la realidad cósmica. No es necesario llamar brahmin a una perso-

---

[13] Sacerdote hindú o miembro de la casta más alta. *(N. del T.)*

na que no está iluminada. Cuando a una persona le sobrevenía un segundo nacimiento de tipo completamente distinto recibía el nombre de dwij, nacido dos veces; una persona iluminada recibía el nombre de brahmin. De modo que un nacimiento procede del vientre y el otro de nuestro propio ser. Cuando has alcanzado el quinto cuerpo no puedes renacer en otro cuerpo. Ahora tendrás que nacer en el sexto cuerpo a través del quinto. Este es tu viaje, es tu propio embarazo interno, es tu propio nacimiento interior. Ahora no hay conexión con un vientre exterior o con algún medio de creación externo. Ahora ya no tienes padre ni madre; tú eres el padre, tú eres la madre y tú eres el hijo. Es un viaje enteramente individual. Cuando una persona pasa al sexto cuerpo a través del quinto recibe el nombre de nacido dos veces, y no antes. Ha nacido sin los medios externos de la creación, sin la ayuda de un vientre exterior.

Hay un rishi de los *Upanishads* que reza: «¡Oh! Señor. Abre las puertas doradas de este vientre interior en el que se esconde la realidad». Las puertas son decididamente de oro. Hasta tal punto que no queremos apartarlas; hasta tal punto que estamos deseando que sigan ahí. El ser yo es la más preciada puerta que nos encierra. Nosotros mismos no queremos separarnos, y en el exterior no hay ningún obstáculo que nos lo impida. La puerta nos gusta tanto que no podemos separarnos. Por eso dice el rishi: «Aparta las puertas doradas y abre el vientre que hace que una persona nazca dos veces».

Los Brahma gyanis recibían el nombre de nacidos dos veces, y con Brahma gyani nos referimos a la persona que ha alcanzado el sexto cuerpo. El viaje que va del quinto cuerpo al sexto consiste en nacer dos veces. El vientre es distinto, la forma de nacer es diferente. Ahora todo será sin vientre: es nuestro propio vientre y, ahora, nacemos solos.

Del quinto cuerpo al sexto hay un nacimiento, y del sexto cuerpo al séptimo hay una muerte. Quien haya hecho este segundo viaje no recibirá el nombre de nacido dos veces; no tiene sentido. ¿Entendéis? Ahora es fácil seguir el hilo.

Del quinto cuerpo al sexto hay un nacimiento a través de uno mismo; del sexto cuerpo al séptimo hay una muerte a través de uno mismo. Nacemos a través de otras personas –a través de otros cuerpos— y la muerte que se sucede también es de otras personas. Lo explicaré.

Si tu nacimiento procede de otra persona, ¿cómo puede ser que tu muerte solo sea tuya? Los dos extremos no se tocarían. Si otra persona me da vida, entonces la muerte no puede ser mía. Si la vida viene de otra persona, la muerte también tendrá venir de otra persona. Esta es la diferencia: primero aparezco a través de un vientre, y la segunda vez entro en otro vientre, pero no soy consciente. Cuando llegué a esta vida fue evidente, pero mi ida no es tan evidente. La muerte precede a la vida; has muerto en alguna parte antes de nacer en otra parte. El nacimiento es evidente, pero no eres consciente de la muerte.

Naciste de una madre y un padre; asumiste un cuerpo, un aparato que funcionará unos setenta o cien años. Después de cien años, el instrumento dejará de funcionar. El día que deje de funcionar está predestinado desde el día del nacimiento. No es tan importante cuándo va a morir; lo importante es que va a morir. Con el nacimiento ya está decidido que vas a morir. El vientre que te ha dado la vida también te ha dado la muerte. Has venido con las dos cosas. En realidad, la muerte está escondida en el vientre que te ha dado la vida, pero con un intervalo de cien años.

En estos cien años completarás tu viaje desde un extremo al otro, y volverás exactamente al mismo lugar del que viniste. En el momento de nacer, recibes la muerte de tu cuerpo de parte de otra persona; por tanto, la muerte también procede de otra persona. No naces ni eres tú el que muere. Ha habido un instrumento para tu nacimiento que se volverá a repetir en la muerte. Cuando llegues al sexto cuerpo —el cuerpo cósmico— desde el quinto —el cuerpo espiritual— habrás nacido por primera vez. Entonces, habrás nacido de una forma autónoma; tu nacimiento será sin vientre. Pero entonces te espera una muerte autónoma, una muerte sin vientre. A dondequiera que te lleve esta vida, la muerte te llevará incluso más allá. El nacimiento te lleva a Brahman y la muerte al nirvana.

Este nacimiento puede ser muy prolongado; puede ser interminable. Una persona así, si se queda, se convertirá en Dios. Si una conciencia así viaja durante mucho tiempo, será alabada por millones de personas, le rendirán oraciones. Quienes reciben el nombre de avatar, Ishwara, hijo de Dios, tirthankara, son personas que han pasado del quinto al sexto plano. Pueden permanecer en ese plano todo el tiempo que quieran y pueden ser de gran ayuda. No hacen ningún daño y son grandes guías. Estas personas siempre están luchando y trabajando para que los demás puedan hacer este viaje. La conciencia de las personas del sexto plano también puede transmitir mensajes de varias formas, y aquellos que hayan tenido el más mínimo contacto con estas personas no podrán colocarlas en ningún plano inferior al de bhagwan, el bendito. Son Bhagwan: en este estado no les falta nada porque han alcanzado el sexto cuerpo, el cuerpo cósmico.

Es posible pasar del quinto al sexto plano en esta vida. Cuando alguien pasa al sexto plano en esta vida recibe el nombre de Buda, Mahavira, Rama, Krishna o Cristo. Y los que le perciben de este modo le tienen por un Dios. Para los que no pueden ver no se plantea esta cuestión.

Un hombre de un pueblo reconoce a Buda como Ishwara; para otra persona no es nada, es un hombre corriente. Se acatarra como nosotros, cae enfermo como nosotros; come, duerme, anda y habla como nosotros; incluso se muere como nosotros. «Entonces, ¿en qué se diferencia de nosotros?», es lo que ellos dicen. El número de personas que no ven es infinitamente mayor que el de los que ven; por eso, los que ven parece que están locos, alucinados, porque no poseen ninguna evidencia que puedan presentar como prueba.

En realidad, no hay ninguna evidencia. Por ejemplo, este micrófono que está delante de mí. Si los que estáis presentes no lo podéis ver, ¿qué puedo hacer para demostraros que está ahí? Si digo que está ahí y vosotros no lo veis, me tomaréis por loco. Ver cuando los otros no ven es una prueba de que no estás en tu sano juicio.

También medimos la iluminación por mayoría de votos; ¡para esto también existe el sistema de votos! Algunas personas sienten que Buda es un Dios y otras no. Los que no lo ven como un Dios dicen: «¿Qué locura es esta? Es el hijo del rey Shuddhodana, su madre es fulanita, y su mujer menganita. Él es Gautama, nadie más». Ni siquiera su padre se dio cuenta de que Gautama era ahora un hombre completamente distinto. Le consideraba su hijo y le dijo: «¿En qué clase de tontería te has metido? Vuelve al palacio. ¿Qué estás haciendo? El reino se está arruinando y yo me estoy haciendo viejo. Vuelve y ocúpate de todo esto». El pobre padre no supo reconocer que Buda se había convertido en el amo de un reino infinito. Los que tenían ojos para ver, le consideraban como un tirthankara, Bhagwan, o el hijo de Dios. Hacen uso de este tipo de nombres para referirse a las personas del sexto cuerpo.

El séptimo cuerpo no se alcanza nunca en este cuerpo. En este cuerpo, como mucho, podemos quedarnos en los confines del sexto cuerpo, desde donde podemos ver el séptimo. Desde ahí es visible el salto, el vacío, el abismo, la eternidad, y nos podemos quedar ahí. Se han mencionado dos nirvanas en la vida de Buda. Alcanzó un nirvana, sentado debajo del árbol de bodhi, a las orillas del río Niranjana; esto sucedió cuarenta años antes de morir. Esto se llama nirvana. Ese día se llegó hasta los confines del sexto cuerpo y se quedó allí durante cuarenta largos años. El día que murió se llama el *mahaparinirvana*; ese día se encontró en el séptimo plano. Por tanto, si alguien le preguntaba «¿qué le sucederá a *Tathagata*[14] después de la muerte?» Buda contestaba: «Tathagata no existirá».

Pero esto no es convincente para la mente. Le volvían a preguntar una y otra vez: «¿Qué pasará con Buda en el mahaparinirvana?». A esto Buda solía responder: «Mahaparinirvana es el nombre que recibe el cese de toda actividad, de todo acontecer». Mientras siga sucediendo algo en el sexto cuerpo, es la existencia; más allá, está la no existencia. Cuando Buda no exista, no quedará nada. En

---

[14] Otro nombre de Buda. *(N. del T.)*

cierto modo, puedes decir que nunca existió. Se desvanecerá como
un sueño, como una raya en la arena, como una línea en el agua
que desaparece a medida que se forma. Él se perderá y no quedará nada. Pero esto no convence a nuestra mente. Decimos que en
algún lugar, en algún plano, en algún lejano rincón deberá seguir
existiendo. Pero en el séptimo plano solo se convierte en vacío, en
lo informe.

Más allá del séptimo plano ya no hay manera de rescatar ninguna forma. Hay personas que están en el límite viendo el séptimo
plano, mirando el abismo; por tanto, lo que sabemos del séptimo plano es lo que nos han contado los que se encuentran en la frontera. No es una descripción dada por las personas que han estado
ahí, porque no hay forma de describirlo. Es como si una persona
que está de pie en la frontera de Pakistán nos informa de que hay
una casa, una tienda, una carretera, algunas personas, y puede ver
los árboles y la salida del sol. Pero esta persona está de pie en la
frontera de India.

La muerte absoluta es ir del sexto al séptimo plano. Os lla-
mará la atención saber que, en la Antigüedad, el significado de
acharya era el que enseña la muerte absoluta. Hay aforismos que
dicen, «acharya es la muerte». Por eso, cuando Nachiketa alcanza
el dios de la muerte alcanza el acharya. El dios de la muerte solo puede enseñar la muerte. Acharya es el puesto desde el que solo se
puede enseñar la disolución, la desintegración y la extinción.

Pero antes de esta muerte es necesario que nazcas. Ahora mismo no existes. Lo que consideras que eres tú, solo es prestado; no
es tu verdadero ser. Aunque lo pierdas, nunca fuiste el dueño. Es
como robar algo y luego darlo a la caridad: puesto que no era mío,
¿cómo puedo donarlo? No puedo dar lo que no es mío. Por eso, el
que recibe el nombre de renunciante en este mundo no es en absoluto un renunciante, porque renuncia a lo que no es suyo. ¿Y cómo
puedes renunciar a lo que no es tuyo? Afirmar que has abandonado lo que no es tuyo es una locura.

La renunciación tiene lugar cuando pasas al séptimo plano
desde el sexto. Entonces, renuncias a lo que eres, porque no tienes
otra cosa. Dejas tu propio ser.

La única renunciación importante es la entrada al séptimo plano desde el sexto. Hasta entonces, todo lo que se diga sobre la renunciación es infantil. La persona que dice «esto es mío» es ingenua. Quien dice «abandoné todo lo que era mío» sigue siendo un ingenuo, porque sigue afirmando que posee algo. Solo nosotros mismos somos nuestros, pero no lo comprendemos.

Por tanto, del quinto al sexto plano sabrás quién eres, y del sexto al séptimo podrás renunciar a lo que eres. Y en cuanto alguien renuncia a lo que es, ya no tiene que alcanzar nada, ya no tiene que renunciar a nada. Entonces, ya no hay preguntas. Solo hay quietud infinita, silencio eterno. Entonces, uno no puede decir que haya dicha o paz; uno no puede decir que haya verdad o mentira, luz u oscuridad. No se puede decir nada. Este es el estado del séptimo cuerpo.

Capítulo 12

EL SISTEMA DE YOGA DE PATANJALI Y SU INTERPRETACIÓN DE LOS CUERPOS SUTILES

*E*l método de yoga de Patanjali no es una doctrina filosófica. Es empírico. Es una herramienta para trabajar. Pero tiene su propia filosofía. Esto es solo para darte una comprensión intelectual de dónde te estás moviendo, qué estás buscando. La filosofía es arbitraria, utilitaria, solamente para darte una comprensión amplia del territorio que vas a descubrir; pero es necesario entenderla.

Lo primero que hay que decir de la filosofía de Patanjali es que divide la personalidad humana en cinco semillas, cinco cuerpos. Dice que no tienes un cuerpo, sino que tienes varias capas de cuerpos; hay cinco capas. El primer cuerpo recibe el nombre de *annamaya kosha*, el cuerpo de alimento, el cuerpo de tierra, el cuerpo que está hecho de tierra y necesita recibir alimento constantemente. El alimento proviene de la tierra. Si dejas de alimentarte, tu annamaya kosha se marchitará. Tenemos que ser muy conscientes de lo que comemos porque lo que comes es lo que te constituye, y te afecta en millones de formas, porque antes o después, tu comida no es solo comida. Se convierte en sangre, en huesos, en médula. Circula por tu ser y te afecta. La pureza de la comida origina una annamaya kosha puro, un cuerpo de alimento puro.

Si el primer cuerpo es puro, ligero, no es pesado, entonces será más fácil pasar al segundo cuerpo; de lo contrario, será difícil, estarás cargado. Te habrás dado cuenta que cuando comes mucho y comidas fuertes, inmediatamente, empiezas a sentir sueño, una especie de letargo. Te gustaría dormirte; la conciencia desaparece inmediatamente. Si el primer cuerpo está cargado, será difícil crear una gran conciencia. Por eso, el ayuno es tan importante en todas las religiones. Pero el ayuno es una ciencia y no se debería tontear.

Precisamente el otro día, una sannyasin vino y me dijo que había estado ayunando, y que ahora se había alterado todo su cuerpo, todo su ser; se encontraba muy molesta. El estómago no estaba funcionando bien. Y si el estómago no está bien, se debilita todo el cuerpo, se pierde la vitalidad, y no puedes estar animado. Te vas volviendo más insensible y mortecino.

Pero el ayuno es importante. Habría que hacerlo con mucho cuidado; primero habría que comprender el funcionamiento del annamaya kosha. Tendríamos que hacerlo convenientemente asesorados, bajo el consejo que alguien que haya pasado por todas las fases del annamaya kosha. Y no solo eso, sino alguien que lo haya trascendido y ahora pueda observar el annamaya kosha como un testigo. De lo contrario, el ayuno puede ser peligroso.

Entonces, basta con que comas la comida adecuada en la cantidad adecuada; no es necesario ayunar.

Esto es importante porque se trata de tu primer cuerpo y toda la gente, más o menos, se aferra al primer cuerpo; no quiere pasar al segundo. Hay millones de personas que ni siquiera son conscientes de que tienen un segundo cuerpo, un cuerpo más profundo, escondido bajo la envoltura del primero. La primera envoltura es muy basta.

Patanjali denomina *pranamaya kosha* al segundo cuerpo, el cuerpo enérgico, eléctrico. El segundo cuerpo está formado por campos eléctricos. La acupuntura trata de esto. El segundo cuerpo es más sutil que el primero, y las personas que empiezan a pasar del primer cuerpo al segundo se convierten en campos de energía, enormemente atractivas, magnéticas, hipnóticas. Cuando te acercas a ellas te sentirás más vital, más cargado.

Si te acercas a alguien que solo vive en el cuerpo de alimento te sentirás agotado, te exprimirá. A veces te cruzas con gente y sientes que te están exprimiendo. Cuando se marchan estás agotado, disipado, como si alguien se hubiese aprovechado de tu energía. El primer cuerpo te chupa, y es un cuerpo muy basto. Si vives demasiado con personas enfocadas en el primer cuerpo siempre te sentirás cargado, tenso, aburrido, dormido, sin energía, siempre en el punto más bajo de energía; y no tendrás energía para utilizarla para un crecimiento superior.

Este primer tipo, las personas enfocadas en el annamaya kosha, viven para comer. Comen y comen, y esa es toda su vida. En cierto modo, es infantil. Lo primero que hace un niño al nacer es chupar aire, y después, chupar leche. Lo primero que tiene que hacer un niño al nacer es cuidar su cuerpo de alimento, y cuando alguien es adicto a la comida, significa que es infantil. Su crecimiento se resiente.

El segundo cuerpo, pranamaya kosha, te da una nueva libertad, te da más espacio. El segundo cuerpo es más grande que el primero; no se limita a tu cuerpo físico. Está dentro y fuera del cuerpo físico. Te envuelve como un ambiente sutil, un aura de energía. En la Unión Soviética han descubierto que se puede tomar fotos del cuerpo de energía. Recibe el nombre de bioplasma, pero significa exactamente *prana* [15]. La energía, el brío vital, o lo que los taoístas llaman chi, ahora puede ser fotografiado. Ahora ya es casi científico.

En la Unión Soviética han hecho un gran descubrimiento, y es que antes de que tu cuerpo físico tenga una enfermedad, tu cuerpo de energía ya la tiene; seis meses antes. Después le ocurre al cuerpo físico. Si vas a tener tuberculosis, cáncer o cualquier otra enfermedad, tu cuerpo energético empieza a dar señales seis meses

---

[15] Energía vital. *(N. del T.)*

antes. Los exámenes y pruebas en el cuerpo físico no señalarán nada, pero el cuerpo eléctrico ya lo está mostrando. Primero aparece en el pranamaya kosha, después pasa al annamaya kosha. Por eso dicen que es posible empezar a tratar a una persona antes de que se ponga enferma. Cuando esto sea posible, ya no será necesario que los seres humanos caigan enfermos. Antes de ponerte enfermo, las fotografías del método Kirlian te mostrarán que va a haber alguna enfermedad en tu cuerpo físico. Se puede prevenir en el pranamaya kosha.

Por eso el yoga insiste mucho en la pureza de la respiración porque el pranamaya kosha está compuesto de energía sutil que viaja en tu interior por la respiración. Si respiras correctamente, tu pranamaya kosha permanecerá sano, ileso y vivo. Este tipo de persona nunca está cansada, siempre está dispuesta a hacer lo que sea, siempre es receptiva, dispuesta en cada momento, lista para cualquier desafío. Siempre está preparada. Jamás encontrarás que no esté lista en cualquier momento. No es que esté planeando el futuro, no. Pero tiene tanta energía que está dispuesta a responder ante cualquier cosa que suceda. Tiene una energía desbordante. El Tai-chi trabaja con el pranamaya kosha. El pranayam trabaja con el pranamaya kosha.

Cuando muere alguien, durante aproximadamente tres días, puedes ver su bioplasma. A veces se confunde con su fantasma. Su cuerpo físico muere, pero la energía del cuerpo se sigue moviendo. Quienes han experimentado a fondo con la muerte dicen que durante los tres primeros días a la persona que ha muerto le resulta muy difícil creer que ha muerto, porque le rodea la misma forma, pero más vital que nunca, más sana que nunca, más hermosa que nunca. Depende del tamaño de tu bioplasma, pero puede llegar a durar trece días o incluso más.

Alrededor de los samadhis de los yoguis..., en India incineramos a todo el mundo, excepto el cuerpo de la persona que ha alcanzado samadhi. No quemamos su cuerpo por un motivo concreto. Cuando quemas el cuerpo, el bioplasma comienza a alejarse de la tierra. Puedes sentirlo durante algunos días, pero después desaparece en el cosmos. Pero si se conserva el cuerpo físico, el bioplasma seguirá aferrado a él. Y si el bioplasma de la persona que ha alcanzado el samadhi, que se ha iluminado, puede permanecer cerca del samadhi, habrá mucha gente que saldrá beneficiada. Por eso hay gente que va a visitar la forma física del gurú.

En el ashram de Aurobindo, su cuerpo se encuentra en un samadhi, no ha sido destruido, no ha sido incinerado. Muchas personas han sentido que han podido ver a Aurobindo como si estuviese alrededor. A veces han oído los pasos, del mismo modo que él solía caminar. A veces está de pie delante de ellos. Este no es Aurobindo; es el bioplasma. Aurobindo ha desaparecido, pero el bioplasma, el pranamaya kosha, puede perdurar durante siglos. Si la persona ha estado realmente en sincronía con su pranamaya kosha, este puede perdurar. Puede existir separadamente.

La respiración natural es algo a tener en cuenta. Los niños pequeños respiran con naturalidad. Por eso están llenos de energía. Los padres se cansan pero ellos no.

Un niño le dijo a otro:

—Tengo tanta energía que gasto los zapatos en una semana.

Otro dijo:

—Eso no es nada. Yo tengo tanta energía que gasto la ropa en tres días.

El tercero dijo:

—Eso tampoco es nada. Yo tengo tanta energía que gasto a mis padres en una hora.

En América hicieron un experimento con un hombre muy fuerte, de cuerpo atlético, con una energía enorme. Le dijeron que siguiese a un niño y le imitase. El atleta tenía que hacer todo lo que hiciese el niño, imitarlo durante ocho horas. A las cuatro horas el atleta no podía más, estaba tumbado en el suelo, porque al niño le gustó tanto el juego que empezó a hacer de todo: saltar, correr, gritar, chillar. El atleta estaba agotado y dijo: «Me va a matar; ¡ocho horas! ¡Estoy derrotado! No puedo más». Se trataba de un gran boxeador, pero el boxeo es otra cosa. No puedes competir con un niño.

¿De dónde viene la energía? Viene del pranamaya kosha. Un niño respira naturalmente y, por supuesto, toma más prana, más chi, y lo acumula en su barriga. La barriga es el almacén, la reserva. Observa a un niño; es la forma correcta de respirar. Cuando respira un niño, su pecho no se mueve. La barriga sube y baja, respira desde la barriga. Los niños tienen un poco de barriga, esto se debe a su respiración y la reserva de energía. Es la forma correcta de respirar; recuerda que no tienes que usar tu pecho mucho. Lo puedes usar algunas veces, en las situaciones de emergencia. Si estás corriendo para salvar tu vida puedes usar el pecho. Es un dispositivo de emergencia. Entonces puedes respirar con respiraciones cortas y superficiales y correr. Pero normalmente no se debería usar el pecho. Y hay que tener en cuenta que el pecho se utiliza en las situaciones de emergencia porque es difícil respirar naturalmente en una situación de emergencia, porque respirando normalmente seguirás estando tan tranquilo y tan sereno que no podrás correr, no podrás pelear. Estás tan tranquilo y sosegado que pareces un Buda. Y en una emergencia —un incendio en casa—, si respiras naturalmente no podrás rescatar nada. O si estás en medio de la selva y un tigre se abalanza sobre ti, si respiras normalmente no te molestará, dirás: «Bueno, que haga lo que quiera». No serás capaz de protegerte.

La naturaleza te ha dado un dispositivo de emergencia: el tórax. Si te ataca un tigre, tendrás que dejar de respirar naturalmente y tendrás que empezar a respirar desde el tórax. Entonces, tendrás más resistencia para correr, para luchar, para quemar la energía rápidamente. Y en una situación de emergencia solo hay dos alternativas: huir o luchar. Ambas necesitan una energía muy superficial pero intensa; superficial pero un estado muy agitado, tenso.

Pero si respiras constantemente en el pecho tendrás tensiones en la mente. Si siempre respiras en el pecho, sentirás miedo. Porque la respiración del pecho solo está indicada en situaciones de temor. Y si se ha convertido en un hábito tendrás miedo constantemente, estarás tenso, siempre huyendo. No hay ningún enemigo, pero te lo imaginas. Así es como surge la paranoia.

En Occidente hay algunas personas que han tenido ocasión de observar este fenómeno: Alexander Lowen y otros bioenergéticos que trabajan con la bioenergía, que es el prana. Se han dado cuenta de que las personas que tienen miedo padecen una tensión en el pecho y respiran muy superficialmente. Si conseguimos que su respiración sea más profunda y llegue hasta la barriga, hasta el *hara*, desaparecerá el miedo. Si sus músculos se relajan, como se hace con el *rolfing*... Ida Rolf ha descubierto uno de los métodos más hermosos para cambiar la estructura interna del cuerpo. Si has estado respirando de una forma equivocada desde hace muchos años habrás desarrollado una musculatura que se interpone, y no te permite respirar correcta o profundamente. Aunque lo recuerdes durante un segundo —respirar profundamente—, de nuevo, cuando vuelvas a tu trabajo, empezarás a respirar de forma entrecortada. Tenemos que alterar la musculatura. Entonces desaparecerán el miedo y las tensiones. El *rolfing* te puede ayudar enormemente; pero trabaja con el pranamaya kosha, el segundo cuerpo, el bioplasma, el cuerpo energético, el chi, o como quieras llamarlo.

Observa a un niño y verás cómo es la respiración natural; respira así. Deja que suba tu barriga cuando inhalas aire y deja que baje cuando lo exhalas. Y deja que siga un ritmo que sea como una canción con tu energía, un baile —con ritmo, con armonía—, te sentirás muy relajado, muy vivo, tan vital que nunca te habrías imaginado que fuera posible tanta vitalidad.

Después está el tercer cuerpo, el manumaya kosha, el cuerpo mental. El tercero es más grande que el segundo y más sutil, más elevado. Los animales tienen segundo cuerpo pero no tercero. Los animales son muy vitales. Fíjate en cómo anda un león. ¡Qué belleza, qué gracia, qué majestuosidad! El ser humano siempre ha sentido envidia. Fíjate en cómo corre un ciervo. ¡Qué ligero, qué energía, qué manifestación de energía! El ser humano siempre ha sentido envidia. Pero la energía del ser humano se mueve en un plano superior.

El tercer cuerpo es manumaya kosha, el cuerpo mental. Es más grande y espacioso que el segundo. Si no lo desarrollas, te quedarás como un ser humano potencial, pero no serás un verdadero hombre. La palabra *man* (hombre) proviene de man, manumaya.

La palabra inglesa también proviene de la raíz sánscrita man. En hindi, para decir hombre se usa la palabra *manushya;* proviene de la misma raíz man, la mente. La mente te hace hombre. Pero, en mayor o menor medida, no tienes mente. En su lugar tienes un aparato acondicionado. Si vives a imitación de algo, no tienes mente. Cuando empieces a vivir por tu cuenta, espontáneamente, cuando empieces a resolver los problemas de tu vida por tu cuenta, cuando seas responsable, empezarás a desarrollar el manumaya kosha. Y empezará a desarrollarse el cuerpo mental.

Normalmente, si eres hindú, musulmán o cristiano tendrás una mente prestada; no es tu mente. Tal vez Cristo tuvo una gran explosión del manumaya kosha; y la gente lo ha seguido repitiendo. Esa repetición no te va a hacer crecer; puede ser un obstáculo. No repitas; más bien intenta comprender. Hazte cada vez más vital, auténtico, receptivo. Aunque exista la posibilidad de ir por mal camino, ve por mal camino. Porque con tanto miedo a equivocarse no hay forma de crecer. La gente que tiene tanto miedo a equivocarse no crece nunca. Están sentados en su sitio, tienen miedo de moverse. No están vivos.

La mente crece cuando te encaras y enfrentas las situaciones por tu cuenta. Aportas tu energía para resolverlas. No te pases toda la vida pidiendo consejos. Toma las riendas de tu vida en tus manos; a eso me refiero cuando digo que hagas lo que tienes que hacer. Te costará, es mucho más fácil seguir a los demás, es conveniente seguir a la sociedad, la rutina, la tradición, las escrituras. Es muy sencillo porque todo el mundo lo hace, solo tienes que convertirte en un muerto más del rebaño, solo tienes que moverte con la multitud, vaya a donde vaya; no es responsabilidad tuya. Pero tu cuerpo mental, tu manumaya kosha, sufrirá enormemente, terriblemente, y no crecerá. No tendrás tu propia mente y te perderás algo muy hermoso y algo que sirve de puente hacia un mayor crecimiento.

Recuerda siempre que todo lo que yo diga puedes tomártelo de dos maneras. Puedes basarte en mi autoridad y decir «Osho dice esto, de modo que debe ser verdad», y entonces sufrirás y no crecerás. Diga lo que diga, escúchalo, intenta comprenderlo, aplícalo a tu vida y mira cómo funciona, y después llega a tus propias conclusiones. Quizá sean las mismas, o quizá no. Nunca serán exactamente iguales porque tú tienes una personalidad diferente, eres un ser único. Lo que digo solo es mío. Es inevitable que esté profundamente enraizado en mí. Llegarás a conclusiones parecidas, pero no serán exactamente iguales. Por eso mis conclusiones no deberían pasar a ser las tuyas. Deberías tratar de entenderme, deberías tratar de aprender, y no tratar de acumular conocimiento, no deberías sacar mis conclusiones. Entonces crecerá tu cuerpo mental.

La gente toma atajos. Dicen: «Como tú has conocido, ya está. ¿Qué necesidad tenemos de ponernos a experimentar? Te creemos». Un creyente no tiene manumaya kosha. Tiene un falso manumaya kosha que no ha surgido de su propio ser sino que es inculcado desde fuera.

El cuerpo intuitivo, *vigyanamaya kosha*, es más elevado y más grande que el manumaya kosha. Es enormemente espacioso. En él no hay razón; va más allá de la razón; se ha vuelto muy, muy sutil; es una comprensión intuitiva. Es ver directamente la naturaleza de las cosas. No es tratar de pensar sobre ello. El ciprés en él patio; simplemente lo ves. No piensas acerca de él; en la intuición no existe el «acerca de». Simplemente estás disponible, receptivo, y la realidad te manifiesta su naturaleza. No proyectas. No estás buscando un argumento, una conclusión, nada en absoluto. Ni siquiera estás buscando. Simplemente esperas, y la realidad se revela... es una revelación. El cuerpo intuitivo te lleva hasta horizontes muy lejanos, pero todavía hay otro cuerpo más.

Es el quinto cuerpo, *anandamaya kosha*, el cuerpo de la dicha. Es realmente fantástico. Está hecho de felicidad pura. Se ha trascendido incluso la intuición.

Estas cinco semillas solo son semillas, tenlo en cuenta. Por encima de estas cinco semillas está tu realidad. Solo son semillas que te rodean. La primera es muy voluminosa, estás confinado dentro de un cuerpo de casi dos metros. La segunda es más grande, la tercera es todavía más grande, la cuarta aún más, la quinta es muy grande; pero siguen siendo semillas. Están limitadas. Si apartas las semillas y te quedas desnudo con tu realidad, entonces serás infinito. Esto es lo que dice el yoga: tú eres Dios, *aham brahmasmi*. Eres el propio Brahman. Ahora eres la realidad misma; ahora desaparecen todas las barreras. Intenta comprenderlo. Las barreras te rodean formando círculos. La primera barrera es muy difícil. Es muy difícil salirse de ella. La gente se queda confinada en su cuerpo físico y piensa que lo único que hay en la vida es la vida física. No te acomodes. El cuerpo físico no es más que un paso hacia el cuerpo energético. El cuerpo energético es, a su vez, un paso hacia el cuerpo mental. Este también es un paso hacia el cuerpo intuitivo, que, a su vez, es un paso hacia el cuerpo de la dicha. Y desde el cuerpo de la dicha das el salto —ya no hay más pasos—, das el salto hacia el abismo de tu ser, que es el infinito, la eternidad.

Estas son las cinco semillas. El yoga tiene otra doctrina que habla de los cinco *buthas*, son los cinco elementos básicos que corresponden a estas cinco semillas. Nuestro cuerpo está hecho de alimento, tierra; la tierra es el primer elemento. Ten presente que no tiene nada que ver con esta tierra. El elemento indica que donde haya materia habrá tierra; la materia es la tierra, la tierra es lo físico. Dentro de ti corresponde al cuerpo; fuera de ti corresponden al cuerpo de todo. Las estrellas están hechas de tierra. Todo lo que existe está hecho de tierra. La primera capa es de tierra. Los cinco buthas se refiere a los cinco elementos básicos: tierra, fuego, agua, aire, éter.

La tierra corresponde a tu primer cuerpo, annamaya kosha, el cuerpo de alimento. El fuego corresponde a tu segundo cuerpo, cuerpo energético, bioplasma, chi, pranamaya kosha; tiene la cualidad del fuego. El tercero es el agua; corresponde al tercer cuerpo, manumaya, el cuerpo mental. Tiene la cualidad del agua. Observa la mente, fíjate que se mueve como un flujo, siempre está moviéndose, como un río. El cuarto es el aire, es casi invisible. No puedes verlo pero está ahí, solo puedes sentirlo. Corresponde al cuerpo intuitivo, vygyanamaya kosha. Y, finalmente, está *akash*, el éter; ni siquiera puedes sentirlo, se ha vuelto más sutil que el aire. Solo puedes creer que existe, confiar en que está ahí. Es espacio puro; esto es la dicha.

Pero tú eres más puro que el espacio, más sutil que el espacio. Tu realidad es como si no existiera. Por eso Buda decía *anatta*, no ser. Tu ser es como un no ser. ¿Por qué un no ser? Porque se ha apartado mucho de todos los elementos. Es el ser en su estado puro. No se puede decir nada sobre él, no hay una descripción adecuada.

Estos son los cinco buthas, los cinco elementos básicos, correspondientes a los cinco koshas o cuerpos que te forman. Ahora viene la tercera doctrina. Me gustaría que las entendieseis porque os ayudará a entender los sutras que vamos a discutir ahora. Hay siete chakras. La palabra chakra realmente no significa «centro»; la palabra «centro» no puede explicar, describir o ser la traducción exacta, porque cuando decimos «el centro», nos parece algo estático. Chakra significa algo dinámico. La palabra chakra quiere decir «rueda», la rueda en movimiento. Luego chakra es un centro dinámico de tu ser, es casi como un remolino, un torbellino, el centro del huracán. Es dinámico; crea un campo de energía a su alrededor.

Los siete chakras. El primero es un puente y el último también; los restantes cinco corresponden a los cinco *mahabuthas*, los elementos básicos y las cinco semillas. El sexo es un puente, un puente entre tú y lo más basto, *prakriti*, la naturaleza. *Sahasrara*, el séptimo chakra, también es un puente, un puente entre tú y el abismo, lo absoluto. Estos son los dos puentes. Los cinco centros restantes corresponden a los cinco cuerpos.

Esta es la estructura del método de Patanjali. Ten en cuenta que es arbitraria. Hay que usarla como una herramienta, no discutirlo como si fuese un dogma. No es la doctrina de ninguna religión. Solo es un mapa utilitario. Cuando vas a algún lugar, a un país extraño, desconocido, llevas un mapa. El mapa, en realidad, no representa el territorio; ¿cómo puede ser que un mapa represente un territorio? El mapa es muy pequeño, y el territorio es grande. Las ciudades son un punto sobre el mapa. ¿Cómo pueden corresponder esos puntos a grandes ciudades? En el mapa, las carreteras son líneas. ¿Cómo pueden ser líneas las carreteras? Las montañas son una mancha, los ríos son una mancha, y los pequeños no aparecen. Solo aparecen los grandes. Esto es un mapa, no es una doctrina.

No hay solo cinco cuerpos, hay muchos más, porque entre dos cuerpos existe otro que los une, y así sucesivamente. Eres como una cebolla, una capa sobre otra, pero nos vale con esto cinco. ¿De acuerdo...? estos son los cuerpos principales, los cuerpos básicos. Así que no te preocupes demasiado, ¿de acuerdo? Porque los budistas dicen que hay siete cuerpos, y los jainistas dicen que hay nueve. No pasa nada y no hay contradicción en esto porque solo son mapas. Si examinas el mapa del mundo no aparecerán, ni siquiera, las ciudades grandes, ni los grandes ríos. Si examinas el mapa de un país aparecerán muchas cosas que no estaban en el mapa del mundo. Si examinas el mapa de una provincia aparecerán muchas más cosas. Y si examinas el mapa de una comarca, por supuesto, aparecerán muchas más. Si es un mapa de una ciudad, muchas más. Y si es el mapa de una casa, entonces, por supuesto... Van apareciendo cosas; depende.

Los jainistas dicen que nueve, los budistas dicen que siete, Patanjali dice que cinco. Hay escuelas que solo dicen tres. Y todos tienen razón, porque no están discutiendo ningún razonamiento. Solo te están dando herramientas con las que puedes trabajar.

Y me parece que cinco es casi el número perfecto, porque más de cinco es demasiado, y menos de cinco es muy poco. Cinco es casi perfecto, y Patanjali es un pensador muy equilibrado.

Ahora, algunas cosas sobre estos chakras. El primero, el primer centro dinámico es el sexo, *muladhara*. Te une a la naturaleza, te une al pasado, te une al futuro. Has nacido del juego sexual de dos personas. El juego sexual de tus padres fue la causa de tu nacimiento. Estás conectado con tus padres a través del centro sexual, y con los padres de tus padres, y así sucesivamente. Estás conectado con el pasado a través del centro sexual; el hilo pasa por el centro sexual. Y si tienes un hijo, estarás conectado con el futuro.

Jesús insiste a menudo, de una forma muy brusca: «Si no odias a tu padre y a tu madre, no podrás seguirme». Parece duro, casi increíble que una persona como Jesús... ¿por qué usó unas palabras tan duras? Y él es la compasión encarnada, es amor. ¿Por qué dice

«Odia a tu madre, odia a tu padre si quieres seguirme». El sentido es este: salte del contexto sexual. Simbólicamente está diciendo: ve más allá del centro sexual. Entonces, ya no estarás conectado con el pasado ni con el futuro. El sexo te hace formar parte del tiempo. Cuando trasciendes el sexo te vuelves parte de la eternidad, no del tiempo. Entonces, de repente, solo existe el presente. Eres el presente, pero si te ves a través del centro sexual también eres el pasado; porque tus ojos tendrán el color de los de tu madre y tu padre, y tu cuerpo tendrá átomos y células de millones de generaciones anteriores. Toda tu estructura, tu bioestructura, es parte de una continuidad prolongada. Eres parte de una gran cadena.

En India dicen que no satisfarás la deuda con tus padres hasta que tengas un hijo. Para saldar tu deuda con el pasado tienes que crear futuro. Si realmente quieres pagar, no hay otra manera. Tu madre te amó, tu padre te amó... ¿qué puedes hacer ahora que ellos ya no están aquí? Puedes convertirte en un padre o una madre para los niños y devolvérselo a la naturaleza, al mismo depósito de donde salieron tus padres, tú y tus hijos.

El sexo es la gran cadena. Es la cadena del mundo, *samsara*; y es el nexo con los demás. ¿Te has dado cuenta? Cuando te sientes sexual empiezas a pensar en el otro. Cuanto no te sientes sexual no piensas en el otro. La persona que está más allá del sexo está más allá de las personas. Puede vivir en sociedad pero no está en la sociedad. Puede estar caminando con la muchedumbre pero camina solo. Sin embargo, la persona que es sexual puede estar en la cima del Everest, él solo, pero estará pensando en el otro. Le puedes mandar a meditar a la luna, pero meditará sobre el otro.

El sexo es un puente con los demás. Cuando el sexo desaparece, se rompe la cadena. Por primera vez te conviertes en un individuo. Por eso la gente está tan obsesionada con el sexo, pero nunca les hace felices, porque es un arma de doble filo. Te une a los demás; no te permite ser un individuo. No te permite ser tú mismo. Te obliga a adoptar patrones de conducta, esclavitud, ataduras. Pero cuando no sabes trascenderlo es la única manera de usar tu energía. Se convierte en una válvula de escape.

Las personas que viven en el primer centro, *muladhara*, viven por un motivo muy tonto. Están creando energía, pero después esto supone una carga y se tienen que deshacer de ella. Comen, trabajan, duermen, hacen muchas cosas para crear energía. Después la tiran. Parece un círculo vicioso. Después de tirarla se vuelven a encontrar vacíos. Vuelven a llenarse de combustible, más comida, más trabajo, y de nuevo, cuando tienen energía, dicen que se «encuentran demasiado llenos». Hay que descargarla en algún sitio. Entonces, el sexo se convierte en una descarga: un círculo vicioso de acumular energía, descargar energía, acumular energía, descargar energía. Parece casi absurdo.

A menos que sepas que tu ser tiene centros superiores donde llevar esa energía, usarla de una forma creativa, seguirás confinado al círculo vicioso sexual. Por eso, todas las religiones insisten en algún tipo de control sexual. Puede ser represivo, puede ser peligroso. Si no se abren los demás centros y continúas acumulando energía, desaprobando, coaccionando y reprimiéndola, estarás sentado encima de un volcán. Cualquier día vas a explotar, te vas a volver neurótico. Te vas a volver loco. Entonces, es mejor que te descargues. Pero hay centros que pueden absorber esta energía y puedes descubrir un ser más elevado y posibilidades mayores.

Recuerda que los días pasados dijimos que el segundo centro, próximo al centro sexual, es el hara, el centro de la muerte. La gente tiene miedo de ir más allá del sexo porque cuando la energía va más allá del sexo toca el centro del hara, y esto nos da miedo. Por eso tenemos miedo de profundizar en el amor, porque cuando profundizamos en el amor, el centro sexual crea unas ondas que pasan al centro del hara y dan origen al temor.

Hay muchas personas que me dicen: «¿Por qué tenemos tanto miedo al sexo opuesto?» a los hombres o las mujeres, «por qué tenemos tanto miedo?». No es miedo al sexo opuesto, es miedo al sexo mismo porque si profundizamos en él, el centro se vuelve más dinámico, crea campos de energía mayores, y esos campos de energía se empiezan a superponer al centro del hara. ¿Os habéis dado cuenta? Durante un orgasmo sexual se empieza a mover algo justo debajo del ombligo, empieza a latir. Ese latido es una superposición del centro sexual con el hara. Por eso la gente también tiene miedo al sexo. Particularmente, a la intimidad, al orgasmo en sí.

Pero debemos entrar, penetrar, abrir ese segundo centro. Esto es lo que quería decir Jesús cuando dijo que a menos que estés dispuesto a morir, no podrás volver a nacer.

Hace dos o tres días, en Pascua, alguien hizo esta pregunta: «Osho, hoy es el día de Pascua, ¿tienes algo que decir al respecto?». Solo tengo una cosa que decir, todos los días son Pascua, porque la Pascua es el día de la resurrección de Jesús, su crucifixión y su resurrección, su muerte y su vuelta a nacer. Todos los días es Pascua si estás preparado para pasar al centro del hara. Primero serás crucificado, la cruz está ahí, en el centro del hara. Ya la estás cargando; solo tienes que subirte a ella y morir, y después vendrá la resurrección.

Una vez que has muerto en el centro del hara, la muerte desaparece; entonces, por primera vez, te harás consciente de un nuevo mundo, una nueva dimensión. Entonces, podrás ver el centro superior al centro del hara, es el centro del ombligo. Este centro se convierte en la resurrección, porque el centro del ombligo es el centro que más energía acumula. Es el depósito de la energía.

Cuando sabes que has pasado del centro sexual al hara sabes que existe una posibilidad de ir hacia dentro. Has abierto una puerta. Ahora no podrás descansar hasta que abras todas las demás. No te puedes quedar en el porche, has entrado al palacio. Después podrás abrir una puerta, y otra, y otra.

Justo en el medio está el centro del corazón. El centro del corazón divide la parte inferior de la superior. Primero está el centro sexual, después el hara, después el ombligo y después el centro del corazón. Hay tres centros debajo y tres encima. El corazón está exactamente en el medio.

Habréis visto el sello de Salomón. En el judaísmo, particularmente en los trabajos cabalísticos, el sello de Salomón es uno de los símbolos más importantes. El sexo se mueve hacia abajo, de modo que el sexo es como un triángulo cuyo vértice apunta hacia abajo.

Sahasrara se mueve hacia arriba, por eso es un triángulo que apunta hacia arriba. El corazón está justo en el medio, donde el triángulo del sexo se encuentra con el de *sahasrara*. Ambos triángulos se unen, se fusionan y se convierten en una estrella de seis puntas, este es el sello de Salomón. El corazón es el sello de Salomón.

Cuando has abierto el corazón estás disponible a las posibilidades más elevadas. Por debajo del corazón sigues siendo un hombre; más allá del corazón te conviertes en un superhombre.

Después del centro del corazón está el centro de la garganta, después está el centro del tercer ojo y después el *sahasrara*.

El corazón es sentir amor. El corazón es absorber amor, convertirse en amor. La garganta es expresión, comunicación, compartir, dar a los demás. Si das amor a los demás, comienza a funcionar el centro del tercer ojo. Cuando empiezas a dar, vas subiendo cada vez más alto. La persona que solo toma va bajando cada vez más. La persona que da, sube cada vez más alto. La peor posibilidad en la que puede caer el ser humano es ser un miserable, y la mejor posibilidad es la de compartir.

Cinco cuerpos, cinco mahabuthas, y cinco centros más dos puentes. Este es el esquema, el mapa. Detrás de este esquema se encuentra todo el esfuerzo del yogui para que haya SAMYAMA [16] en todas las esquinas y escondrijos, para que nos podamos iluminar, llenarnos de luz. Ahora los sutras.

> *El poder de contactar con el estado de conciencia que está fuera del cuerpo mental (manumaya sharir) y que, por tanto, es inconcebible, se llama mahavideha. A través de este poder se destruye lo que cubre la luz.*

Cuando superas el cuerpo mental, por primera vez te haces consciente de que no eres la mente sino el testigo. Por debajo de la mente te mantienes identificado con ella. Cuando sabes que los pensamientos, las imágenes mentales y las ideas solo son objetos,

---

[16] Control. *(N. del T.)*

nubes que flotan en tu conciencia, entonces te mantienes apartado de ellos..., automáticamente.

«El poder de contactar con el estado de conciencia que está fuera del cuerpo mental y es, por tanto, inconcebible, se llama mahavideha». Estás más allá del cuerpo. Mahavideha significa aquel que está más allá del cuerpo, aquel que ya no está recluido en el cuerpo, aquel que sabe que no es el cuerpo, físico o sutil, aquel que sabe que es infinito, sin límites. Mahavideha significa el que ha llegado a sentir que no tiene límites. Los límites son reclusiones, prisiones; y él es capaz de romperlos, abandonarlos y hacerse uno con el cielo infinito.

Cuando comprendes que eres el infinito, ese el momento: «A través de este poder se destruye lo que cubre la luz». Entonces, desaparece la capa que cubría la luz. Eres como una luz cubierta por muchas capas. Poco a poco tienes que ir quitando todas estas capas. Y asomará la luz.

Una vez que abandonas manumaya kosha, el cuerpo mental, te conviertes en meditación, en no-mente. Nuestro esfuerzo aquí es superar el manumaya kosha, hacernos conscientes de que no somos el proceso de pensamiento.

Realizar samyama sobre el estado físico, constante, sutil, omnipresente y funcional nos aporta maestría sobre los panchabuthas, los cinco elementos.

Este es uno de los sutras más poderosos de Patanjali, y es muy importante para la ciencia futura. Algún día, la ciencia va a descubrir el sentido de este sutra. La ciencia ya está en este camino. Este sutra dice que todos los elementos de la tierra, los pancha mahabuthas —la tierra, el aire, el fuego, etc.— surgen de la nada y vuelven a la nada a descansar. Todo surge de la nada, y cuando se cansa vuelve en la nada para descansar.

La ciencia, y particularmente los físicos, coincide con esto: que la materia surge de la nada. Cuanto más profundizan en la materia, más descubren que lo material no existe. Cuanto más profundizan, más huidiza se vuelve la materia, hasta que, finalmente, se les escapa de entre las manos. No queda nada, solo vacío, espacio vacío. De este espacio vacío surge todo. No parece lógico, pero la vida no es lógica. La ciencia moderna se ha vuelto ilógica en conjunto, porque si te obstinas en tu lógica no podrás ir hacia la realidad. Para entrar en la realidad tienes que abandonar la lógica. Y cuando hay una elección entre lógica y realidad, ¿cómo vas a elegir la lógica? Tienes que prescindir de la lógica.

Hace cincuenta años, cuando los científicos percibieron que los cuantos, las partículas eléctricas, se comportan de un modo ridículo, igual que un maestro zen, de una forma increíble, absurda… A veces parecen olas y otras veces parecen partículas. Antes de este descubrimiento había un acuerdo tácito de que las cosas podían ser o bien una partícula o bien una ola. La misma cosa no puede ser, simultáneamente, ambas cosas a la vez. ¿Una partícula y una ola? Esto significa que una cosa puede ser a la vez un punto y una raya. Esto es imposible. Euclides no estaría de acuerdo. Arsitóteles lo negaría; ¿estás loco? Un punto es un punto, y una línea es muchos puntos en fila; entonces, ¿cómo puede un punto ser una línea y al mismo tiempo seguir siendo un punto? Esto parece absurdo. Y triunfaron Euclides y Aristóteles. Hace cincuenta años se desmoronó todo el edificio porque los científicos descubrieron que el cuanto, la partícula eléctrica, se comporta de las dos formas simultáneamente.

Los lógicos suscitaron la discusión y dijeron: «Esto no es posible». Los físicos dijeron: «¿Qué podemos hacer? No se trata de posibilidad o imposibilidad. ¡Es así! No podemos hacer nada. Si el cuanto se comporta de una forma no euclidiana, si no sigue la geometría de Euclides, ¿qué podemos hacer? Se comporta así, y tenemos que fiarnos del comportamiento de lo real y la realidad». Este es uno de los momentos críticos de la conciencia humana.

Siempre se ha creído que las cosas solo pueden surgir de algo. Es simple y natural, es obvio. ¿Cómo puede surgir algo de la nada? Entonces, desapareció la materia, y los científicos tuvieron que concluir que todo surge de la nada, y todo vuelve a desaparecer en la nada. Ahora hablan de los agujeros negros. Los agujeros negros son agujeros de una nada gigantesca. Tengo que decir que es una nada «gigantesca» porque la nada no es solo ausencia. Está llena de energía, pero es la energía de la nada. No puedes encontrar nada, pero hay energía. Actualmente, dicen que hay agujeros negros en la existencia. Son paralelos a las estrellas. Las estrellas son positivas, y paralelo a cada estrella hay un agujero negro. La estrella existe; el agujero negro no. Y cada vez que se consume una estrella, que se extingue, se convierte en un agujero negro. Y cada agujero negro, cuando está en reposo, se convierte en una estrella.

La materia y la no materia están transformándose. La materia se convierte en no materia, la no materia en materia. La vida se convierte en muerte y la muerte en vida. El amor se convierte en odio y el odio en amor. Las polaridades cambian continuamente.

Este sutra dice: «Si efectúas samyama sobre el estado físico, constante, sutil, omnipresente y funcional, esto te aportará maestría sobre los panchabuthas, los cinco elementos». Patanjali está diciendo que si has llegado a entender tu verdadera naturaleza de testigo, y si te concentras, puedes aportar samyama a la materia, puedes hacerla aparecer o desaparecer. Puedes conseguir que se materialicen las cosas, porque surgen de la nada, y puedes conseguir que se desmaterialicen.

Pero los físicos todavía tienen que ver si esto es posible o no. La materia se transforma en no materia, y la no materia se transforma en materia. A lo largo de los últimos cincuenta años han llegado a sentir muchas cosas absurdas. Se trata de una de las épocas con más potencial, en la que han hecho explosión tantas cosas que parece casi imposible reducirlas a un sistema. ¿Cómo se puede crear un sistema? Hace cincuenta años era muy sencillo crear un sistema independiente. Ahora es imposible. La realidad ha metido la nariz por todas partes y ha destruido todas las doctrinas, sistemas y dogmas. La realidad ha demostrado ser demasiado.

Los científicos dicen que está sucediendo. Patanjali dice que podría conseguirse. Si está sucediendo, entonces, ¿por qué no pueden conseguirlo? Simplemente observa. Calientas agua; al llegar a los cien grados se convierte en vapor. Siempre ha estado sucediendo, incluso antes de que se descubriera el fuego. Los rayos del sol evaporan el agua de los mares y los ríos, se forman las nubes y el agua

205

vuelve de nuevo a los ríos, y de nuevo se evapora. El ser humano descubrió el fuego y comenzó a calentar el agua, evaporándola.

Podemos encontrar medios y formas de que suceda todo lo que vemos suceder. Si ya está sucediendo, entonces, no está en contra de la realidad. Solo necesitas saber cómo se hace. Si la materia se transforma en no materia, la materia se transforma en materia, si las cosas cambian de polaridad, desaparecen en la nada, y aparecen de la nada —esto ya está sucediendo—; entonces, Patanjali dice que podemos encontrar medios y formas para que esto ocurra. Y dice que el método es este: si has llegado a conocer tu ser, más allá de las cinco semillas, serás capaz de materializar o desmaterializar cosas.

Los científicos todavía tienen que descubrir si esto es posible o no, pero parece verosímil. No parece que haya ningún problema de lógica.

De esto se deriva la realización del anima, etcétera, la perfección del cuerpo, y se elimina el poder de los elementos para destruir el cuerpo.

Después vienen los ocho *siddhis*, los ocho poderes de los yoguis. El primero es anima, después laghima, garima, etc. Los ocho poderes del yogui son tales que puede hacer que desaparezca su cuerpo, o que su cuerpo sea tan pequeño, tanto que se vuelva casi invisible; o puede hacer que su cuerpo sea muy grande, tan grande como quiera. Está bajo su control conseguir que el cuerpo se haga pequeño, grande o que desaparezca completamente, o que aparezca simultáneamente en muchos sitios a la vez.

Parece imposible, pero las cosas que parecen imposibles se vuelven posibles. Para el hombre era imposible volar; nadie lo creía posible.

Tomaron por locos, por desequilibrados, a los hermanos Wright. Cuando inventaron el primer avión, tenían mucho miedo de decírselo a la gente, porque si se llegaban a enterar les cogerían e les ingresarían en un hospital.

Realizaron el primer vuelo sin que lo supiera nadie, solo los dos hermanos. Inventaron su primer avión escondidos en un sótano, para que nadie supiera lo que estaban haciendo. Todo el mundo los tenía por locos, ¡nadie había logrado volar! El primer vuelo solo duró seis segundos —solo seis segundos—, pero cambió completamente el curso de la historia, de la humanidad. Fue posible. A nadie se le había ocurrido pensar que se pudiera dividir un átomo. Lo dividieron, y ahora el hombre ya no podrá ser el mismo. Han sucedido muchas cosas que se creían imposibles. Hemos llegado a la luna. Era el símbolo de lo imposible. En todos los idiomas del mundo hay expresiones como «no esperes la luna». Significa «no esperes lo imposible». Ahora hay que modificar esas expresiones. De hecho, una vez que hemos alcanzado la luna, ya no hay nada que obstruya el paso. Ahora ya está todo al alcance, solo es cuestión de tiempo.

Einstein dijo que si pudiésemos inventar un vehículo que se moviese a la velocidad de la luz, las personas podrían viajar sin envejecer. Si un hombre de treinta años se monta en una nave espacial que se mueve a la velocidad de la luz y regresa al cabo de treinta años seguirá teniendo treinta años. Sus amigos y sus hermanos tendrán treinta años más, algunos habrán muerto, pero él seguirá teniendo treinta años. ¿Qué disparate estás diciendo? Einstein dice que el tiempo y su efecto desaparecen cuando uno se mueve a la velocidad de la luz. Una persona puede viajar al espacio infinito y volver dentro de quinientos años. Habrán desaparecido todas las personas, nadie le reconocerá y él no reconocerá a nadie, pero seguirá teniendo la misma edad. El envejecimiento se debe a la velocidad de la tierra. A la velocidad de la luz, que es realmente enorme, no envejecerás.

Patanjali dice que si superas los cinco cuerpos, superas los cinco elementos. Desde este estado puedes controlar cualquier cosa que desees. Basta con pensar que te quieres hacer pequeño, y te harás pequeño; si quieres volverte grande, te volverás grande; si quieres desaparecer, desaparecerás.

Los yoguis no tienen que hacer esto necesariamente. No tenemos noticias de que los Budas lo hayan hecho. Tampoco tenemos noticias de que Patanjali lo hiciera. Patanjali solo dice que está desvelando todas las posibilidades.

De hecho, ¿para qué quiere hacerse pequeña la persona que ha alcanzado su ser supremo? ¿Por qué? No puede ser tan tonto. ¿Para qué? ¿Para qué quiere convertirse en un elefante? ¿Qué sentido tiene? ¿Por qué iba a querer desaparecer? No está interesado en entretener a la gente, a los curiosos. No es un mago. No está interesado en recibir aplausos. ¿Para qué? En realidad, cuando una persona alcanza la cima de su ser desaparecen todos los deseos. Los siddhis aparecen cuando desaparecen los deseos. Este es el dilema: recibes los poderes cuando no quieres usarlos. De hecho, solo aparecen cuando la persona que siempre quiso tenerlos ha desaparecido.

Esta parte de los *yoga sutras* de Patanjali es para que seáis conscientes de que estas cosas son posibles; sin embargo, nunca ocurren, porque la persona que quería hacerlo, la persona que habría querido magnificar su ego por medio de estos poderes, esa persona ya no existe. Los poderes milagrosos suceden cuando no estás interesado en ellos. Este es el mecanismo de la existencia. Cuando lo deseas, eres impotente; cuando no lo deseas, te vuelves infinitamente poderoso. Esto es lo que llamo la regla de la banca: si no tienes dinero, ningún banco te lo va a dar; si tienes dinero, todos los bancos están dispuestos a dártelo. Cuando no necesitas nada, está todo disponible; cuando estás necesitado, no hay nada disponible.

La belleza, la gracia, la fuerza y la dureza inquebrantable constituyen el cuerpo perfecto.

Patanjali no hablaba de este cuerpo. Este cuerpo puede ser hermoso pero nunca será totalmente hermoso. El segundo cuerpo puede ser más hermoso que el primero, y el tercero aún más, porque se aproximan más al centro. La belleza está en el centro. Cuanto más lejos tiene que viajar más limitado está. El cuarto cuerpo es aún más hermoso. El quinto cuerpo es perfecto en un 99 por 100.

Pero tu ser, tu verdadero yo, es la belleza, la gracia, la fuerza y la dureza inquebrantable, y al mismo tiempo es la suavidad de la flor de loto. Es bello pero no es frágil, es fuerte. Es fuerte pero no solo duro. En él se unen los opuestos... es como si la flor de loto estuviese hecha de diamantes o un diamante estuviese hecho de flores de loto. El hombre y la mujer se unen ahí y trascienden. El sol y la luna se unen ahí y trascienden. El término antiguo para yoga es *hatha*. Hatha es una palabra muy significativa. *Ha* significa sol, *tha* significa luna; hatha significa la unión del sol y la luna. La unión del sol y la luna es yoga: la *unión mística*. En el cuerpo humano, según los hatha yoguis, hay tres canales de energía. Uno recibe el nombre de *pingala*; es el canal derecho, conectado con el cerebro izquierdo, el canal del sol. Después hay otro canal llamado *ida*; el canal izquierdo, conectado con el cerebro derecho, el canal de la luna. Y después hay un tercer canal, el canal central, *sushumna*; es central, equilibrado y está formado por el sol y la luna a la vez.

Normalmente, tu energía se mueve por el pingala o el ida. La energía del yogui se empieza a mover por el sushumna. Cuando la energía se mueve entre estos dos canales, el derecho y el izquierdo, recibe el nombre de kundalini. En la columna vertebral existen estos tres canales. Si la energía se mueve por el canal central, estás equilibrado. Entonces, las personas no son hombres ni mujeres, duras ni suaves; son las dos cosas, hombre y mujer, duro y suave. En el sushumna desaparecen las polaridades; el *sahasrara* es la cima del sushumna.

Si está viviendo en el punto más bajo de tu ser, el *muladhara*, el centro sexual, entonces, te moverás en el ida o en el pingala, el canal del sol o el de la luna, y seguirás dividido. Estarás buscando al otro, seguirás necesitando al otro. Te sientes incompleto; dependes de los demás.

Cuando tus propias energías se unen en tu interior, sucede un gran orgasmo, un orgasmo cósmico: el ida y el pingala se disuelven en el sushumna; entonces, uno se estremece, se estremece eternamente. Uno está extático, continuamente extático. El éxtasis no tiene fin. Entonces, ya no bajas, no vuelves abajo. Permaneces elevado. Ese punto de elevación se convierte en tu esencia más profunda, en tu propio ser.

Quisiera decirte que recuerdes que esto es un esquema. No estamos hablando de cosas visibles. Hay personas ridículas que incluso han intentado diseccionar el cuerpo humano para ver dónde está el ida, el pingala y el sushumna, pero no los han encontrado en ninguna parte. Son indicadores, son simbólicos. Hay personas ridículas que han intentado diseccionar el cuerpo para encontrar estos centros. Hay incluso un médico que ha escrito un libro para demostrar que, según los fisiólogos, cada centro es exactamente un aspecto del cuerpo. Estos intentos son absurdos.

El yoga no es científico en ese sentido. Es alegórico; es una alegoría. Está mostrando algo, y si profundizas, lo encontrarás, pero no podrás encontrarlo diseccionando un cuerpo. No podrás encontrar estas cosas postmórtem. Son fenómenos vivos. Estas palabras son simplemente indicativas, no te limites a ellas, y no las conviertas en una obsesión fija y una doctrina. Sigue moviéndote. Acepta la indicación y emprende tu viaje.

Solo una palabra más: es *oordhwaretas*. Significa el viaje ascendente de la energía. Ahora mismo estás en el centro sexual, y desde ese centro la energía comienza a descender. Oordhwaretas significa que tu energía empieza a ascender. Es un fenómeno muy delicado, y hay que estar muy despierto para trabajar con él. Si no estás despierto, hay muchas posibilidades de que te conviertas en un pervertido. Es peligroso; por eso los yoguis lo denominan «el poder de la serpiente». Es peligroso. Es como una serpiente; estás jugando con una serpiente. Si no sabes qué hacer, estarás en peligro. Estás jugando con veneno.

Muchas personas se han pervertido porque han intentado reprimir su energía sexual para convertirse en oordhwaretas, para ascender. No ascienden sino que se vuelven más pervertidos que las personas corrientes.

Por eso se necesita un Maestro, alguien que sepa dónde estás, a dónde vas y qué va a suceder después, alguien que pueda ver tu futuro y pueda decir si hay una canalización adecuada o no. Si no, la humanidad estará metida en un lío de perversión sexual.

No te reprimas. Es mejor ser normal y natural que ser un pervertido. Pero no basta con ser normal. Hay más posibilidades. Transforma. La represión no es el método de los oordhwaretas, la transformación sí. Y esto solo puede suceder si purificas tu cuerpo, purificas tu mente; si descartas toda la basura que has acumulado en tu cuerpo y en tu mente. Solo con pureza, luz y ligereza podrás favorecer que suba la energía. Normalmente, es como una serpiente enroscada; por eso la llamamos kundalini, o kundali. Kundali significa «enroscada». Cuando levanta la cabeza y empieza a ascender, la experiencia es tremenda. Cada vez que pasa por un centro más elevado tendrás experiencias más elevadas. En cada centro se revelarán muchas cosas; eres un gran libro. Pero la energía tiene que pasar a través de esos centros; solo así podrán revelarte sus bellezas, visiones, poesías, canciones, bailes. Cada centro tiene un orgasmo superior al anterior. El orgasmo sexual es el inferior. Más arriba está el orgasmo del hara. El orgasmo del *nabhi*, el ombligo, es superior a este. Más arriba está el del amor, el corazón. Más arriba el de la garganta, la creatividad, el compartir. Más arriba el del tercer ojo, la visión de la vida tal como es, sin proyecciones, la claridad de ver todo sin nubes. El más elevado es el del *sahasrara*, el séptimo centro.

Este es el mapa. Si quieres, puedes moverte hacia arriba, volverte oordhwaretas. Pero no intentes volverte oordhwaretas para obtener siddhis, poderes; eso es una tontería. Intenta convertirte en oordhwaretas para saber quién eres. No por el poder, sino por la paz. Haz que la paz sea el fin, y no el poder.

Este capitulo se llama *vibhuti pada*. Vibhuti significa «poder». Patanjali incluyó este capítulo para que sus discípulos y todos sus seguidores estuviesen sobre aviso de que hay muchos poderes que pueden aparecer en el camino, pero no debes dejar que te inciten. Cuando el poder te incita, cuando magnificas tu ego, empiezan las complicaciones. Te quedarás atrapado en ese lugar y tu viaje se detendrá. Y uno debe seguir volando hasta el final, donde se abre el abismo y eres absorbido de vuelta dentro del alma cósmica.

Capítulo 13

EFECTOS DEL AYUNO Y LA ALIMENTACIÓN SOBRE LOS CUERPOS SUTILES

*H*ay muchos más misterios escondidos. Este cuerpo solo es la primera capa de otros muchos cuerpos, en total, siete. Si profundizas en este cuerpo te encontrarás con fenómenos nuevos. Detrás del cuerpo físico se esconde el cuerpo sutil. Cuando el cuerpo sutil se despierta te vuelves muy poderoso, porque alcanzas nuevas fuerzas dimensionales. Este cuerpo puede estar tumbado en la cama, pero tu cuerpo sutil se puede mover. No tiene barreras. La gravitación de la tierra no le afecta; no tiene barreras de tiempo y espacio. Se puede mover..., puede ir a cualquier parte. El mundo entero está a su alcance. El cuerpo físico no tiene esa posibilidad.

En algunos sueños, tu cuerpo sutil realmente abandona tu cuerpo físico. En algunas meditaciones profundas tu cuerpo sutil abandona tu cuerpo físico. Muchos de vosotros, en meditación profunda, habéis comprobado que a veces sentís como si os elevarais unos centímetros sobre la tierra, unos cuantos centímetros. Al abrir los ojos estás sentado en el suelo. Crees que te lo has imaginado, pero no es así. El cuerpo sutil, en meditación profunda, puede elevarse un poco más que tu cuerpo físico. A veces, también sucede que el cuerpo físico sigue al cuerpo sutil.

En Europa hay una mujer que está siendo estudiada con todos los métodos científicos. Cuando está en meditación profunda se eleva un metro sobre el suelo, no solamente el cuerpo sutil, sino también el cuerpo físico. Esto es un hecho. En los tratados de yoga más antiguos se menciona que, en la meditación profunda, el cuerpo físico puede elevarse junto con el sutil por encima del suelo y dice, exactamente, que puede elevarse incluso un metro sin ninguna dificultad.

El cuerpo físico solo es la superficie del cuerpo, es la piel de los demás cuerpos. Después, detrás del cuerpo sutil hay otros cuerpos más sutiles, en total, siete cuerpos. Pertenecen a siete planos diferentes del ser. Cuanto más profundizas en tu propio ser, más consciente te haces de que este no es el único cuerpo. Pero solo pasarás al segundo cuerpo cuando el primero se haya purificado.

El yoga no cree en la tortura del cuerpo, no es un método masoquista, pero cree en la purificación. A veces, purificación y tortura pueden parecer la misma cosa. Hay que hacer una distinción. Una persona puede ayunar y podría estar torturándose. Podría estar en contra de su cuerpo, ser un suicida, un masoquista. Pero otra persona puede ayunar sin ser un torturador, un masoquista o intentar destruir su cuerpo en absoluto. Más bien, tal vez esté intentando purificarlo. Porque con el ayuno intenso, el cuerpo alcanza una cierta pureza.

Comes continuamente todos los días, no le das unas vacaciones a tu cuerpo. El cuerpo va acumulando células muertas que se convierten en una carga. No son solo un peso y una carga, sino que son toxinas, son venenosas. Contaminan el cuerpo. Cuando el cuerpo no es puro no puedes ver el cuerpo que se esconde detrás. Este cuerpo debe estar limpio, transparente, puro; entonces, de repente, te darás cuenta del segundo plano, el cuerpo sutil. Cuando el cuerpo sutil se ha purificado puedes ver el tercer cuerpo, y el cuarto, y así sucesivamente.

El ayuno ayuda enormemente, pero tenemos que ser muy conscientes para no destruir nuestro cuerpo. No debemos censurarlo en nuestra mente, y aquí está la dificultad, porque casi todas las religiones censuran el cuerpo. Los fundadores originales no lo censuraban; no lo envenenaban. Amaban su cuerpo. Lo amaban tanto que siempre intentaban purificarlo. Su ayuno era una purificación.

Después vinieron los seguidores ciegos que ignoraban la profunda ciencia del ayuno. Empezaron a ayunar ciegamente. Disfrutaban, porque la mente es violenta. Disfruta siendo violenta con los demás, disfruta con el poder, porque cuando eres violento con los demás te sientes poderoso; pero es arriesgado ser violento con los demás porque estos se vengarán. Por tanto, hay una vía más sencilla: ser violento con tu propio cuerpo. No tiene riesgos. Tu cuerpo no se puede vengar, no puede hacerte daño. Puedes hacerle daño a tu cuerpo sin que este reaccione. Es sencillo. Puedes torturarte y disfrutar del poder de controlar tu cuerpo; tu cuerpo no te controla.

Si el ayuno es agresivo, violento, si hay rabia y destrucción, entonces no estás comprendiendo el propósito. No estás purificando el cuerpo; en realidad, lo estás destruyendo. Una cosa es limpiar un espejo y otra destruirlo. Limpiar el espejo es algo totalmente distinto, porque cuando el espejo no tiene polvo es puro, podrás mirarte y reflejarte. Pero si destruyes el espejo, no habrá posibilidad de mirarse en él. Si destruyes el cuerpo físico estarás destruyendo la posibilidad de contacto con el segundo, el cuerpo sutil. Purifícalo, pero no seas destructivo.

¿Cómo purifica el ayuno? Cuando ayunas, el cuerpo no tiene que trabajar haciendo la digestión. En ese momento se puede ocupar de eliminar las células muertas, las toxinas. Es como si un día, el sábado o el domingo, estás de vacaciones, llegas a casa y te pasas el día limpiando. Durante la semana estás tan atareado y tan ocupado que no puedes limpiar la casa. Cuando el cuerpo no tiene que digerir nada, si no has comido nada, el cuerpo puede empezar a auto limpiarse. El proceso comienza espontáneamente, y el cuerpo empieza a eliminar todo lo que no es necesario, que es como una carga. El ayuno es un método de purificación. De vez en cuando, un ayuno es hermoso, no hacer nada, no comer, descansar. Toma todo el líquido que puedas y descansa, y el cuerpo se limpiará. A veces, si sientes que necesitas un ayuno más largo, puedes hacerlo también, pero trata el cuerpo con profundo amor. Si sientes que el ayuno está perjudicando al cuerpo de algún modo, abandónalo. Si el ayuno está beneficiando al cuerpo te sentirás con más energía, más vivo; estarás rejuvenecido, vigorizado. Este debería de ser el criterio; si empiezas a sentirte debilitado, si empiezas a sentir que aparece un temblor sutil en el cuerpo, entonces debes estar atento, esto ya no es una purificación. Se vuelve destructivo. Deja de ayunar.

Pero deberíamos conocer toda la ciencia. En realidad, deberíamos aproximarnos a alguien que ha estado ayunando durante mucho tiempo y que conoce bien el camino, que conoce todos los síntomas; qué empieza a suceder cuando se vuelve destructivo; qué ocurre cuando no es destructivo. Después de un verdadero ayuno purificador deberías sentirte como nuevo, más joven, más limpio, ligero, más feliz; y el cuerpo funcionará mejor porque se ha descargado. Pero el ayuno solo es necesario porque has estado comiendo mal. Si no has comido mal no hay necesidad de ayunar. El ayuno solo es necesario cuando le has hecho daño al cuerpo; y todos hemos comido mal.

El ser humano ha perdido el camino. Los animales no comen como el hombre; todos los animales tienen un alimento particular. Si dejas a los búfalos en tu jardín solo comerán un tipo determinado de hierba. No van comiéndose todo lo que encuentran, son muy selectivos. Tienen una cierta sensibilidad con su comida. El ser humano está totalmente perdido, no tiene sensibilidad para la comida. Come de todo y cualquier cosa. De hecho, no encontrarás nada que no se coma en un sitio u otro. En algunos lugares comen hormigas. En otros lugares, serpientes. En algunos sitios comen perros. El hombre ha comido de todo. El hombre está loco. No sabe lo que está en consonancia con su cuerpo y lo que no lo está. Está totalmente desorientado.

El hombre naturalmente debería ser vegetariano, porque todo su cuerpo está hecho para los alimentos vegetarianos. Incluso los científicos coinciden en afirmar que la estructura del cuerpo humano muestra que el hombre no debería ser no vegetariano. El ser humano procede de los monos. Los monos son vegetarianos, vegetarianos estrictos. Si Darwin tiene razón, entonces el hombre debería ser vegetariano. Hay formas de saber si una especie animal es vegetariana o no; depende del intestino, la longitud del intestino. Los animales no vegetarianos tienen un intestino muy corto. Los tigres, los leones, tienen un intestino muy corto, porque la carne es un alimento digerido. No se necesita un intestino muy largo para digerirla. El trabajo de digestión ya lo ha hecho el animal. Ahora estás comiendo la carne de ese animal. Ya está digerida, no se necesita un intestino largo. El hombre tiene uno de los intestinos más largos que hay, esto significa que es vegetariano. Necesita hacer una digestión larga, y tendrá que expulsar muchos excrementos.

Si el hombre no es vegetariano y sigue comiendo carne estará sobrecargando su cuerpo. En Oriente, los grandes meditadores —Buda, Mahavira— han hecho énfasis en este tema. No por el concepto de la no violencia —esto es algo secundario—, sino porque si realmente quieres profundizar en la meditación, tu cuerpo necesita estar ligero, natural, moverse. Tu cuerpo necesita estar descargado; y el cuerpo de un no vegetariano está muy cargado.

Observa lo que sucede cuando comes carne: si matas a un animal, ¿qué le sucede al animal cuando lo matas? Por supuesto, nadie quiere morir. La vida se quiere prolongar, el animal no muere voluntariamente. Si alguien te mata, no morirás voluntariamente. Si un león te salta encima y te mata, ¿qué le ocurrirá a tu mente? Lo mismo sucede cuando matas a un león. Agonía, miedo, muerte, angustia, ansiedad, rabia, violencia, tristeza…, al animal le ocurren todas estas cosas. La violencia, la angustia y la agonía se esparcen por su cuerpo. Todo el cuerpo se llena de toxinas, venenos. Todas las glándulas del cuerpo liberan veneno porque el animal se está muriendo contra su voluntad. Y después te comes la carne, esa carne contiene todos los venenos que ha liberado el animal. Toda la energía es venenosa. Y ese veneno pasa a tu cuerpo.

La carne que vas a comer pertenecía al cuerpo de un animal. Allí tenía un propósito específico. En el cuerpo del animal había un tipo de conciencia determinado. Tú estás en un plano de conciencia superior al del animal, y cuando comes carne del animal, tu cuerpo baja al plano inferior, al plano más bajo de los animales. Entonces aparece una brecha entre tu conciencia y tu cuerpo, aparece una tensión, una ansiedad.

Deberíamos comer cosas naturales, naturales para nosotros. Frutas, nueces, vegetales...; come todo lo que puedas. Lo hermoso de este tipo de alimentos es que no puedes comer más de lo que necesitas. Todo lo natural siempre te da satisfacción, porque sacia tu cuerpo, te satura. Te sientes satisfecho. Con las cosas que no son naturales nunca tienes la sensación de estar satisfecho. Puedes comer helado sin parar y no te sentirás satisfecho. En realidad, cuanto más comes, más te apetece comer. No es un alimento. Tu mente está siendo engañada. No estás comiendo de acuerdo a las necesidades del cuerpo, estás comiendo para saborear. La lengua es la que controla.

La lengua no debería controlar. No sabe nada sobre el estómago. No sabe nada sobre el cuerpo. La lengua tiene un propósito específico que cumplir: saborear la comida. Naturalmente, la lengua tiene que juzgar, esto es lo único..., qué comida es buena para mi cuerpo, y cuál no. Es el guarda que está en la puerta; no es el amo. Y si el guarda se convierte en el amo, entonces, se complicará todo.

Los publicistas actuales tienen muy claro que puedes engañar a la lengua, que puedes engañar a la nariz. Y ellos no son amos. Quizá no seas consciente de esto: en el mundo se realizan muchas investigaciones relacionadas con los alimentos, dicen que si tu nariz está completamente tapada y tus ojos cerrados, entonces pueden darte cebolla para comer y no sabrás distinguir lo que estás comiendo. Si la nariz está completamente tapada no serás capaz de distinguir la cebolla de la manzana, porque la mitad del sabor procede del olfato, lo decide la nariz, y la otra mitad lo decide la lengua; estos dos órganos se han convertido en los controladores. Ahora saben que no importa que el helado sea nutritivo o no. Puede llevar un sabor, puede llevar productos químicos que satisfacen a la lengua pero no son necesarios para el cuerpo.

El hombre está confundido, más confundido que los búfalos. No podrás convencer a un búfalo para que coma helado. ¡Inténtalo!

Los alimentos naturales..., cuando digo «natural» me refiero a lo que el cuerpo necesita. Las necesidades del tigre son diferentes; tiene que ser muy violento. Si comes carne de tigre te volverás violento, ¿pero cómo expresarás tu violencia? Tienes que vivir en la sociedad humana, no en la selva. Tendrás que reprimir la violencia. Y así comienza el círculo vicioso.

Cuando reprimes la violencia, ¿qué sucede? Cuando estás enfadado, violento, se libera cierta energía venenosa, porque ese veneno crea una situación en la que realmente puedes ser violento y matar a alguien. Esa energía se dirige hacia tus manos, hacia los dientes; en estos dos lugares es donde se ponen agresivos los animales. El ser humano forma parte del reino animal.

Cuando estás enfadado se libera energía —llega hasta las manos, los dientes y las mandíbulas—, pero vives en una sociedad humana y no siempre es recomendable estar enfadado. Vives en un mundo civilizado, no puedes comportarte como un animal. Si te comportas como un animal te costará muy caro, y no estás dispuesto a pagar ese precio. Entonces, ¿qué puedes hacer? Reprimes la rabia que hay en las manos, reprimes la rabia que hay en los dientes, pones una sonrisa falsa y tus dientes siguen acumulando rabia.

En pocas ocasiones he podido ver a alguien que tenga la mandíbula en su estado natural. No es natural —está bloqueada, rígida— porque hay mucha rabia. Presionando la mandíbula de una persona puedes eliminar la rabia. Las manos se ponen feas. Pierden la gracia, pierden flexibilidad porque hay mucha rabia reprimida. Las personas que han trabajado con el masaje profundo saben que cuando tocan a fondo las manos, cuando les dan un masaje, la persona empieza a enfadarse. Sin ningún motivo. Le estás dando un masaje a una persona y, de repente, se empieza a enfadar. Si presionas la mandíbula, la persona se volverá a enfadar. Tiene rabia acumulada.

Estas son las impurezas del cuerpo que deben ser eliminadas. Si no las eliminas, el cuerpo se quedará cargado. Hay ejercicios de yoga para eliminar todo tipo de venenos acumulados en el cuerpo. Los movimientos de yoga los liberan; el cuerpo de un yogui tiene una flexibilidad particular. Los ejercicios de yoga son totalmente distintos a los otros ejercicios. No hacen que tu cuerpo adquiera fuerza; hacen que tenga más flexibilidad. Si tu cuerpo es más flexible, eres fuerte pero en otro sentido, eres más joven. Haces que tu cuerpo sea más líquido, se mueva más, no tenga bloqueos. El cuerpo existe como una unidad orgánica, tiene su propio ritmo profundo. No es como el ruido del mercado; es como una orquesta. Si en el interior del cuerpo hay un ritmo profundo no hay bloqueos, entonces el cuerpo es puro. Los ejercicios de yoga pueden ser muy beneficiosos.

Todo el mundo acarrea mucha basura en el estómago, porque es el único lugar del cuerpo donde puedes reprimir algo. No hay otro lugar. Si quieres reprimir algo, lo tendrás que hacer en el estómago. A veces quieres llorar —se ha muerto tu mujer, se ha muerto tu amada, se ha muerto un amigo—, pero no está bien, parecerías un cobardica llorando por una mujer, entonces lo reprimes. ¿Dónde pones esas lágrimas? Naturalmente, tienes que reprimirlas en el estómago. Es el único espacio que hay en el cuerpo, el único espacio vacío donde puedes meterlas.

Si reprimes el estómago... Todo el mundo ha reprimido todo tipo de emociones: amor, sexualidad, rabia, tristeza, lloros, incluso la risa. No puedes reírte a carcajadas. Es basto, vulgar, no es de buena educación. Has reprimido todo. Debido a esta represión no puedes respirar profundamente, tienes que respirar superficialmente. Porque si respiras profundamente, las heridas de la represión liberarán su energía. Tienes miedo. Todo el mundo tiene miedo de fijarse en el estómago.

Los niños, al nacer, respiran desde la barriga. Son totalmente libres, no reprimen nada. Su barriga está vacía, y ese vacío tiene una belleza en el cuerpo.

Cuando el estómago tiene demasiada represión, el cuerpo se divide en dos partes, una inferior y otra superior. Ya no eres uno; eres dos. La parte inferior es la parte que descartas. Se pierde la unidad; la dualidad ha aparecido en tu ser. Ya no puedes ser bello, no eres agraciado. Tienes dos cuerpos en lugar de uno, y siempre habrá una separación entre los dos. No puedes caminar con gracia. De alguna forma, tienes que arrastrar las piernas. De hecho, si el cuerpo es uno, las piernas te transportan. Si el cuerpo está dividido en dos, entonces tú tienes que transportar las piernas. Tienes que arrastrar el cuerpo. Es como una carga. No lo disfrutas. No puedes darte un buen paseo, no puedes disfrutar nadando, no puedes disfrutar corriendo, porque el cuerpo no es uno. Para todos estos movimientos, y para disfrutarlos, el cuerpo tiene que volverse a unir. Tienes que volver a establecer una armonía; para esto tendrás que limpiar completamente el estómago.

Para limpiar el estómago necesitas la respiración profunda, porque cuando inhalas y exhalas profundamente, el estómago elimina todo lo que está cargando. En las exhalaciones, el estómago se relaja. De ahí la importancia de pranayam, la respiración rítmica profunda. Se debe hacer énfasis en la exhalación para que el estómago elimine todo lo que ha ido cargando innecesariamente.

Cuando el estómago no carga con emociones, si tienes estreñimiento desaparecerá de repente. Tendrás estreñimiento cuando estás reprimiendo emociones en el estómago, porque el estómago no tiene libertad de movimiento. Estás controlándolo; no le das libertad. De modo que si reprimes las emociones tendrás estreñimiento. El estreñimiento es una enfermedad mental más que física. Pertenece más a la mente que al cuerpo.

Pero recuerda que no estoy dividiendo la mente y el cuerpo en dos. Son dos aspectos del mismo fenómeno. La mente y el cuerpo no son dos cosas. De hecho, no es correcto decir «mente y cuerpo»: «cuerpo-mente» sería la expresión adecuada. Tu cuerpo es un fenómeno psicosomático. La mente es la parte más sutil del cuerpo y el cuerpo es la parte menos sutil de la mente. Ambos se afectan mutuamente; son paralelos. Si reprimes algo en la mente, el cuerpo empezará a reprimir. Si la mente elimina todo, el cuerpo también lo hará. Por eso pongo tanto énfasis en la catarsis. La catarsis es un proceso de limpieza.

Estas son las austeridades: el ayuno, la alimentación natural, la respiración rítmica profunda, los ejercicios de yoga, vivir una vida cada vez más natural, flexible y adaptable, crear cada vez menos actitudes represivas, permitir que el cuerpo hable, escuchar la sabiduría del cuerpo. «Las austeridades destruyen las impurezas...» Esto es lo que yo llamo austeridades. «Austeridad» no significa torturar el cuerpo; significa crear un fuego vivo en el cuerpo para que este se purifique. Es como tirar oro al fuego; se quema todo lo que no es oro. Obtenemos oro puro.

Las austeridades destruyen las impurezas, y con la perfección resultante en el cuerpo y los órganos sensoriales se despiertan los poderes físicos y mentales.

Cuando el cuerpo es puro verás cómo aparecen nuevas energías, nuevas dimensiones, de repente se abren nuevas puertas, nuevas posibilidades. El cuerpo tiene un gran poder escondido. Cuando se haya liberado no podrás creer que el cuerpo guardase tantas cosas estando tan cerca de nosotros.

Cada sentido tiene otro sentido oculto detrás. Los ojos tienen una visión oculta, una mirada penetrante. Cuando los ojos son puros, limpios, entonces, no ves las cosas como son en la superficie. Empiezas a ver el fondo de las cosas. Se abre una nueva dimensión. Ahora mismo, cuando ves a una persona, no ves su aura, solo ves su cuerpo físico. El cuerpo físico está rodeado de un aura etérea. Hay una luz difusa alrededor del cuerpo. Cada persona tiene un aura de diferente color. Cuando tus ojos están limpios puedes ver el aura; al ver el aura puedes saber muchas cosas sobre la persona que no podrías saber de otra manera. La persona no te puede engañar, es imposible porque el aura te desvela su ser.

Si alguien viene con aura deshonesta y te intenta convencer de que es un hombre honrado, el aura no te podrá engañar, porque la persona no puede controlarla. No es posible. El aura de un mentiroso tiene un color diferente. El aura de una persona honrada tiene otro color. El aura de un hombre puro es de color blanco inmaculado. Cuanto más impura es la persona, el blanco va cambiando hacia el gris. Cuanto más impura, más cambia hacia el negro. El aura de un hombre absolutamente deshonesto es completamente negra. El aura de un hombre confundido va cambiando; nunca es igual. Aunque solo mires durante unos minutos, verás cómo cambia el aura. El hombre está confundido. Él mismo no está asentado en lo que es. Tiene un aura variable.

El aura de una persona meditativa tiene una cualidad de silencio, tranquilidad, serenidad. La persona que sufre mucha ansiedad, confusión, tensión, tiene un aura con las mismas características. La persona que está muy tensa puede intentar sonreír, poner una cara, llevar una máscara, pero en definitiva su aura muestra la realidad.

Lo mismo sucede con el oído. Del mismo modo que los ojos tienen una mirada profunda, los oídos también tienen la cualidad de oír en profundidad. No oyes lo que dice la persona sino que, más bien, oyes la música. No te preocupas de las palabras que está pronunciando, sino del tono, pero el ritmo de la voz...; la voz tiene una cualidad interna que dice muchas cosas que las palabras no pueden desmentir, cambiar. La persona puede estar queriendo ser muy educada, pero el sonido de las palabras será ofensivo. La persona puede querer ser muy elegante, pero el sonido delatará su torpeza. La persona puede querer mostrar su seguridad, pero el sonido mostrará..., mostrará su indecisión.

Si eres capaz de oír el sonido, si eres capaz de ver el aura, y si sientes la cualidad del ser que tienes a tu lado, serás capaz de muchas cosas. Son cosas muy sencillas. Empiezan a suceder en cuanto comienza la austeridad.

Hay poderes más profundos, que el yoga denomina siddhis, poderes mágicos, milagrosos. Parecen milagros porque no conocemos el mecanismo, cómo funcionan. En cuanto conoces el mecanismo dejan de ser milagros. Los milagros no existen. Todo lo que sucede, sucede de acuerdo a una ley. Tal vez no conozcamos esta ley, por eso lo llamamos milagro. Cuando conocemos la ley, el milagro desaparece.

En India acaban de introducir la televisión en los pueblos. Por primera vez, los campesinos han visto a Indira Gandhi en la caja de la televisión, «caja de fotos», como dicen los campesinos. No lo podían creer. Imposible. Dieron la vuelta alrededor de la caja, miraron por todas partes. ¿Cómo podía esconderse Indira Gandhi dentro de una caja? Un milagro, un milagro increíble, pero cuando conoces la ley es fácil.

Todos los milagros responden a leyes ocultas. El yoga dice que no existen los milagros porque «milagro» significa algo que va contra la ley, no es posible. ¿Qué posibilidades hay de ir contra la ley universal? No hay ninguna posibilidad. Lo que ocurre es que hay algunas personas que no lo saben.

Los siddhis son posibles a medida que vas profundizando en la pureza y la perfección. Por ejemplo, si puedes mover tu cuerpo astral independientemente del cuerpo físico podrás hacer muchas cosas que parecen milagrosas. Puedes ir a visitar a gente. Ellos pueden verte pero no pueden tocarte. Incluso puedes hablar con ellos a través de tu proyección astral. Puedes curar. Si eres realmente puro, basta con tocar, imponer las manos, y sucederá un milagro. El poder sanador estará rodeándote; dondequiera que estés, la sanación ocurrirá automáticamente. No eres tú quien lo hace. Esa misma pureza…, te has vuelto un vehículo de las fuerzas infinitas.

Pero debemos desplazarnos hacia nuestro interior, debemos buscar nuestra esencia más profunda.

«Las austeridades destruyen las impurezas, y con la perfección resultante en el cuerpo y los órganos sensoriales se despiertan los poderes físicos y mentales». Y el poder más grande que se despierta en ti es el sentimiento de inmortalidad. No es que tengas una teoría, un sistema o una filosofía de que eres inmortal, no. Ahora tienes una sensación, estás seguro, lo sabes. No se trata de teorías, ahora sabes que la muerte no existe. El cuerpo se desintegrará en sus elementos pero tu conciencia no desaparece. La mente se desintegra, los pensamientos se liberan, el cuerpo vuelve a los elementos, pero tú, el testigo, permaneces.

Lo sabes porque puedes ver tu cuerpo desde el espacio remoto. Puedes ver tu cuerpo separado de ti. Puedes salirte del cuerpo y observarlo. Puedes moverte alrededor de tu cuerpo. Ahora sabes que el cuerpo desaparecerá cuando mueras, pero tú no. Puedes ver que la mente funciona como una máquina, es una biocomputadora. Eres el observador, no la mente. Ahora el cuerpo y la mente siguen funcionando, pero no te identificas.

Este es el milagro más grande que le puede ocurrir a un ser humano, llegar a saber que es inmortal. Cuando desaparece el miedo a la muerte, con él desaparecen todos los miedos.

Cuando desaparece el miedo a la muerte, surge el amor. Cuando no hay miedo, aparece el amor; solo entonces surge el amor. ¿Cómo puede haber amor en una mente dominada por el miedo? Buscarás amistad, relaciones, pero los buscarás por miedo, para olvidarte de ti mismo, para ahogarte en una relación. Esto no es amor. El amor solo nace cuando has trascendido la muerte. No pueden existir ambos a la vez; si tienes miedo a la muerte, ¿cómo puedes amar? A consecuencia del miedo buscarás compañía, pero será una relación basada en el miedo.

Por eso el 99 por 100 de las personas religiosas rezan, pero su oración no es verdadera. No nace del amor, sino del miedo. Su Dios nace del miedo. Solo en raras ocasiones, un 1 por 100 de las personas religiosas comprende la inmortalidad. Entonces nacerá una oración que no surge del miedo sino del amor, de la verdadera gratitud, del agradecimiento.

Capítulo 14

MANIFESTACIÓN DEL PRANA EN LOS CUERPOS SUTILES

¿Qué es el prana y cómo se manifiesta en cada uno de los siete cuerpos?

El prana es la energía, la energía vital a nuestro alrededor, la vida que tenemos dentro. Esta vida se manifiesta, en lo que respecta al cuerpo físico, en la respiración que entra y sale. Son dos cosas opuestas. Nosotros lo tomamos como una sola cosa. Decimos «respirar», pero la respiración tiene dos polaridades: la inspiración y la exhalación. La energía siempre tiene polaridades, existe en dos polos opuestos. No puede existir de otra forma. Los polos opuestos, con su tensión y armonía, originan la energía, igual que los polos magnéticos.

La inspiración es completamente opuesta a la exhalación, y la exhalación es completamente opuesta a la inspiración. En un solo instante, la inspiración es como nacer y la exhalación es como morir. En un solo instante suceden ambas cosas: cuando tomas aire, naces; cuando expulsas el aire, mueres. En un instante hay nacimiento y muerte. Esta polaridad es la energía vital subiendo y bajando.

En el cuerpo físico, la energía vital se manifiesta de esta forma. La energía vital nace, y al cabo de setenta años, muere. Esto también es una manifestación mayor del mismo fenómeno: la inhalación y la exhalación..., el día y la noche.

En cada uno de los siete cuerpos —el físico, etéreo, astral, mental, espiritual, cósmico y nirvánico— habrá un fenómeno correspondiente de entrada y salida. En lo que respecta al cuerpo mental, el pensamiento que entra y el pensamiento que sale es el mismo tipo de fenómeno que la inspiración y la exhalación. En cada momento entra un pensamiento en tu mente y sale otro.

El pensamiento en sí es energía. En el cuerpo mental la energía se manifiesta por medio de los pensamientos que entran y salen; en el cuerpo físico se manifiesta como la inspiración y la exhalación. Por eso es posible cambiar el pensamiento con la respiración. Hay una correspondencia.

Si impides la inspiración detendrás el pensamiento que entra. Si detienes la respiración en el cuerpo físico se detendrá el pensamiento en tu cuerpo mental. A medida que el cuerpo físico se empieza a sentir incómodo, el cuerpo mental empezará a sentirse incómodo. El cuerpo físico desea tomar aire, el cuerpo mental deseará introducir pensamientos.

Del mismo modo que inspiras del exterior y hay aire a tu alrededor, igualmente hay un océano de pensamientos a tu alrededor. Entra un pensamiento y sale un pensamiento. Tu respiración puede convertirse en la mía en otro momento, y tu pensamiento puede convertirse en el mío. Cada vez que exhalas estás echando igualmente un pensamiento. Del mismo modo que existe el aire, existen los pensamientos; del mismo modo que el aire puede estar contaminado, los pensamientos también pueden estar contaminados, del mismo modo que el aire puede ser impuro, los pensamientos también.

La respiración en sí misma no es el prana. Prana significa la energía vital que se manifiesta en estas polaridades entrando y saliendo. La energía que permite la inspiración es el prana, pero no la respiración misma. La energía que inspira, la energía que impone la respiración, la energía que toma el aire y lo expulsa es el prana.

La energía que toma un pensamiento y lo expulsa también es el prana. En los siete cuerpos existe este proceso. Solo estoy hablando ahora del cuerpo físico y el mental, porque son los dos que conocemos; los podemos entender fácilmente. Pero en cada capa de tu ser sucede lo mismo. El segundo cuerpo, el cuerpo etéreo, tiene su propio proceso de entrada y salida. Puedes notar este proceso en los siete cuerpos, pero notarás que es exactamente igual que la inspiración y la exhalación, porque solo estás familiarizado con tu cuerpo físico y su prana. Entonces, siempre lo entenderás de una forma equivocada.

Siempre que sientas otro cuerpo y su prana, lo entenderás, en principio, como inspiración y exhalación, porque es la única referencia que tienes. Solo conoces esta manifestación del prana, de la energía vital. Pero en el plano etéreo no existe respiración ni pensamiento, sino influencia, influencia que entra y sale.

Contactas con alguien sin conocerle de nada. Ni siquiera has hablado con esa persona, pero hay algo de él que te penetra. Le aceptas o le rechazas. Hay una influencia sutil, puedes llamarlo amor o puedes llamarlo odio, atracción o rechazo.

Cuando sientes rechazo o atracción, se trata de tu segundo cuerpo. Este proceso está sucediendo constantemente, nunca se detiene. Siempre estás aceptando influencias y después rechazándolas. El otro polo siempre está ahí. Si has amado a alguien, entonces, en un momento determinado, sentirás rechazo. Si has amado a alguien, has inspirado, después tendrás que exhalar y serás rechazado.

A cada momento de amor le sigue otro de rechazo. La energía vital aparece en polaridades. Nunca está en un polo únicamente. ¡No puede ser! Y siempre que lo intentes, estarás intentando lo imposible.

No puedes amar a alguien sin odiarle en algún momento. El odio debe estar ahí, porque la fuerza vital no puede existir en un solo polo. Existe en polaridades opuestas, de modo que un amigo se convertirá inevitablemente en un enemigo; y así funciona. El proceso de entrada y salida sucede hasta el séptimo cuerpo. Nadie puede existir sin este proceso de entrada y salida. No se puede, del mismo modo que el cuerpo físico no puede existir sin la inspiración y la exhalación.

En lo que respecta al cuerpo físico, no consideramos opuestas estas dos cosas, de modo que no nos preocupamos por ello. La vida no hace distinciones entre la inspiración y la exhalación. No hay una distinción moral. No hay que tomar una elección; ambas cosas son lo mismo. Es un fenómeno natural.

Pero en lo que respecta al segundo cuerpo, el odio no debería existir y el amor sí. Has empezado a elegir. Has empezado a elegir, y esta elección va a ocasionarte complicaciones. Por eso, normalmente el cuerpo físico es más sano que el segundo cuerpo, el etéreo. El cuerpo etéreo siempre está luchando porque la elección moral ha hecho de él un infierno.

Cuando recibes amor sientes un bienestar, pero cuando recibes odio te sientes enfermo. Pero es inevitable que llegue, por eso cualquier persona que sepa, que haya entendido las polaridades, no sufrirá un desengaño cuando esto suceda. La persona que ha entendido las polaridades está tranquila, equilibrada. Sabe que, tarde o temprano, sucederá, de modo que no intenta amar cuando no está amoroso, ni crea odios. Las cosas van y vienen; no se siente atraído por lo que entra, o rechazado por lo que sale. Simplemente es un testigo. Dice: «Es como la respiración que entra y sale».

El método de meditación budista Anapana-sati Yoga está relacionado con esto. Dice que simplemente hay que ser testigo de la respiración que entra y sale. Sé un testigo, y empieza por el cuerpo físico. Los otros seis cuerpos no se mencionan en el Anapana-sati porque irán apareciendo por su cuenta, poco a poco.

Cuanto más te familiarices con esta polaridad —este nacimiento y muerte simultáneos, este nacer y morir—, te volverás más consciente del segundo cuerpo. Hacia el odio, dice Buda, ten *upeksha*. Sé indiferente. Sé indiferente ya se trate de odio o de amor. Y no te encariñes con nadie, porque si te encariñas, ¿qué sucederá en el polo opuesto? Después te sentirás incómodo. Habrá incomodidad, no te sentirás cómodo.

Buda dice: «Damos la bienvenida a la llegada del ser querido, pero lamentamos su marcha. El encuentro con un ser repulsivo es una desgracia, pero la partida de un ser repulsivo es la dicha. Si sigues dividiéndote en estas polaridades, estarás en el infierno, vivirás en un infierno».

Si te conviertes en un testigo para ver estas polaridades entonces dirás: «Es un fenómeno natural. Es natural en lo que respecta al "cuerpo"», es decir, a uno de los siete cuerpos. «El cuerpo existe por esto, de lo contrario no existiría». En cuanto te das cuenta de esto, trasciendes el cuerpo. Si trasciendes el primer cuerpo, te haces consciente del segundo. Si trasciendes el segundo cuerpo, te haces consciente del tercero...

El observar siempre está más allá de la vida y la muerte. La respiración que entra y sale son dos cosas distintas, y si te vuelves un testigo, no serás ninguna de las dos. Entonces aparece una tercera fuerza. Ya no eres las manifestaciones del prana en el cuerpo físico, ahora eres el prana, el testigo. Ahora te das cuenta de que la vida se manifiesta en el nivel físico debido a la polaridad, y si se detiene la polaridad desaparecerá el cuerpo físico, no podrá existir. Para existir, necesita que haya tensión, la tensión constante de entrada y de salida, la tensión constante de la vida y la muerte. Existes gracias a esto. La vida se mueve entre los dos polos en todo momento; si no, no existiría.

En el segundo cuerpo la polaridad básica es el «amor y odio». Se manifiesta de muchas maneras. La polaridad básica es la atracción y la repulsión; en cada momento tu atracción se convierte en repulsión, y tu repulsión en atracción, ¡en cada momento! Pero nunca eres capaz de verlo. Cuando tu atracción se convierte en repulsión, si reprimes tu repulsión y sigues engañándote, pensando que siempre te van a gustar las mismas cosas, te estarás engañando doblemente. Y cuando te disgusta algo, te sigue disgustando todo el tiempo y nunca permites ver que hay momentos en los que te gusta. Reprimimos el amor hacia nuestros enemigos y reprimimos el odio hacia nuestros amigos. ¡Lo estamos reprimiendo! Solo permitimos uno de los movimientos, uno de los polos, pero nos sentimos cómodos porque sabemos que vuelve. Regresará, de modo que estamos tranquilos. Pero es discontinuo, nunca es continuo. No puede serlo.

La fuerza vital se manifiesta como atracción y repulsión en el segundo cuerpo. Pero es como la respiración, no hay ninguna diferencia. El medio, en este caso, es la influencia; en el cuerpo físico el medio es el aire. El segundo cuerpo vive en una atmósfera de influencias. No es simplemente que aparezca alguien y te empiece a gustar. Aunque no venga nadie, aunque estés solo en la habitación, habrá algo que te gustará/disgustará, gustará/disgustará. No cambiará nada, el gustar y disgustar seguirá alternándose constantemente.

El cuerpo etéreo existe gracias a esta polaridad; esta es su respiración. Si consigues hacerte testigo de esto, te provocará risa. Ya no habrá enemigos ni amigos. Sabrás que es un fenómeno natural.

Cuando te hagas consciente y te vuelvas un testigo del segundo cuerpo —del gustar y el disgustar—, entonces podrás conocer el tercer cuerpo. El tercer cuerpo es el cuerpo astral. Así como en el cuerpo etéreo existen las «influencias», en el cuerpo astral existen las «fuerzas magnéticas». Su respiración es el magnetismo. En un momento eres poderoso y al momento siguiente eres impotente; en un momento tienes esperanzas y al momento siguiente estás desesperanzado; en un momento te sientes seguro y al momento siguiente pierdes la confianza. Se trata de una entrada y salida de magnetismo. Hay momentos en los que incluso puedes desafiar a Dios, y hay otros momentos en los que tienes miedo hasta de una sombra.

Cuando la fuerza magnética está en ti, cuando la recibes, eres magnífico; cuando se va no eres nadie. Y esto va y viene, como el día y la noche, el círculo da vueltas, la rueda da vueltas. Por eso, alguien como Napoleón tenía momentos de impotencia, e incluso una persona muy cobarde tiene sus momentos de valentía.

En judo hay una técnica para saber si una persona se siente incapaz. Este es el momento de atacarle. Cuando se siente poderoso tendrás más posibilidades de ser derrotado, de modo que tienes que saber el momento en que su fuerza magnética está flaqueando y atacarle, y deberías incitarle al ataque cuando tú estás recibiendo fuerza magnética.

La entrada y salida de esta fuerza magnética se corresponde con tu respiración. Por eso mantienes la respiración cuando estás haciendo algo difícil. Por ejemplo, si quieres levantar una piedra pesada no puedes empezar cuando estás exhalando. ¡No podrás hacerlo! Sin embargo, cuando estás inspirando o manteniendo la respiración, puedes hacerlo. La respiración se corresponde con lo que sucede en el tercer cuerpo. Cuando expulsas el aire —a menos que hayan preparado a alguien para que te engañe— es cuando sale la fuerza magnética; es el momento de atacar. Este es el secreto del judo. Si conoces el secreto para reconocer cuándo una persona tiene miedo y se siente impotente, podrás derrotar a alguien incluso más grande que tú. Cuando se le haya ido la fuerza magnética se sentirá impotente.

El tercer cuerpo vive en una esfera magnética, igual que el aire. Hay fuerzas magnéticas a tu alrededor, estás inspirándolas y exhalándolas. Pero si te haces consciente de esta fuerza magnética que entra y sale, entonces no serás poderoso ni impotente. Los trasciendes ambos.

Después está el cuarto cuerpo, el cuerpo mental, pensamientos que llegan y pensamientos que se van. Pero este «pensamiento que llega» y «pensamiento que se va» tiene también su función paralela. Si el pensamiento llega cuando estás inspirando son los únicos momentos en los que surge un pensamiento original. Cuando exhalas, son los momentos de impotencia; no puede surgir ningún pensamiento original en ese momento. En los momentos en los que hay algún pensamiento original se detiene incluso la respiración. Cuando nace un pensamiento original se detiene la respiración. Solo es el fenómeno correspondiente. En el pensamiento que se va no surge nada. Simplemente está muerto. Pero si te haces consciente de los pensamientos que llegan y se van podrás conocer el quinto cuerpo.

Hasta el cuarto cuerpo no es difícil entender las cosas, porque tenemos alguna experiencia en la que nos podemos basar para comprenderlas. Más allá del cuarto cuerpo las cosas se vuelven muy extrañas, pero, no obstante, podemos entender algo. Y cuando trasciendas el cuarto cuerpo lo podrás entender mejor.

En el quinto cuerpo... ¿cómo podría explicarlo? La atmósfera del quinto cuerpo es la vida, del mismo modo que el pensamiento, la respiración, la fuerza magnética, y el amor y el odio, son las atmósferas de los cuerpos inferiores. La atmósfera del quinto cuerpo es la vida misma. En el quinto cuerpo, la entrada es un momento de vida, y la salida es un momento de muerte. En el quinto cuerpo te haces consciente de que la vida no es algo que esté dentro de ti. Llega y se va. La vida en sí no está dentro de ti; simplemente, entra y sale como la respiración. Por eso respiración y prana se han vuelto sinónimos, por el quinto cuerpo. La palabra prana es significativa para el quinto cuerpo. Es la vida que entra y la vida que sale. Y por eso siempre nos persigue el miedo a la muerte. Tienes conciencia de que la muerte está cerca, a la vuelta de la esquina. Siempre está ahí, esperando. Esta sensación de tener a la muerte esperándote —esta sensación de inseguridad, de muerte, de oscuridad— está relacionada con el quinto cuerpo. Es un sentimiento muy oscuro, muy impreciso, porque no eres totalmente consciente de él.

Cuando llegas al quinto cuerpo te haces consciente de él, sabes que la vida y la muerte solo son respiraciones del quinto cuerpo, entrando y saliendo. Cuando tomas conciencia de esto, entonces entiendes que no puedes morir, porque la muerte no es un fenómeno consustancial, como tampoco lo es la vida. La vida y la muerte son fenómenos externos que te ocurren. Nunca has estado vivo, nunca has estado muerto; eres algo que trasciende por completo a los dos. Pero este sentimiento de trascendencia solo puede aparecer cuando tomes conciencia de la fuerza de la vida y de la muerte en el quinto cuerpo.

Freud afirma en alguna parte que tuvo un atisbo de esto. No era un adepto al yoga, si no, lo habría entendido. Lo denominaba «el deseo de morir», y decía que todos los seres humanos a veces desean la vida y a veces desean la muerte. Hay dos deseos opuesto en el ser humano, el deseo de vivir y el deseo de morir. Para la mente occidental esto es absurdo; ¿cómo puede una persona tener dos deseos contradictorios? Pero Freud dijo que, ya que el suicidio es posible, debe haber un deseo de morir.

Los animales no se suicidan porque no tienen conciencia del quinto cuerpo. Los animales no cometen suicidio porque no tienen conciencia, no saben que están vivos. Para cometer un suicidio es imprescindible ser consciente de la vida, y los animales no lo son. Pero para cometer un suicidio también es necesario no ser consciente de la muerte. Los animales no cometen suicidio porque no son conscientes de la vida, pero nosotros podemos suicidarnos porque somos conscientes de la vida pero no de la muerte. Si tomases conciencia de la muerte no podrías cometer un suicidio. Un buda no puede cometer un suicidio porque sería innecesario; sería un disparate. Sabe que realmente no te puedes matar, solo puedes aparentarlo. El suicidio solo es una pose, porque realmente no estás vivo ni muerto.

La muerte está en el quinto plano, el quinto cuerpo. Es la salida de una energía determinada y la entrada de una energía determinada. Esta entrada y salida suceden dentro de ti. Si te identificas con lo primero, entonces puedes cometer lo segundo. Si te identificas con vivir, y la vida se vuelve imposible, entonces puedes decir «me suicidaré». Es el otro aspecto de tu quinto cuerpo que se está afirmando. No hay ni un solo ser humano que no haya pensado suicidarse en algún momento..., porque la muerte es la otra cara de la vida. Esta cara se puede convertir en suicidio o asesinato, puede ser cualquiera de las dos cosas.

Si estás obsesionado con la vida, y estás tan apegado que quieres negar completamente la muerte, entonces puedes matar a otra persona. Matando a otra persona satisfaces tu deseo de muerte, «el deseo de morir». Con este truco satisfaces tu deseo de muerte, y ahora crees que no tendrás que morir porque ya lo ha hecho otra persona.

Las personas que han cometido grandes crímenes —Hitler, Mussolini— siguen teniendo un gran miedo a la muerte. Temen a la muerte, por eso proyectan esta muerte en los demás. La persona que es capaz de matar a otra se siente más poderosa que la muerte; puede matar a los demás. De una «forma mágica», con una «fórmula mágica», cree que trasciende la muerte matando, cree que no le pueden hacer lo mismo que él hace a los demás. Es una proyección de la muerte, pero puede volver a ti. Si matas a tantas personas que al final te suicidas, esto es la proyección que vuelve a ti.

En el quinto cuerpo, con la vida y la muerte que llegan y se van —la vida que llega y se va— no puedes tener apego por nadie. Si sientes apego por alguien, no estarás aceptando la polaridad en su totalidad y te pondrás enfermo.

Hasta el cuarto cuerpo no era tan difícil, pero el acto más difícil es concebir la muerte y aceptarla como otro aspecto de la vida. Concebir que la vida y la muerte son paralelas —son la misma cosa, dos aspectos de lo mismo— es el acto más difícil. Esta es la polaridad del quinto cuerpo. Es la existencia «pránica» del quinto cuerpo.

Con el sexto cuerpo las cosas se vuelven todavía más complicadas, porque el sexto cuerpo ya no es vida. ¿Qué se puede decir sobre el sexto cuerpo? Después del quinto cuerpo el «yo» desaparece, el ego desaparece. Ya no existe el ego; te vuelves uno con el todo. Ahora no es «algo» tuyo que entra y sale, porque el ego ya no existe. Todo se vuelve cósmico y, como es cósmico, la polaridad toma la forma de creación y destrucción, *shriti* y *pralaya*. Por eso, en el sexto cuerpo es más complicado, la atmósfera es «fuerza creativa y fuerza destructiva». En la mitología hindú estas fuerzas reciben el nombre de Brahma y Shiva.

Brahma es el dios de la creación, Vishnu el dios de la conservación y Shiva el dios de la gran muerte, de la destrucción o disolución, donde todo vuelve a la fuente original. El sexto cuerpo está en la vasta esfera de la creación y la destrucción, la fuerza de Brahma y la fuerza de Shiva. En cada momento recibes creación, y en cada momento todo se desintegra. Cuando un yogui dice: «He visto la creación, he visto el pralaya, el final; he visto cómo el mundo ha llegado a ser, y he visto cómo el mundo ha vuelto al no ser», está hablando del sexto cuerpo. No hay ego, todo lo que aparece y desaparece surge de ti. Te haces uno con ello.

Cuando nace una estrella, es tu nacimiento que llega. Cuando se apaga una estrella, eres tú que te apagas. En la mitología hindú dicen que cada creación es una respiración de Brahma, ¡solo una respiración! Es la fuerza cósmica que respira. Cuando él, Brahma, inspira, aparece la creación. Cuando exhala, todo desaparece, cesa de existir; muere una estrella..., la existencia pasa a ser no existencia.

Por eso digo que el sexto cuerpo es muy complicado. El sexto cuerpo no es egocéntrico, se vuelve cósmico. En el sexto cuerpo se sabe todo sobre la creación, todo lo que preguntan todas las religiones del mundo. Cuando alguien habla sobre la creación está hablando sobre el sexto cuerpo y la sabiduría que le corresponde. Y cuando alguien habla del diluvio universal, del final, está hablando del sexto cuerpo.

Con el Diluvio Universal de la mitología judeo-cristiana, babilónica o siria, o con el pralaya de los hinduistas, hay una exhalación, la del sexto cuerpo. Es una experiencia cósmica, no individual. Es una experiencia cósmica, ¡tú no estás ahí!

El que está en el sexto cuerpo —el que ha alcanzado el sexto cuerpo— verá la muerte de todas las cosas como su propia muerte. Mahavira no puede matar una hormiga, pero no porque tenga unos principios de no violencia, sino porque se trata de su propia muerte. Todo lo que muere es su muerte.

Cuando tomas conciencia de esto, de la creación y la destrucción —de las cosas que aparecen y desaparecen en la existencia en cada momento—, es la conciencia del sexto cuerpo. Siempre que desaparece algo, aparece alguna otra cosa; se muere un sol pero hay otro que nace en alguna otra parte; la tierra morirá pero nacerá una nueva tierra. Nos aferramos incluso al sexto cuerpo. «¡La humanidad no debe morir!», pero todo lo que nace tendrá que morir, incluso la humanidad. Inventarán bombas de hidrógeno para destruirla. En cuanto inventemos las bombas de hidrógeno, en el momento siguiente tendremos el deseo de ir a otro planeta, porque la bomba significa que la tierra está próxima a su muerte. Antes de que se muera empezará a desarrollarse la vida en algún otro lugar.

El sexto cuerpo es la sensación cósmica de la creación y la destrucción, creación/destrucción... inspiración/exhalación. Por eso se usa la «respiración de Brahma». Brahma es una personalidad del sexto cuerpo; en el sexto cuerpo te vuelves Brahma. En realidad, tomas conciencia de las dos polaridades, Brahma y Shiva. Vishnu

está más allá de las polaridades. Los tres forman el trimurti, la trinidad: Brahma, Vishnu, y Mahesh o Shiva.

Esta trinidad es la trinidad del testigo. Si tomas conciencia de
Brahma y de Shiva, el creador y el destructor, si tomas conciencia
de los dos, entonces conocerás al tercero, que es Vishnu. Vishnu
es tu realidad en el sexto cuerpo. Por eso Vishnu destacó más que
los otros dos. Se menciona a Brahma pero, aunque se trata del dios
de la creación, solo es adorado en un par de templos. Debería ser
adorado; sin embargo, realmente no se hace.

Se adora a Shiva más que a Vishnu debido al miedo a la muerte. Esta adoración surge del miedo a la muerte. Pero casi nadie
adora a Brahma, el dios de la creación, porque no hay nada que
temer; ya has sido creado, de modo que Brahma ya no te concierne. Por eso no le dedican ni un solo templo importante. Es el creador, y deberían dedicarle todos los templos, pero no sucede así.

Shiva posee el mayor número de adoradores. Está en todas
partes, porque se construyeron muchos templos dedicados a él.
Basta con una piedra para representarlo; si no, no habría sido posible
fabricar tantos ídolos. Basta con una piedra... Si pones una piedra
en algún sitio, Shiva estará ahí. No puedes huir de Shiva porque la
mente tiene mucho miedo a la muerte; debe ser adorado... y, de
hecho, lo ha sido.

Pero Vishnu es la divinidad más importante. Por eso Rama es
una encarnación de Vishnu, Krishna es una encarnación de Vishnu, y todos los avatares —encarnaciones divinas— son encarnaciones de Vishnu. Incluso Brahma y Shiva adoran a Vishnu. Brahma puede ser el creador, pero crea para Vishnu; Shiva puede ser
el destructor, pero destruye para Vishnu. Son las dos respiraciones
de Vishnu, la entrante y la saliente. Brahma es la inspiración y Shiva es la exhalación. Y Vishnu es la realidad del sexto cuerpo.

En el séptimo cuerpo las cosas son todavía más complicadas.
Buda denominó *nirvana kaya* al séptimo cuerpo, el cuerpo de la
iluminación, porque la verdad, lo absoluto, está en el séptimo
cuerpo. El séptimo cuerpo es el último cuerpo, de modo que no
hay creación y destrucción sino, más bien, ser y no ser. En el séptimo cuerpo la creación siempre se refiere a algo distinto a ti, y

la destrucción también; mientras que el ser es tuyo y el no ser también. En el séptimo cuerpo, ser y no ser —existencia y no existencia— son las dos respiraciones. No deberíamos identificarnos con ninguna de las dos. Los iniciadores de las religiones han llegado al séptimo cuerpo, y finalmente, el lenguaje se puede reducir, como mucho, a dos palabras: ser y no ser. Buda habla el lenguaje del no ser, de la exhalacion, por eso dice, «la realidad es la nada»; mientras que Shankara habla el lenguaje del ser, y dice que Brahman es la realidad absoluta. Shankara utiliza términos positivos porque elige la inspiración, Buda utiliza términos negativos porque elige la exhalación. Estas son las dos únicas posibilidades en lo que al lenguaje se refiere.

La tercera posibilidad es la realidad, de la que no se puede decir nada. Como mucho podemos decir «ser absoluto» o «no ser absoluto». Es lo único que podemos decir, porque el séptimo cuerpo está por encima de esto. La trascendencia todavía es posible. Si salgo de esta habitación, puedo decir algo sobre ella. Si trasciendo esta habitación y llego a otra, puedo acordarme de esta, y decir algo sobre ella. Pero si salgo de esta habitación y caigo en el abismo, entonces no podré decir nada, ni siquiera acerca de esta habitación. Hasta ahora, con cada cuerpo había un tercer punto que se podía transmitir con palabras, con símbolos, porque, a continuación, había otro cuerpo. Puedes ir allí y mirar hacia atrás. Pero esto solo es posible hasta el séptimo cuerpo. Más allá del séptimo no podemos decir nada, porque el séptimo es el último cuerpo; más allá solo existe la «incorporeidad».

Con el séptimo cuerpo uno tiene que elegir entre ser y no ser, el lenguaje de la negación y el lenguaje de la positividad. Y solo existen estas dos posibilidades. Una es la elección de Buda cuando dice: «No queda nada»; y la otra es la de Shankara cuando dice: «Queda todo».

En las siete dimensiones —los siete cuerpos— la energía vital se manifiesta en planos multidimensionales en lo que respecta al ser humano y el mundo. En todas partes, dondequiera que haya vida, existirá el proceso de entrada y de salida. Siempre que haya vida, existe ese proceso. La vida no puede existir sin esta polaridad.

El prana es energía, energía cósmica, y nos familiarizamos con él, por primera vez, en el cuerpo físico. Primero se manifiesta como respiración, y después se va manifestando como respiración con otras formas: influencias, magnetismo, pensamientos, vida, creación, ser. Esto continúa, y si te das cuenta, siempre lo trasciendes para alcanzar un tercer punto. En cuanto llegas al tercer punto trasciendes ese cuerpo y pasas al siguiente. Vas del primer cuerpo al segundo, y así sucesivamente.

Si sigues trascendiendo, seguirá habiendo un cuerpo hasta el séptimo, pero a partir de ahí solo hay incorporeidad. Te vuelves puro. No estás dividido, ya no hay polaridades. Entonces, es advaita, no dualidad; es la unidad.

Capítulo 15

EL TANTRA Y EL MUNDO DE LOS CHAKRAS

antra es libertad; libertad de todas las construcciones mentales, de todos los juegos mentales; libertad de todas las estructuras; libertad del otro. Tantra es un espacio para ser. Tantra es liberación.

Tantra no es una religión en el sentido habitual, la religión es un juego mental; la religión te da un patrón determinado. Un cristiano tiene un patrón determinado, igual que un hindú, igual que la religión musulmana tiene un estilo determinado, una disciplina. El tantra elimina todas las disciplinas.

Cuando no hay disciplinas, cuando no se impone ningún método, dentro de ti surge un orden de otra clase. Surge lo que Lao Tzu llama Tao, o Buda llama Dharma. No es algo que tú hagas; te sucede. El tantra simplemente crea el espacio para que esto suceda. Ni siquiera invita o espera, simplemente crea el espacio. Y cuando el espacio está listo, la totalidad entra dentro de él.

He oído contar una bella historia, muy antigua:

En una provincia no había llovido desde hacía mucho tiempo. Estaba todo seco. Finalmente, los ciudadanos decidieron ir a por el brujo que atraía la lluvia. Mandaron a una delegación para que fuera a verle al alejado pueblo donde vivía, con la petición urgente de que fuera lo antes posible para provocar la lluvia en los áridos campos.

El brujo de la lluvia, un sabio anciano, prometió hacerlo a condición de que le proporcionasen una pequeña cabaña solitaria en medio del campo, en la que se pudiese resguardar durante tres días. No necesitaba alimentos ni bebidas, y él ya vería qué podía hacer. Accedieron a sus peticiones.

El tercer día por la noche cayó una lluvia abundante, y llena de alabanzas, la multitud agradecida fue en peregrinación hasta su casa y exclamó:

—¿Cómo lo has hecho? Cuéntanoslo.

—Es muy sencillo —respondió el brujo—, lo único que he hecho durante estos tres días ha sido organizarme. Porque sé que cuando estoy organizado, el resto del mundo también lo está, y la sequía debe dar paso a la lluvia.

El tantra dice: si estás en orden, el mundo a tu alrededor está ordenado. Cuando estás en armonía, la existencia también está ordenada para ti. Si estás en desorden, el mundo entero está en desorden. Y el orden no tiene que ser falso, no tiene que ser impuesto. Si te impones un orden, te divides; en el fondo sigue habiendo desorden.

Puedes observarlo: si eres una persona airada puedes obligarte a no estar enfadado, puedes reprimir el enfado hasta el fondo del inconsciente, pero no va a desaparecer. Tal vez dejes de ser consciente de que está, pero sigue ahí…, y tú sabes que está ahí. Está fluyendo por debajo de ti, está en el sótano oscuro de tu ser, pero está ahí. Puedes sentarte encima de él con una sonrisa, pero sabes que puede explotar en cualquier momento. Tu sonrisa no puede ser muy profunda, no puede ser muy auténtica; tu sonrisa solo será un esfuerzo que haces contra ti mismo.

La persona que se impone un orden desde el exterior permanece en desorden. El tantra dice que existe otro tipo de orden; no te impones ningún orden, abandonas, simplemente, todas las estructuras, te vuelves natural y espontáneo. Es el paso más grande que puede dar un ser humano. Se necesita tener mucho valor, porque a la sociedad no le gustará; esta se opondrá totalmente. La sociedad necesita un determinado orden. Si obedeces, la sociedad estará contenta contigo. Si te despistas un poco por aquí y otro poco por allá, la sociedad estará furiosa contigo. La multitud se enfurece.

El tantra es una rebelión. No lo califico de revolucionario porque no trata de política. No lo califico de revolucionario porque no tiene intención de cambiar el mundo; no tiene intenciones de cambiar el estado o la sociedad. Es rebelde, es la rebelión individual. Es el individuo saliéndose de las estructuras y la esclavitud. Pero en cuanto te sales de la esclavitud, empiezas a notar a tu alrededor una existencia que no habías sentido antes, como si hubieses estado viviendo con los ojos vendados y, de repente, la venda se hubiese aflojado, tus ojos se hubiesen destapado y pudieses ver un mundo totalmente distinto.

La venda es lo que llamas mente: tu pensamiento, tus prejuicios, tu cultura, tus escrituras; todas juntas forman una tupida venda. Te mantienen en tu ceguera, te mantienen desanimado, muerto. El tantra quiere que estés vivo, tan vivo como los árboles, tan vivo como los ríos, tan vivo como el sol y la luna. Es tu derecho natural. No ganas nada perdiendo este derecho; lo pierdes todo. Y si tienes que perder todo para conseguirlo, no perderás nada. Con un solo momento de libertad total estarás satisfecho. Y una larga vida de cien años, sometido como un esclavo, se vuelve insignificante.

Se necesita ser valiente para estar en el mundo del tantra, es una aventura. Hasta ahora, solo unas pocas personas han conseguido ir por ese camino. Pero el futuro es esperanzador. El tantra será cada vez más importante. El ser humano comprende cada vez mejor qué es la esclavitud. Y también comprende que no hay ninguna revolución política que haya resultado revolucionaria.

Las revoluciones políticas se convierten finalmente en antirrevoluciones. Cuando llegan al poder se vuelven antirrevolucionarias. El poder *es* antirrevolucionario. Hay un mecanismo que es intrínseco al poder. Dale poder a cualquier persona y se volverá antirrevolucionaria. El poder inventa su propio mundo. Hasta ahora ha habido muchas revoluciones en el mundo, pero todas han fallado, fallado completamente; ninguna revolución ha sido útil. Ahora el ser humano se está dando cuenta de esto. El tantra nos da una perspectiva diferente. No es revolucionario, es rebelde. Rebelión significa individuo. Puedes rebelarte solo, no necesitas formar un partido para hacerlo. Puedes rebelarte solo, por tu cuenta. No se trata de una lucha contra la sociedad, recuerda, sino de ir más allá de la sociedad. No es antisocial, es asocial; no tiene nada que ver con la sociedad. No es contra la esclavitud, es a favor de la libertad..., la libertad de ser.

Fíjate en tu vida. ¿Eres libre? No lo eres, tienes mil y una ataduras a tu alrededor. Puedes no mirarlas —te avergüenzas, quizá no las quieras reconocer—, te duele, pero eso no cambia la situación: eres un esclavo. Para entrar en la dimensión del tantra tendrás que reconocer tu esclavitud. Está profundamente arraigada. Tienes que poner fin a esto. Y ser consciente de tu esclavitud te ayudará a hacerlo.

No sigas tranquilizándote, no sigas consolándote, no sigas diciendo «está todo bien». No lo está, no hay nada que esté bien, tu vida es una pesadilla. ¡Echa un vistazo! No hay poesía, no hay canción, no hay baile, no hay amor, no hay oración. No hay celebración. ¿Alegría? Solo es una palabra en el diccionario. ¿Dicha? Sí, has oído hablar, pero no la conoces. ¿Dios? Está en los templos, en las iglesias. Sí, la gente habla de esas cosas, pero los que hablan no saben. Los que oyen tampoco saben. Todo lo que es hermoso parece intrascendente, y lo intrascendente parece tener mucha importancia.

Una persona va acumulando cada vez más dinero y cree que está haciendo algo muy importante. La estupidez del ser humano es infinita. Cuidado con ella. Destruirá tu vida. Ha destruido la vida de millones de personas a lo largo de los tiempos. Fortalece tu conciencia, es la única posibilidad que tienes para salir de la estupidez.

Antes de empezar a hablar de los sutras de hoy tenemos que aclarar una cosa sobre el mapa de la conciencia interna del tantra. Ya os he dicho algunas cosas, pero tengo que añadir algo más.

En primer lugar, el tantra dice que el hombre no solo es un hombre, y la mujer no solo es una mujer, los hombres son ambas cosas, hombre y mujer, y las mujeres también. Adán tiene su Eva, y Eva tiene su Adán. En realidad, nadie es solo Adán o solo Eva; somos Adanes-Evas. Esta es una de las apreciaciones más grandes que se han alcanzado jamás.

La psicología profunda moderna se ha dado cuenta de esto. Lo llaman bisexualidad. Pero el tantra lo conoce y lo ha predicado desde hace, por lo menos, mil años. Es uno de los descubrimientos más grandes de la tierra porque, sabiendo esto, puedes ir hacia tu interior; de lo contrario, no podrías ir hacia tu interior. ¿Por qué se enamora un hombre de una mujer? Porque tiene una mujer en su interior; si no, no podría enamorarse. ¿Por qué te enamoras de una mujer determinada? Hay miles de mujeres. Pero, ¿por qué, de repente, una mujer se vuelve más importante para ti, como si hubiesen desaparecido todas las demás mujeres, y esa fuese la única mujer de la tierra? ¿Por qué? ¿Por qué te atrae un hombre determinado? ¿Por qué, de repente, salta algo a primera vista? El tantra dice que tienes en tu interior la imagen de una mujer o la imagen de un hombre. Todos los hombres tienen una mujer y todas las mujeres tienen un hombre. Cuando hay alguien en el exterior que coincide con esa imagen, te enamoras, ese es el significado del amor.

No lo entiendes. Simplemente encoges los hombros y dices «sucedió». Pero, dentro de esto, hay un mecanismo sutil. ¿Por qué ha sucedido con una determinada mujer? ¿Por qué no con las demás? Se ajusta a tu imagen interna. La mujer externa tiene un cierto parecido. Hay algo que se ajusta con tu imagen interna, sientes que «esta es mi mujer», o «este es mi hombre»; este sentimiento es el amor. Pero la mujer externa no va a satisfacerte, porque ninguna mujer externa encaja exactamente con tu mujer interior.

La realidad no es así en absoluto. Quizá se ajuste un poco, quizá haya una atracción, un magnetismo, pero, antes o después, desaparecerá. Pronto te darás cuenta de que hay mil y una cosas que no te gustan de esta mujer. Te llevará algún tiempo darte cuenta.

Al principio estarás perdidamente enamorado. Al principio la similitud será enorme, te trastornará. Poco a poco, irás viendo que hay mil y una cosas —detalles de la vida— que no encajan; sois extraños, desconocidos. Sí, la sigues amando, pero ese amor ya no es una obsesión; la visión romántica va desapareciendo. Ella también se dará cuenta de que hay algo que le atrae de ti, pero no totalmente. Por eso todos los maridos intentan cambiar a su mujer, y las mujeres intentan cambiar a los maridos. ¿Qué pretenden hacer? ¿Por qué? ¿Por qué las mujeres intentan cambiar constantemente a sus maridos? ¿Para qué? Se enamora de él e inmediatamente después intenta cambiarle. Se ha dado cuenta de las diferencias y quiere que desaparezcan. Quiere quitarle varios trozos para que encaje totalmente con su idea de lo que es un hombre. Y el marido intenta hacer lo mismo, no tan intensamente, tan tercamente como la mujer, porque el marido se cansa más rápido, la mujer tiene más esperanzas.

Por eso los viejos se vuelven más tolerantes, saben que no se puede hacer nada. Por eso los viejos tienen mejores modales, saben que las cosas son como son. Pero eso los viejos tienen más aceptación. Los jóvenes están airados, no aceptan nada. Quieren cambiarlo todo. Quieren que el mundo sea como a ellos les gustaría que fuese. Lo intentan con empeño, pero nunca lo consiguen; no puede suceder, no forma parte de la naturaleza de las cosas.

El hombre exterior nunca se ajustará a tu hombre interior, y la mujer exterior nunca será exactamente igual a tu mujer interior. Por esta razón, el amor da placer pero también da dolor. El amor da felicidad e infelicidad. Y la infelicidad es mucho más grande que la felicidad.

¿Qué sugiere el tantra respecto a esto? ¿Qué se puede hacer entonces?

El tantra dice: lo exterior nunca te va a satisfacer; tendrás que ir hacia dentro. Tendrás que encontrar a tu mujer interior y a tu hombre interior. Tendrás que alcanzar una relación sexual interior. Esta es la gran contribución.

¿De qué modo puede suceder esto? Intenta comprender este mapa. He hablado sobre los siete chakras, la fisiología del yoga tántrico. En el hombre *muladhara* es masculino y *svadhistana* es femenino. En la mujer *muladhara* es femenino y *svadhistana* es masculino, y así sucesivamente. En los siete chakras sigue habiendo dualidad hasta el sexto; el séptimo es no dual. Dentro de ti están distribuidos por pares. *Muladhara* y *svadhistana* se casan. *Manipura* y *anahata* tienen que casarse. *Visuddha* y *ajna* tienen que casarse. Cuando la energía va hacia el exterior, necesitas a una mujer en tu interior. Por un instante, tienes un pequeño atisbo, porque el coito con la mujer exterior no puede ser permanente, solo puede ser momentáneo. Por un instante, podéis perderos el uno en el otro. Pero eres lanzado de vuelta hacia ti mismo con venganza. Por eso cada vez que haces el amor, después hay una cierta frustración; has vuelto a fallar, no ha sucedido de la forma que querías que sucediera. Sí, has alcanzado la cumbre, pero antes de darte cuenta de esto, empieza la pendiente, la caída. Antes de alcanzar la cumbre..., el valle. Antes de haber conocido al hombre o a la mujer..., aparece la separación. El divorcio sigue al matrimonio tan de cerca que es frustrante. Los amantes son personas frustradas. Tienen muchas esperanzas, esperan a pesar de su experiencia; esperan y siguen esperando, pero no se puede hacer nada..., no puedes destruir las leyes de la realidad. Tienes que comprender esas leyes.

El encuentro exterior solo puede ser momentáneo, pero el encuentro interior puede ser eterno. Y cuanto más alto vuelas, más eterno se vuelve.

El primero, *muladhara*, es masculino en el hombre. El tantra dice que debes recordar lo interior incluso cuando estés haciendo el amor con una mujer. Haz el amor con la mujer en el exterior pero recuerda lo interior. Deja que tu conciencia vaya hacia dentro, olvídate completamente de la mujer exterior. En el momento del orgasmo olvídate completamente del hombre o la mujer. Cierra los ojos y ve hacia dentro, y conviértelo en una meditación. Cuando se despierta la energía, no pierdas la oportunidad. En este momento puedes tener un contacto, un viaje interno.

Ordinariamente, es difícil mirar hacia dentro, pero en un momento de amor, aparece una brecha, ya no eres ordinario. En un momento de amor estás al máximo. Cuando tienes un orgasmo, toda la energía de tu cuerpo empieza a latir con un baile; todas las células, todas las fibras están bailando con un ritmo, una armonía que no conoces en la vida ordinaria. Este es el momento; usa ese momento de armonía como un camino hacia dentro. Mientras haces el amor, vuélvete meditativo, mira hacia dentro.

En ese momento se abre una puerta. Esto es una experiencia tántrica. En ese momento se abre una puerta, y el tantra dice que eres feliz solamente porque se abre esa puerta y brota un poco de dicha en tu interior. Esta dicha no procede de la mujer exterior ni procede del hombre exterior; procede de lo más profundo de tu ser. El exterior solo es una excusa.

El tantra no dice que sea pecado hacer el amor con el exterior, simplemente dice que no es demasiado elevado. No lo está condenando, acepta su naturalidad. Pero dice que puedes usar la ola del amor para profundizar en tu interior. En ese momento de estremecimiento, las cosas no están en la tierra, puedes volar. Tu flecha puede dirigir el arco hacia la diana. Puedes convertirte en Saraha.

Si te vuelves meditativo cuando estás haciendo el amor, si te vuelves silencioso, empiezas a mirar hacia dentro, cierras los ojos, te olvidas del hombre o la mujer exterior, entonces, sucede. *Muladhara*, tu centro masculino interno, empieza a dirigirse hacia tu centro femenino —el centro femenino es *svadhistana*— y en tu interior se produce un coito, una relación sexual.

Algunas veces sucede sin que te des cuenta. Muchos de mis sannyasins me han escrito cartas... No las he contestado antes porque era imposible contestar, ahora puedo hacerlo porque vosotros seréis capaces de entenderme.

Hay un sannyasin que me escribe repetidamente, y debe estar preguntándose por qué no le contesto... Hasta este momento no teníamos un mapa, pero ahora os lo estoy dando. Cuando me escucha, siempre siente que va a tener un orgasmo. Todo su cuerpo empieza a palpitar, y tiene la misma experiencia que al hacer el amor con una mujer. Naturalmente, esto le sorprende mucho. Pierde el hilo de lo que estaba escuchando, se olvida... y está tan emocionado y tan feliz que se preocupa: ¿qué está sucediendo? ¿Qué le pasa por dentro?

Esto es lo que le sucede: *muladhara* se une con *svadhistana*, tu centro masculino se une con tu centro femenino. Esta es la felicidad que sientes cuando empiezas a meditar, a rezar. Es el mecanismo de tu celebración interna. Y cuando *muladhara* y *svadhistana* se unen, se libera energía. Del mismo modo que se libera energía cuando amas a tu mujer, cuando *svadhistana* y *muladhara* se unen, se libera energía y esa energía afecta al centro superior, *manipura*.

Manipura es masculino y *anahata* es femenino. Una vez que te has armonizado con el primer encuentro de tu hombre y mujer internos, un día, de repente, vuelve a suceder un segundo encuentro. No tienes que hacer nada, simplemente la energía que se ha liberado en el primer encuentro crea la posibilidad para el segundo encuentro. Y cuando el segundo encuentro crea energía se hace posible el tercer encuentro.

El tercer encuentro es entre *visuddha* y *ajna*. Cuando sucede el tercer encuentro se origina energía para el cuarto encuentro, que no es un encuentro, no es una unión, sino la unidad. *Sahasrara* está solo, no hay masculino ni femenino. Adán y Eva han desaparecido el uno en el otro, totalmente, absolutamente. El hombre se ha convertido en la mujer y la mujer se ha convertido en el hombre; desaparece toda división. Este es el encuentro absoluto, eterno. Por eso los hindúes lo denominan *satchitananda*. Esto es lo que Jesús denomina el «Reino de Dios».

De hecho, el número siete ha sido utilizado por todas las religiones. Los siete días son simbólicos, y el séptimo día es festivo, es el día sagrado. Dios trabajó durante seis días y el séptimo día descansó. Tendrás que trabajar con los seis chakras pero el séptimo es un estado de inmenso descanso, descanso total y absoluta relajación; has llegado a casa.

Con el séptimo chakra desapareces como parte de la dualidad; desaparecen las polaridades, todas las distinciones. La noche ya no es noche, y el día ya no es día. El verano ya no es verano, y el invierno ya no es invierno. La materia ya no es materia, y la mente ya no es mente, has trascendido. Este es el espacio trascendental que Buda llama nirvana.

Estos tres encuentros que suceden en tu interior, y la realización del cuarto también tienen otra dimensión. Os he hablado muchas veces de los cuatro estados: dormir, soñar, despertar y *turiya*. *Turiya* significa «el cuarto», «lo que está más allá». Los siete chakras, y el trabajo en cada uno de ellos, también se corresponden con estos cuatro estados.

El primer encuentro entre *muladhara* y *svadhistana* es como dormir. Sucede el encuentro, pero no eres muy consciente de ello. Lo disfrutas, te sientes muy renovado. Sentirás un gran descanso, como si hubieses dormido profundamente, pero no serás capaz de verlo con claridad, está muy oscuro. El hombre y la mujer se han encontrado en tu interior, pero se han encontrado en el inconsciente. El encuentro no ha sido a la luz del día, ha sido en la oscuridad de la noche. Sí, notas el resultado, se sienten las consecuencias. De repente sientes una nueva energía dentro de ti, un brillo especial, una luminosidad. Tendrás un aura. Incluso los demás pueden empezar a sentir que tu presencia tiene una cualidad especial, una «vibración». Pero tú no tienes conciencia de lo que te está sucediendo. Por eso, el primer encuentro es como dormir.

El segundo encuentro es como soñar, cuando se unen *manipura* y *anahata*, el encuentro con tu mujer interior es como si te hubieses encontrado en un sueño. Sí, lo puedes recordar un poco. Del mismo modo que al despertar recuerdas el sueño que tuviste anoche, cabos sueltos, algunos atisbos; probablemente has olvidado algunas partes, quizá no lo recuerdes entero, pero, sin embargo, puedes acordarte. El segundo encuentro es como un sueño. Te volverás más consciente de ello. Empezarás a sentir que sucede algo. Empezarás a sentir que estás cambiando, que está teniendo lugar una transformación, que ya no eres la misma persona de antes. Con el segundo encuentro empezarás a notar que vas perdiendo el interés en la mujer exterior. El interés en el hombre exterior no es tan arrebatador como solía ser.

Con el primer encuentro también hay un cambio, pero no lo notarás. Con este encuentro, quizá empieces a pensar que ya no estás interesado en *tu* mujer, pero no serás capaz de comprender que no te interesa *ninguna* mujer en absoluto. Quizá pienses que estás aburrido de tu mujer, y que vas a ser más feliz con otra; estaría bien cambiar, un nuevo clima estará bien, una mujer de otro tipo estará bien. Esto no es más que una suposición. Con el segundo encuentro empezarás a notar que ya no te interesan los hombres ni las mujeres, que tu interés se vuelve hacia dentro.

En el tercer encuentro serás totalmente consciente. Es como despertar. *Visuddha* se encuentra con *ajna*..., serás totalmente consciente, este encuentro sucede a la luz del día. O puedes ponerlo así: el primer encuentro ocurre en mitad de la noche oscura; el segundo ocurre en el crepúsculo, entre el día y la noche; el tercer encuentro ocurre a mediodía, estás totalmente alerta, todo está claro. Sabes que has acabado con lo exterior. No significa que vayas a abandonar a tu mujer o tu marido, simplemente quiere decir que ya no estarás locamente enamorado; sentirás compasión. Sin duda, la mujer que te ha ayudado hasta este momento es una gran amiga, el hombre que te ha traído hasta aquí es un gran amigo, estás agradecido.

Empezarás a sentir agradecimiento y compasión hacia el otro. Cuando surge la comprensión siempre es así, trae consigo compasión. Si abandonas a tu mujer y huyes al bosque, esto simplemente demuestra que eres cruel y no tienes compasión. Esto solo puede surgir de la no comprensión, jamás de la comprensión. Si comprendes, eres compasivo.

Cuando Buda se iluminó, lo primero que le dijo a sus discípulos fue: «Me gustaría ver a Yashodhara y hablar con ella». Su mujer...

Ananda se sintió muy molesto. Dijo: «¿Qué sentido tiene que vayas ahora al palacio y hables con tu mujer? La has abandonado. Han pasado doce años». Ananda se sentía un poco molesto también, porque ¿cómo puede un buda estar pensando en su mujer? Se supone que los budas no piensan en eso.

Cuando se marcharon los demás, Ananda le dijo a Buda: «Eso no está bien. ¿Qué pensará la gente?».

Buda dijo: «¿Qué pensará la gente? Quiero expresarle mi agradecimiento, y tengo que darle las gracias por todo lo que me ha ayudado. Debo darle algo de lo que me ha sucedido, se lo debo. Tengo que volver».

Regresó. Fue al palacio. Vio a su mujer. Indudablemente, ¡Yashodhara estaba enfadada! Este hombre se había escapado una noche sin decirle nada. «¿Por qué no confiaste en mí?», le preguntó a Buda, «podías haber dicho que te querías marchar y yo habría sido la última mujer en el mundo en impedírtelo. ¿No podías confiar en mí ni siquiera un poco?». Estaba llorando. ¡Doce años de rabia! Este hombre se había escapado como un ladrón en mitad de la noche; de repente, sin dejar ninguna pista.

Buda le pidió disculpas y dijo: «Fue por desconocimiento. Yo era un ignorante, no era consciente. Pero ahora soy consciente y sé, por eso he vuelto. Me has ayudado enormemente. Olvídate del pasado, el pasado ya no tiene remedio. ¡Mírame! Ha sucedido algo maravilloso. He vuelto a casa. Y he sentido que mi primer deber era hacia ti: venir, transmitirte y compartir contigo mi experiencia».

La rabia desapareció, la ira se aplacó, Yashodhara miró a través de las lágrimas. «Sí, este hombre ha cambiado radicalmente». No era la misma persona que ella conocía. No era la misma persona en absoluto; tenía mucha luminosidad... Casi podía ver su aura, una luz a su alrededor. Y estaba muy tranquilo y muy silencioso; es como si hubiese desaparecido. Su presencia era casi como una ausencia. Y entonces, a pesar de todo, se olvidó de lo que estaba haciendo, cayó a sus pies y le pidió iniciación.

Cuando comprendes, es inevitable que surja la compasión. Por eso no le pido a mis sannyasins que abandonen a sus familias. Seguid ahí.

Rabindranath escribió un poema sobre este incidente de Buda volviendo a casa. Yashodhara le pregunta una cosa. «Dime una cosa», le preguntó, «sea lo que sea lo que has alcanzado... puedo ver que lo has alcanzado, que lo has conseguido. No sé qué es, pero dime una cosa, ¿no era posible alcanzarlo aquí en esta casa?»

Buda no pudo decir que no. Era posible alcanzarlo en esa casa. Ahora sí lo sabía. Porque no tiene nada que ver con el bosque o la ciudad, la familia o el ashram, no tiene nada que ver con ningún sitio; tiene que ver con tu ser más profundo. Lo puedes encontrar en cualquier parte.

Primero, empezarás a sentir que tu interés por los demás empieza a relajarse. Será un fenómeno mortecino, oscuro, es como mirar por un cristal opaco o una mañana brumosa. Segundo, las cosas se vuelven un poco más claras, como si fuera un sueño; ya no hay tanta niebla. Tercero, estás totalmente despierto. Ha sucedido: la mujer interior se une con el hombre interior. La bipolaridad ya no está ahí, de repente eres uno. Ha desaparecido la esquizofrenia; no estás dividido.

Con esta integración te conviertes en un individuo. Antes de que suceda esto no eres un individuo, sino toda la muchedumbre, la multitud, eres toda la gente, eres multi-psíquico. De repente, aparece un orden. Esto es lo que cuenta esa antigua historia.

El hombre pidió que le dieran tres días... Si examinas estas pequeñas historias te maravillarás de la importancia de los símbolos. El hombre pidió tres días para sentarse en silencio. ¿Por qué tres días? Se trata de los tres puntos: quería ponerse en orden al dormir, al soñar y al despertar. Cuando eres un individuo —cuando la división ha desaparecido y has tendido un puente— todo está unido. Parecerá paradójico, pero hay que decirlo: el individuo es lo universal. Cuando te vuelves un individuo, de repente te das cuenta que eres lo universal. Hasta ahora creías que estabas separado de la existencia. Ahora ya no lo piensas.

Adán y Eva han desaparecido el uno en el otro. Esta es la meta que todo el mundo intenta conseguir de una forma u otra. El tantra es la ciencia más segura para conseguirlo. Este es el objetivo.

Algunas cosas más:

Os he dicho que debéis relajar el *muladhara* para que la energía pueda ascender, penetrar. «Ascender» y «penetrar» significan lo mismo. Cuando el *muladhara* está relajado, solo entonces se puede mover la energía hacia dentro o hacia arriba. De modo que lo primero que hay que hacer es relajar el chakra *muladhara*.

Estás comprimiendo tu centro sexual. La sociedad te ha hecho ser muy consciente del centro sexual; te ha hecho estar obsesionado con él, por eso lo comprimes. Obsérvate. Siempre estás comprimiendo tu aparato genital como si tuvieses miedo de que si te relajas algo va a ir mal. Tu condicionamiento consiste en mantenerlo comprimido. Relájalo, déjalo en paz. No tengas miedo, el miedo crea tensión. Olvídate del miedo. El sexo es hermoso; no es un pecado, es una virtud.

Cuando empieces a considerarlo en términos de virtud serás capaz de relajarlo. Antes os he dicho cómo relajar el *muladhara*. Os he dicho cómo relajar el *svadhistana*, es el centro de la muerte. No tengas miedo a la muerte. Son los dos miedos que han estado dominando a la humanidad: el miedo al sexo y a la muerte. Los dos temores son peligrosos, no te han permitido crecer. Elimina estos temores.

El tercer chakra es el *manipura*; está cargado de emociones negativas. Por eso te duele el estómago; cuando tienes un problema emocional el chakra *manipura* se altera inmediatamente. En todo los idiomas del mundo hay expresiones como «no lo puedo digerir». Es literalmente cierto. A veces, si no puedes digerir alguna cosa concreta, tienes ganas de vomitar. De hecho, a veces ocurre un vómito psicológico. Si alguien ha dicho algo que *no* puedes digerir, de repente sientes náuseas, sientes ganas de vomitar, y después de vomitar estás muy relajado.

El yoga tiene métodos para hacerlo. El yogui tiene que beber bastante agua por la mañana —un cubo de agua con sal, el agua tiene que estar templada— y después tiene que vomitarla. Ayuda a relajar el *manipura*. Es un proceso importante, un proceso de limpieza.

Te sorprenderá saber que hay muchas terapias modernas que han descubierto que el vomitar ayuda. El análisis de las acciones es consciente del hecho de que vomitar ayuda. Se relaja el *manipura*. La terapia primal es consciente de que el hecho de vomitar ayuda. El tantra y el yoga siempre han sido conscientes de esto.

Las emociones negativas, la ira, el odio, la envidia, etcétera, se reprimen; tu *manipura* está demasiado cargado. Estas emociones reprimidas no permiten que la energía suba, las emociones reprimidas actúan como una roca: bloquean el paso. Las terapias de enfrentamiento y gestalt repercuten, sin saberlo, en el *manipura*. Intentan provocar tu rabia, intentan provocar tu envidia, tu ambición, provocan la agresión, la violencia, para que salga a la superficie. La sociedad ha hecho una cosa, que es enseñarte a reprimir todo lo negativo y fingir lo positivo. Ambos son peligrosos. Fingir lo positivo es falso, es una hipocresía, y reprimir lo negativo es peligroso, es venenoso, envenena tu sistema.

El tantra dice: expresa lo negativo y permite lo positivo. Si surge la rabia, no la reprimas; si surge la agresión, no la reprimas. El tantra no dice: ve y mata a alguien. Pero dice que hay mil y una formas de expresar las emociones reprimidas. Puedes ir al jardín a cortar leña. ¿Has observado a los leñadores? Parecen más silenciosos que nadie. ¿Has observado a los cazadores? Son buenas personas. Hacen un trabajo abominable pero son buenas personas. Cuando están cazando, les sucede algo. Al matar animales, su rabia y agresividad se diluye. Las personas denominadas «no violentas» son las peores del mundo. No son buenas personas, porque están conteniendo un volcán. No puedes estar relajado con ellos. Hay algo peligrosamente presente. Lo puedes sentir, lo puedes tocar; lo están emanando. Puedes ir al bosque y ponerte a gritar, a chillar; la terapia primaria solo es una terapia de gritar, una terapia de catarsis. Las terapias de enfrentamiento, primaria y gestalt son enormemente beneficiosas para relajar el chakra *manipura*.

Cuando se ha relajado el *manipura*, surge un equilibrio entre lo negativo y lo positivo. Y cuando lo negativo y lo positivo se equilibran, el paso está libre, entonces, la energía puede seguir subiendo. *Manipura* es masculino. Si está bloqueado, la energía no podrá moverse hacia arriba. Tiene que estar relajado.

El equilibrio de polaridades puede servir de ayuda para conseguir un equilibrio entre lo positivo y lo negativo. Por eso permito que en este ashram haya métodos procedentes de todo el mundo. Debemos usar cualquier cosa que pueda servir de ayuda, porque se le ha hecho tanto daño al hombre que deberíamos aprovechar todas las fuentes que tengamos al alcance de la mano. Probablemente, ni siquiera seáis capaces de entender por qué os estoy ofreciendo todos estos métodos: yoga, tantra, tao; sufismo, jainismo, budismo, hinduismo, gestalt, psicodrama, enfrentamiento, terapia primal, equilibrio de polaridades, *rolfing*, integración estructural; todas estas terapias. No habréis oído que se practiquen estas técnicas en ningún otro ashram de Oriente. Hay una razón. Se ha hecho tanto daño al ser humano que hay aprovechar todas las terapias. Hay que obtener ayuda de todas las fuentes posibles, solo así habrá esperanzas; de lo contrario, el ser humano estará sentenciado.

El cuarto chakra es *anahata*. El problema del cuarto chakra es la duda. Si eres una persona dubitativa, tu cuarto chakra seguirá cerrado. La confianza lo puede abrir. Cualquier cosa que provoque dudas destruirá tu corazón. Es el chakra del corazón, *anahata*. La dialéctica, argüir cínicamente, la controversia, demasiado racionalismo, demasiado pensamiento aristotélico, destruyen *anahata*. La filosofía y el escepticismo destruyen *anahata*.

Si quieres que *anahata* se abra deberás tener más confianza. La poesía puede ayudarte más que la filosofía, la intuición más que el razonamiento y el sentimiento más que el pensamiento. Deberás trasladarte desde la duda hacia la confianza, solo así se podrá abrir *anahata*, solo así podrá recibir la energía masculina de *manipura*. *Anahata* es femenino. Con la duda se queda seco, no puede recibir la energía masculina. Con la confianza se abre, con la confianza desprende una humedad que permite que penetre la energía masculina.

A continuación viene el quinto, *visuddha*. La no creatividad, la imitación, repetir como los loros, imitar como los monos..., todas estas cosas son perjudiciales.

Visuddha se destruye por la imitación. No seas un imitador, no seas una copia. No intentes convertirte en un Buda y no intentes convertirte en un Cristo. Cuidado con libros como el de Thomas Kempis, *Imitación de Cristo*. Cuidado. La imitación no te va a ayudar. *Visuddha* se destruye con la no creatividad; la limitación; y se impulsa con la creatividad, la expresión, cuando encuentras tu propio estilo de vida, cuando eres lo suficientemente valiente para hacer «lo que te apetece». Arte, canciones, música, baile, inventiva…, todas son útiles. Pero sé inventivo, hagas lo que hagas, intenta hacerlo de una forma nueva. Intenta ponerle individualidad, ponerle un sello de autenticidad. Aunque estés limpiando el suelo, hazlo a tu manera. Aunque estés cocinando, hazlo a tu manera. Puedes poner creatividad en todo lo que haces; deberías ponerla. Mientras seas creativo, está bien, *visuddha* se abrirá. Y cuando se abre, entonces, la energía puede subir al *ajna*, el centro del tercer ojo, el sexto centro.

Este es el proceso. Primero limpia cada centro, purifícalo, ten cuidado con todo lo que es perjudicial, y ayúdalo para que empiece a funcionar naturalmente. Se eliminan los bloqueos…, afluye la energía.

Por encima del sexto chakra está *sahasrara, turiya*, la flor de loto de mil pétalos. Floreces. Sí, eso es exactamente lo que ocurre. El ser humano es un árbol; *muladhara* es la raíz, y *sahasrara* es el florecimiento. La flor se ha abierto, tu fragancia se esparce con el viento. Esta es la única oración, es lo único que puedes ofrecer a los pies de lo divino. Las flores prestadas no valen, no vale robar flores de los árboles; tienes que florecer y ofrecer tus flores.

Ahora los sutras.
El primer sutra:

LOS ILUSOS ANHELAN EL PLACER DE BESAR
DECLARANDO QUE ES LA VERDAD ABSOLUTA;
ES COMO EL HOMBRE QUE ABANDONA SU CASA
Y, DE PIE EN LA PUERTA,
LE PIDE (A UNA MUJER) QUE LE INFORME
DE LOS PLACERES SENSUALES.

El beso es simbólico; simboliza el encuentro entre el yin y el yang, lo masculino y lo femenino, entre Shiva y Shakti. Estar tomado de la mano de una mujer es besar, las manos están besándose;

estar tocando sus labios con los tuyos es besar; juntar los órganos sexuales también es un beso. Por tanto, en el tantra, el beso simboliza el encuentro entre las polaridades opuestas. A veces puedes besar simplemente viendo a una mujer. Si vuestros ojos se encuentran y se tocan, hay un beso; ha sucedido el encuentro.

LOS ILUSOS ANHELAN EL PLACER DE BESAR
DECLARANDO QUE ES LA VERDAD ABSOLUTA.

Saraha dice que los ilusos —las personas que no están atentas a lo que hacen— siguen anhelando, añorando al otro; el hombre a la mujer, y la mujer al hombre. Constantemente están deseando encontrar al otro. Y este encuentro nunca sucede. Lo absurdo de esto es que anhelas y anhelas, deseas y deseas, y solo consigues obtener frustración. Saraha dice que esto no es el verdadero encuentro definitivo. El verdadero encuentro definitivo es el que sucede en *sahasrara*. Cuando sucede, es para siempre. Esto es real. El encuentro que hay en el exterior es irreal, momentáneo, temporal, solo es una ilusión.

Es...

COMO EL HOMBRE QUE ABANDONA SU CASA
Y, DE PIE EN LA PUERTA,
LE PIDE (A UNA MUJER) QUE LE INFORME
DE LOS PLACERES SENSUALES.

Un hermoso símil. Saraha dice que tomar la mano de la mujer exterior, cuando la mujer interior está esperando ser tuya para siempre, solo es...

En primer lugar *sale de su casa*... Estás abandonando tu casa, tu ser más profundo, en búsqueda de la mujer exterior..., y la mujer está dentro. Vayas donde vayas, no la encontrarás; puedes dar la vuelta a la tierra persiguiendo a todo tipo de mujeres y hombres. Es un espejismo, es la búsqueda del arco iris...; te quedas con las manos vacías. La mujer está dentro..., y te vas de tu casa.

Y después, *de pie en la puerta...* Esto también es simbólico. Siempre estás de pie en la puerta por culpa de los sentidos..., que son las puertas. Los ojos son puertas, las manos son puertas, los órganos genitales son puertas, los oídos son puertas..., estas son las puertas. Siempre estamos de pie en la puerta. Mirando por los ojos, oyendo por los oídos, intentando tocar con las manos; el ser humano siempre se queda en la puerta y se olvida de la forma de entrar dentro de casa. Y qué absurdo...; no sabes qué es el amor y le pides a una mujer que te hable de los placeres, que te cuente su experiencia. Crees que puedes alcanzar la dicha simplemente escuchando su experiencia. Esto es confundir el menú con la comida.

Saraha está diciendo que primero sales de ti mismo —estás de pie en la puerta— y después le preguntas a los demás ¿qué es el placer, qué es la vida, qué es la alegría, qué es Dios? Y Dios te está esperando dentro de ti. Reside dentro de ti..., y, sin embargo, le preguntas a los demás. ¿Crees que vas a llegar a comprender simplemente por escucharles?

AL REMOVER LAS FUERZAS BIÓTICAS EN LA CASA
DE LA NADA
HAN SURGIDO ARTIFICIALMENTE
PLACERES DE MUCHOS TIPOS.
DE ESTE MODO, LOS YOGUIS DESFALLECEN
DE AFLICCIÓN PORQUE HAN CAÍDO
DEL ESPACIO CELESTIAL, INDUCIDOS POR EL VICIO.

En primer lugar, el sexo no es el placer por excelencia, sino solo es principio, el alfa, el abécé; no es el omega. El sexo no es la verdad definitiva, no es la dicha suprema, sino solo un eco; *sahasrara* está muy lejos. Cuando tu centro sexual siente un poco de alegría es un eco lejano de *sahasrara*. Cuanto más te aproximas, más felicidad hay...

Cuando pasas de *muladhara* a *svadhistana* te sientes más feliz, el primer encuentro de *muladhara* y *svadhistana* produce una gran felicidad. Después, el segundo encuentro produce todavía más felicidad. Después el tercero… Te parece que no se puede ser más feliz; pero sí es posible, porque todavía estás lejos, no mucho, pero sigues estando lejos de *sahasrara*. *Sahasrara* es absolutamente increíble. Hay tanta dicha que tú ya no existes, solo existe la dicha. Hay tanta felicidad que no puedes decir «soy dichoso», sabes, simplemente, que *eres* la dicha.

En el séptimo chakra eres un temblor de felicidad. Es así naturalmente. La felicidad sucede en *sahasrara*, y después tiene que atravesar seis planos…, se pierde una gran cantidad; solo queda un eco. Cuidado, no confundas el eco con la realidad. Sí, en el eco puedes encontrar parte de la realidad. Busca un hilo de realidad en él. Agarra ese hilo y empieza a desplazarte hacia dentro.

> *AL REMOVER LAS FUERZAS BIÓTICAS EN LA CASA*
> *DE LA NADA*
> *HAN SURGIDO ARTIFICIALMENTE*
> *PLACERES DE MUCHOS TIPOS.*

Y debido a este falso concepto de que el sexo es el placer por excelencia hay muchas cosas artificiales que han cobrado mucha importancia. El dinero ha cobrado mucha importancia, porque con el dinero puedes comprar lo que quieras, puedes comprar sexo… El poder ha cobrado importancia porque a través del poder puedes tener todo el sexo que quieras. Un hombre pobre no se lo puede permitir. Los reyes solían tener miles de esposas, incluso en el siglo XX, el Nizam de Hyderabad tenía quinientas mujeres. Naturalmente, la persona que tiene poder puede tener todo el sexo que quiera.

Por este falso concepto de que el sexo es la verdad absoluta han surgido otros mil problemas: el dinero, el poder, el prestigio.

> *AL REMOVER LAS FUERZAS BIÓTICAS EN LA CASA DE LA*
> *NADA…*

Solo es imaginación; pensar que eres placer solo es imaginación. Es una autohipnosis, una autosugestión. Y cuando te autosugestionas, te parece placer. Imagínate, sujetas la mano de una mujer..., y te parece tan agradable. Esto solo es autohipnosis, una idea de la mente. *AL REMOVER LAS FUERZAS BIÓTICAS...* Tu bioenergía se remueve a causa de esta idea. Se remueve incluso mirando una foto en el *Playboy*; no hay nadie, solo hay colores y líneas, pero tu energía se ha removido. A veces, basta que haya una idea en la mente para que se remueva tu energía. La energía va detrás de la imaginación.

AL REMOVER LAS FUERZAS BIÓTICAS EN LA CASA
DE LA NADA...

Puedes inventar sueños, proyectar sueños en la pantalla de la nada.

HAN SURGIDO ARTIFICIALMENTE
PLACERES DE MUCHOS TIPOS.

Si observas la patología del ser humano te asombrarás. A la gente se le ocurren unas cosas que ni siquiera podrías imaginar que existen. Un hombre no puede hacer el amor con su mujer sin antes hojear las revistas pornográficas; parece como si lo real fuese menos real que lo irreal. Solo se excita a través de lo irreal. ¿No has notado en tu vida que muchas veces lo real parece menos excitante que lo irreal?

No olvides cambiar tu conciencia de lo imaginario a lo real. Atiende siempre a lo real. Si no estás muy atento, te quedarás atrapado en lo imaginario.

Lo imaginario te satisface por muchos motivos: está bajo tu control. En tu imaginación, Osho puede tener la nariz todo lo larga que quieras. Puedes pensar lo que te apetezca. Nadie puede impedírtelo, nadie puede meterse en tu imaginación; eres totalmente libre. Puedes dibujarme como quieras, puedes imaginarme, puedes tener expectativas…, puedes hacer conmigo lo que quieras, eres libre; el ego se siente muy bien.

Por eso, cuando un Maestro muere, tiene más discípulos que cuando estaba vivo. Los discípulos se sienten totalmente cómodos con un Maestro muerto; y se sienten incómodos con un Maestro vivo. Buda nunca ha tenido tantos discípulos como ahora, después de veinticinco siglos. Jesús solo tenía doce discípulos y ahora tiene la mitad de la tierra. Fijaos en el impacto del Maestro ausente; ahora tenéis a Jesús en vuestras manos, podéis hacer con él lo que queráis. Ya no está vivo, no puede destruir vuestros sueños e imaginaciones. Si los que se dicen cristianos hubiesen visto al verdadero Cristo, sus corazones dejarían de palpitar inmediatamente. ¿Por qué? Porque no se lo creerían, han supuesto que era de una forma determinada. Y Jesús era un hombre de verdad. Podrías encontrártelo en un *pub*, bebiendo y charlando con los amigos. Este no parece el «único hijo engendrado de Dios», parece muy normal. Tal vez solo sea hijo de José, el carpintero. Pero en cuanto Jesús desaparece, ya no puede interferir con tu imaginación. Entonces puedes imaginártelo, pintarlo y crearte una imagen de él como a ti te apetezca.

Con la distancia es más fácil, la imaginación tiene más poder. Cuanto más te aproximas a mí, menos poder tendrá tu imaginación. Y nunca serás capaz de verme a menos que renuncies a tu imaginación. Y lo mismo sucede con los demás placeres.

AL REMOVER LAS FUERZAS BIÓTICAS EN LA CASA
DE LA NADA
HAN SURGIDO ARTIFICIALMENTE
PLACERES DE MUCHOS TIPOS.
DE ESTE MODO, LOS YOGUIS DESFALLECEN
DE AFLICCIÓN PORQUE HAN CAÍDO
DEL ESPACIO CELESTIAL,
INDUCIDOS AL VICIO.

Si imaginas demasiado, perderás tu espacio celestial. La imaginación es *samsara*, la imaginación es tu sueño. Si sueñas demasiado, perderás el espacio celestial, perderás tu divinidad, no serás un ser consciente. La imaginación tendrá demasiada importancia, te agobiará; te perderás en la fantasía. Puedes desfallecer en tu fantasía creyendo que esto es *samadhi*. Hay personas que se desmayan y creen que están en *samadhi*; Buda les dio a estos *samadhis* el nombre de «falsos *samadhis*». Lo mismo dice Saraha: es un falso *samadhi*. Si imaginas a Dios, entras en tu imaginación, alimentas la imaginación, la nutres cada vez más, fantaseas cada vez más, entonces te desamayarás, perderás la conciencia; tendrás hermosos sueños creados por ti.

Pero esto es caer del espacio celestial. Y Saraha dice que este es el único vicio: perder la pureza de la conciencia. ¿Qué quiere decir con «espacio celestial»? El espacio donde no hay sueños. Soñar es el mundo; si no sueñas estás en el nirvana.

DEL MISMO MODO QUE UN BRAHMIN,
AL HACER UNA OFRENDA
QUEMANDO ARROZ Y MANTEQUILLA
EN EL FUEGO DE LA HOGUERA,
CREA UN RECIPIENTE PARA EL NÉCTAR
DEL ESPACIO CELESTIAL Y TOMA
SU PENSAMIENTO ABSOLUTAMENTE
LLENO DE DESEO COMO LO MÁXIMO.

En India los brahmines han estado haciendo *yagnas*. Ofrecen arroz y mantequilla al fuego, al fuego llameante, e imaginan que este ofrecimiento es para Dios. Sentándote alrededor del fuego, ayunando durante muchos días, siguiendo ciertos rituales, rezando ciertos mantras, repitiendo ciertas escrituras, puedes crear un estado de autohipnosis. Puedes engañarte a ti mismo y creer que estás alcanzando a Dios.

Saraha dice: aquellos que realmente quieren llegar a Dios tienen que quemar su fuego interno, no vale con el fuego externo. Los que realmente se quieren realizar tienen que quemar las semillas de su propio deseo, no vale con quemar arroz. Los que realmente quieren realizarse tendrán que quemar su ego, no valdrá con quemar mantequilla. La mantequilla es la parte esencial de la leche, la parte más pura de la leche. El ego es el sueño más puro; es *ghee*, mantequilla purificada. Ofrecer *ghee* al fuego no te va a ayudar. Tienes que quemar tu fuego interno.

La energía sexual que sube hacia arriba se convierte en fuego. Se convierte en una llama. ¡Es fuego! Incluso cuando se mueve hacia el exterior da origen a la vida; la energía sexual es la cosa más milagrosa.

A través de la energía sexual se origina la vida. La vida es fuego: es una función del fuego. Sin el fuego la vida no existiría. Sin el sol no habría árboles, seres humanos, pájaros, animales. El fuego se transforma en vida.

Cuando haces el amor con una mujer, el fuego se apaga. Cuando vas hacia dentro, el fuego sigue vivo. Si echas al fuego las semillas del deseo, las semillas del pensamiento, las semillas de la ambición, las semillas de la avaricia, estas se queman. Y finalmente, echas tu ego —el sueño más purificado—, y este también se quema. Este es el verdadero *yagna*, el verdadero ritual, el verdadero sacrificio.

> DEL MISMO MODO QUE UN BRAHMIN,
> AL HACER UNA OFRENDA
> QUEMANDO ARROZ Y MANTEQUILLA
> EN EL FUEGO DE LA HOGUERA
> CREA UN RECIPIENTE PARA EL NÉCTAR
> DEL ESPACIO CELESTIAL Y TOMA
> SU PENSAMIENTO ABSOLUTAMENTE
> LLENO DE DESEO COMO LO MÁXIMO.

Y él piensa, con un pensamiento absolutamente lleno de deseo, que esto es lo máximo. El hombre que hace el amor con una mujer y cree que esto es lo máximo está echándolo al fuego externo exactamente de la misma manera. Está volcándose al exterior. Y del mismo modo, la mujer que cree que está haciendo el amor o entrando en un espacio de dicha y bendición simplemente por hacer el amor con un hombre está tirando su fuego.

El fuego tiene que ir hacia dentro, y entonces volverás a nacer, te rejuvenecerás.

ALGUNAS PERSONAS QUE HAN ANIMADO
SU CALOR INTERIOR
Y LO HAN ELEVADO HASTA LA FONTANELA
ACARICIAN LA ÚVULA CON LA LENGUA
EN UNA ESPECIE DE COITO
Y CONFUNDEN
LO QUE ENCADENA CON LO QUE LIBERA,
ORGULLOSAMENTE SE LLAMAN A SÍ MISMOS YOGUIS.

Y una cosa muy importante, como os expliqué en el mapa, tenéis que recordar que *visuddha*, el quinto chakra, está en la garganta; *visuddha*, el chakra de la garganta, es el último sitio desde donde puedes caer. Hasta ese punto sigue habiendo posibilidades de caer. En el sexto chakra, habiendo alcanzado el tercer ojo, ya no hay posibilidades de caer. Has superado el punto desde el que podías regresar. El tercer ojo es el punto que no tiene vuelta atrás. Si mueres en el centro del tercer ojo volverás a nacer en el centro del tercer ojo.

Si mueres en *sahasrara*, no volverás a nacer. Pero si estás en *visuddha* volverás a caer hasta el primero, *muladhara*. En tu próxima vida tendrás que volver a empezar desde *muladhara*.

Por eso, hasta el quinto no tienes ninguna garantía, hay una promesa, pero ninguna garantía. Hasta el quinto tienes todas las probabilidades de volver a caer. Y una de las probabilidades más grandes que ha ayudado a mucha gente a caer en India es, como dice este sutra, que...

ALGUNAS PERSONAS QUE HAN ANIMADO
SU CALOR INTERIOR
Y LO HAN ELEVADO HASTA LA FONTANELA...

Puedes avivar el calor interno; la llama empieza a desplazarse hacia arriba hasta llegar a la garganta. Entonces, surge un gran deseo de hacerte cosquillas en la garganta con la lengua. Cuidado con esto. En India se han desarrollado muchas técnicas para hacerse cosquillas con la lengua. Incluso han llegado a cortar la raíz de la lengua para que esta se pueda extender más y la resulte más fácil moverse hacia atrás; encontrarás a muchos yoguis que lo hacen. La lengua se mueve hacia atrás y así puede hacerle cosquillas al quinto centro. Ese cosquilleo es masturbación, porque la energía sexual ha llegado hasta ahí.

Como os dije, el quinto chakra, *visuddha*, es masculino. Cuando la energía masculina sube a la garganta, la garganta se vuelve casi como un órgano genital, superior, más fino que el órgano sexual. Basta con hacerle un poco de cosquillas con la lengua para disfrutar enormemente. Pero esto es masturbarse, y cuando has empezado a hacerlo... Realmente es muy placentero. El sexo no se puede comparar —recuerda—, el sexo no es nada comparado con esto. Hacerte cosquillas con la lengua... puedes disfrutar mucho. En el yoga hay muchas técnicas.

Saraha deja claro que ningún *tantrika* debe de hacerlo. Es una decepción y un gran fracaso, porque la energía ha llegado hasta el quinto chakra, y ahora surge el deseo de hacerle cosquillas; este es el último deseo.

Si puedes estar alerta y superar este deseo, entonces alcanzarás el sexto centro, *ajna*; de lo contrario, volverás a caer. Es la última tentación. De hecho, en el tantra se puede decir que es la misma tentación que tuvo Jesús cuando Satán vino a tentarle, o la de Buda cuando Mara vino a tentarle. Es la última tentación, el último esfuerzo de tu mente deseosa, el último esfuerzo de tu mundo de sueños, el último esfuerzo de tu ego antes de desaparecer totalmente. Realiza un último esfuerzo para tentarte. Y la tentación es realmente muy grande, es muy difícil evitarlo. Es tan agradable, mucho más agradable que el placer sexual.

Si la gente piensa que el placer sexual es lo máximo, ¿qué podrán decir de este placer? Y no pierdes energía. Con el sexo pierdes energía, te sientes frustrado, cansado, débil. Pero si te haces cosquillas en la energía sexual cuando ha llegado a la garganta no hay pérdida de energía. Y puedes hacerte cosquillas durante todo el día. Esto es lo que ha conseguido Delgado con sus aparatos mecánicos.

ALGUNAS PERSONAS QUE HAN ANIMADO
SU CALOR INTERIOR
Y LO HAN ELEVADO HASTA LA FONTANELA
ACARICIAN LA ÚVULA CON LA LENGUA
EN UNA ESPECIE DE COITO
Y CONFUNDEN
LO QUE ENCADENA CON LO QUE LIBERA...

Esto vuelve a ser *samsara...*, volver a caer en el *samsara...*

... Y CONFUNDEN
LO QUE ENCADENA CON LO QUE LIBERA,
ORGULLOSAMENTE SE LLAMAN A SÍ MISMOS YOGUIS.

Pero no lo son, han fracasado. De hecho, el término correcto para ellos es *yogabrashta*, «el que ya caído del yoga».

El quinto centro es el más peligroso. No puedes hacerte cosquillas en ningún otro centro, este es el peligro. No puedes hacerte cosquillas en el *svadhistana, manipura* o *anahata*. No están a tu alcance, no hay ninguna forma de alcanzarlos para hacerles cosquillas. No puedes hacerte cosquillas en el tercer ojo. *Visuddha* es el único punto donde puedes hacerte cosquillas, el centro de la garganta, porque está accesible. Si abres la boca, estará accesible. Y la forma más fácil de hacerte cosquillas es echar la lengua hacia atrás.

En los tratados de yoga encontrarás que lo describen como algo maravilloso. No lo es. Cuidado con esto.

Este es el mapa interno de la alquimia del tantra. La energía se puede empezar a desplazar en cualquier momento, lo único que tienes que hacer es aportar un poco de meditación al hacer el amor, un poco de interiorización. El tantra no se opone a hacer el amor, recuérdalo. Vuelvo a repetirlo una y otra vez. Está absolutamente a favor, pero no es lo único. Es el primer peldaño de la escalera, una escalera de siete peldaños.

El hombre es una escalera. El primer peldaño es el sexo y el séptimo peldaño es *sahasrara, samadhi*. El primer peldaño te une con el *samsara*, el mundo; y el séptimo de tu une con el nirvana, el más allá. En el primer peldaño te mueves en un círculo vicioso de nacimiento y muerte, una y otra vez; es repetitivo. En el séptimo peldaño vas más allá del nacimiento y la muerte. La vida eterna es tuya..., el Reino de Dios.

Capítulo 16

DISTRACCIONES EN EL CAMINO DEL TANTRA

*E*l ser humano ha olvidado el lenguaje de la inocencia. Ha olvidado cómo relacionarse con la existencia. ¡El ser humano ha olvidado cómo relacionarse consigo mismo! Relacionarse con uno mismo significa meditación. Relacionarse con la existencia significa oración. El hombre se ha olvidado del lenguaje en sí. Por eso parecemos como extraños, ¡extraños en nuestra propia casa! No sabemos quiénes somos, no sabemos por qué estamos y no sabemos por qué seguimos existiendo. Parece una espera interminable..., esperando a Godot.

Nadie sabe si llegará Godot o no. En realidad, ¿quién es Godot? Nadie lo sabe, pero tenemos que esperar algo, de modo que nos inventamos una idea y esperamos. Dios es esa idea. El cielo es esa idea. El nirvana es esa idea. Tenemos que esperar porque de alguna manera tenemos que satisfacer a nuestro ser; si no, nos sentimos muy vacíos. El esperar nos da la sensación de una finalidad y dirección. Te sientes bien; por lo menos estás esperando. Todavía no ha ocurrido, pero algún día ocurrirá. ¿Qué es lo que va a ocurrir?

Ni siquiera hemos planteado la pregunta correctamente. ¿Cómo vamos a tener la respuesta correcta? Ni siquiera hemos hecho la pregunta correcta. Ten en cuenta que en cuanto hagas la pregunta correcta la respuesta no estará muy lejos, está a la vuelta de la esquina. De hecho, está escondida dentro de la pregunta misma. Si insistes en hacer la pregunta correcta encontrarás la respuesta correcta a través de la propia pregunta.

La primera cosa que me gustaría deciros hoy es que nos estamos equivocando, nos equivocamos constantemente, porque hemos adoptado a la mente como el lenguaje para relacionarnos con la existencia. Y la mente es una forma de desconectarte de la existencia. Es una forma de desconectarte, no de conectarte. *El pensamiento es el obstáculo.* Los pensamientos son como murallas chinas a tu alrededor, estás andando a tientas entre los pensamientos. No puedes tocar la realidad, no es que la realidad esté lejos. Dios está al lado, como mucho, a la distancia de una oración. Pero si estás haciendo algo como pensar, cavilar, analizar, interpretar, filosofar, entonces te empiezas a caer más y más, y cuanto más te alejas de la realidad —porque tienes más pensamientos—, más difícil te resulta ver a través de ellos. Son como una niebla espesa. Te ciegan.

Este es uno de los principios fundamentales del tantra, que la mente pensante es la mente que se equivoca, que el pensamiento no es el lenguaje adecuado para relacionarse con la realidad. Entonces, ¿cuál es el lenguaje para relacionarse con la realidad? El no pensar, las palabras son insignificantes en lo que respecta a la realidad. El silencio es significativo. El silencio está preñado; las palabras están muertas. Hay que aprender el lenguaje del silencio.

Y entonces sucede algo así: estuviste en el vientre de tu madre aunque lo has olvidado completamente, durante nueve meses no dijiste ni una sola palabra..., pero estabais juntos, en un silencio profundo. Eras uno con la madre, no había barreras entre tu madre y tú. No existías como un ente separado. En ese silencio profundo, tu madre y tú erais uno. Había una tremenda unidad. No era unión, era unidad. No erais dos, de modo que no había una unión, era una unidad. No erais dos.

Cuando te vuelves silencioso, vuelve a suceder lo mismo: otra vez vuelves al vientre de la existencia, vuelves a relacionarte, pero de un modo completamente nuevo. No es exactamente nuevo, porque ya lo conocías en el vientre de tu madre, pero lo habías olvidado. Esto es lo que quiero decir cuando digo que el ser humano se ha olvidado del lenguaje para relacionarse. Esta es la manera como te relacionabas cuando estabas en el vientre de tu madre; tu madre recibía todas las vibraciones y tú recibías todas las vibraciones de tu madre. Era un entendimiento sencillo; entre tu madre y tú no había malentendidos. Los malentendidos surgen cuando surge el pensamiento.

¿Cómo puedes tener un malentendido con alguien si no piensas? ¿Puedes? ¿Puedes malentenderme si no piensas? Es imposible. En cuanto empiezas a pensar, empiezas a interpretar. En cuanto empiezas a pensar, dejas de mirarme, me estás evitando. Te escondes detrás de tus pensamientos. Los pensamientos vienen del pasado. Yo estoy presente aquí. Soy un hecho aquí y ahora, y tú traes tu pasado.

Seguramente conoces la historia del pulpo. Cuando se quiere esconder, desprende tinta negra a su alrededor, una nube de tinta negra. Así, nadie le puede ver. Se pierde en una nube de tinta negra que él mismo ha creado; es una medida de seguridad. Esto es exactamente lo que te sucede cuando desprendes una nube de pensamientos a tu alrededor, te pierdes dentro de ella. Entonces, no te puedes relacionar, y nadie se puede relacionar contigo. Es imposible relacionarse con una mente; solo te puedes relacionar con la conciencia.

La conciencia no tiene pasado. La mente solo es pasado y nada más. De modo que lo primero que dice el tantra es que tienes que aprender el lenguaje del orgasmo. De nuevo, ¿qué sucede cuando estás haciendo el amor con una mujer? Durante unos segundos —esto es muy poco común, y a medida que el hombre se va volviendo más civilizado, esto es cada vez menos común—, durante unos segundos no estás en la mente. Por medio de este sobresalto te desconectas de la mente. Al saltar te desconectas de la mente. Durante esos breves segundos que dura el orgasmo, cuando estás desconectado de la mente, puedes relacionarte de nuevo. Vuelves a estar en el vientre…, en el vientre de tu mujer o en el vientre de tu hombre. Ya no estás separado. Vuelve a haber unidad, no es unión.

Cuando empiezas a hacer el amor con una mujer es el principio de una unión. Pero cuando llega el orgasmo no es una unión, es unidad; desaparece la dualidad. ¿Qué ocurre con esa profunda experiencia cumbre?

El tantra te recuerda constantemente que lo que sucede en ese momento cumbre es el lenguaje para relacionarte con la existencia. Es el lenguaje de las entrañas; es el lenguaje de tu propio ser. Piensa en términos de cuando estabas en el vientre de tu madre, o piensa en términos de cuando estabas en el vientre de tu amada. ¡Y durante unos breves segundos dejará de funcionar tu mente!

Esos momentos de no-mente son tus atisbos de samadhi, atisbos de satori, atisbos de Dios. Nos hemos olvidado del lenguaje y tenemos que volverlo a aprender. El lenguaje es el amor.

El lenguaje del amor es el silencio. Cuando dos amantes están en una armonía profunda, en lo que Carl Jung solía llamar sincronicidad, cuando sus vibraciones están sincronizadas, cuando los dos vibran en la misma longitud de onda, entonces hay silencio, los amantes no hablan. Solo hablan los maridos y las esposas. Los amantes se quedan callados.

En realidad, el marido y la mujer no se pueden quedar callados porque el lenguaje es la forma de evitarse el uno al otro. Si no estás evitando al otro, es decir, si no estás hablando, entonces la presencia del otro resulta muy incómoda. El marido y la mujer desprenden inmediatamente su tinta. Podría valer cualquier cosa, pero desprenden tinta a su alrededor; se pierden en una nube, y así no hay ningún problema.

El lenguaje no es una forma de relacionarse más o menos, es una forma de evitarse. Cuando estás profundamente enamorado, puedes tomar la mano de la persona amada, pero estás en silencio…, silencio absoluto, ni siquiera un murmullo. En el lago sereno de tu conciencia se transmite algo, se transmite el mensaje. Es un mensaje sin palabras.

El tantra dice que tenemos que aprender el lenguaje del amor, el lenguaje del silencio, el lenguaje de la presencia del otro, el lenguaje del corazón, el lenguaje de las entrañas.

Hemos aprendido un lenguaje que no es existencial. Hemos aprendido un lenguaje extraño, utilitario, por supuesto; persigue un fin concreto, por supuesto; pero es un impedimento en lo que concierne a la elevación en la exploración de la conciencia. En un nivel más bajo, está bien; necesitas un lenguaje para poder relacionarte cuando estás en la calle, no te vale con el silencio. Pero a medida que vas hacia dentro y hacia arriba, este lenguaje no te servirá.

Precisamente, el otro día estaba hablando sobre los chakras; hablé sobre dos chakras, el chakra *muladhara* y el chakra *svadhistana*. «Muladhar» significa la base, la raíz. Es el sexto centro, o también puedes llamarlo el centro de la vida, el centro del nacimiento. Naces desde el *muladhara*. Obtienes este cuerpo a través del *muladhara* de tu madre y de tu padre. El chakra siguiente es *svadhistana*, que significa morada del ser, es el chakra de la muerte. Es un nombre muy raro para el chakra de la muerte: morada del ser, *svadhistana*, donde existes realmente. ¿En la muerte? Sí.

Cuando mueres, vuelves a tu existencia pura, porque solo muere lo que no eres. Muere el cuerpo. El cuerpo nace del *muladhara*. Cuando mueres, desaparece el cuerpo, ¿pero tú? No. Lo que el *muladhara* te otorga, el svadhisthana te lo quita. Tus padres te han dado un aparato determinado, y te lo quita la muerte. ¿Pero tú? Tú ya existías antes de que tu padre y tu madre se conociesen; has existido siempre.

Cuando alguien le pregunta a Jesús sobre el profeta Abraham, qué opinión tiene de él, Jesús dice: «¿Abraham? *Yo ya existía antes de que apareciese Abraham*».

Abraham vivió dos o tres mil años antes de Jesús, y él dice: «¡Yo existía antes de que apareciese Abraham!».

¿De qué está hablando? En lo que respecta al cuerpo, ¿cómo es posible que estuviese antes que Abraham? No está hablando del cuerpo, está hablando del ser, su ser puro… que es eterno.

Este nombre, *svadhistana*, es hermoso. Es exactamente el mismo centro que en Japón se conoce como *hara*. Por eso en Japón hay un tipo de suicidio que se llama *harakiri*, morir o suicidarte a través del centro del hara. Svadhisthana solo te quita lo que has recibido del *muladhara*, pero no te quita lo que viene de la eternidad, tu conciencia.

Los hindúes han sido grandes exploradores de la conciencia. Lo llamaban *svadhistana* porque cuando mueres sabes quién eres. Si mueres enamorado sabrás quién eres. Si mueres meditando sabrás quién eres. Si mueres al pasado sabrás quién eres. Si mueres a la mente sabrás quién eres. La muerte es la manera de saberlo.

En India, en la Antigüedad, el Maestro recibía el nombre de *la muerte*, porque tienes que morir en el Maestro, el discípulo tiene que morir en el Maestro…, solo así llegará a saber quién es.

Estos dos centros han sido corrompidos por la sociedad. Son los centros a los que la sociedad puede acceder fácilmente. A continuación hay otros cinco centros. El tercero es *manipura*, el cuarto *anahata*, el quinto *visuddha*, el sexto *ajna* y el séptimo *sahasrara*.

El tercer centro, *manipura*, es el centro de todos tus sentimientos, de todas tus emociones. En el *manipura* reprimimos todas nuestras emociones. Significa el diamante; la vida vale la pena gracias a los sentimientos, las emociones, la risa, el llanto, las lágrimas y las sonrisas. La vida vale la pena por todas esas cosas. Son el esplendor de la vida, por eso este chakra se llama el chakra del diamante.

Solo el hombre tiene la capacidad de poseer este hermoso diamante. Los animales no se pueden reír; naturalmente, tampoco pueden llorar. Las lágrimas tienen una cierta dimensión que solo puede disfrutar el ser humano. La belleza de las lágrimas, la belleza de la risa; solo el hombre puede disfrutar de la poesía de la risa. El resto de los animales solo tienen dos chakras, *muladhara* y *svadhistana*. Nacen y se mueren; entre estas dos cosas no hay mucho más. Sí solo naces y mueres, entonces eres un animal; todavía no eres un hombre. Hay millones de personas que solo existen con estos dos chakras; nunca los trascienden.

Nos han enseñado a reprimir los sentimientos. Nos han enseñado a no ser sentimentales. Nos han enseñado que el sentimentalismo no vale la pena; sé práctico, sé duro, no seas blando, no seas vulnerable, si no, se aprovecharán de ti. ¡Sé duro! Por lo menos, aparenta ser duro, finge que eres peligroso, que no eres blando. Crea miedo a tu alrededor. No te rías, porque si te ríes no te tendrán miedo. No llores, si lloras notarán que tú también tienes miedo. No muestres tus limitaciones humanas. Finge que eres perfecto.

Reprime el tercer centro y te convertirás en un soldado, no en un hombre sino en un soldado, un militar, un hombre falso.

El tantra hace un gran esfuerzo para relajar este centro. Hay que expresar las emociones, relajarlas. Si tienes ganas de llorar, llora; si tienes ganas de reír, ríe. Tienes que acabar con esta bobada de la represión, tienes que aprender a expresarte, porque solo a través de tus sentimientos, de tus emociones, de tu sensibilidad, llegas a esa vibración donde es posible la comunicación.

¿No te has dado cuenta? Puedes hablar todo lo que quieras sin decir nada; pero una lágrima que se desliza por tu mejilla lo expresa todo. Una lágrima puede decir muchas más cosas. Puedes hablar durante horas sin decir nada; sin embargo, una lágrima lo expresa todo. Puedes estar diciendo, «soy muy feliz, esto y lo otro…», pero tu cara muestra lo contrario. Un poco de risa, una carcajada auténtica, y no necesitas decir nada más, la risa lo expresa todo. Cuando ves a un amigo, tu cara se ilumina, refleja alegría.

El tercer centro se tiene que ir abriendo cada vez más. Va en contra del pensamiento; cuando aceptes el tercer centro te resultará mucho más fácil relajarte en tu tensa mente. Sé auténtico, sé sensible; toca más, siente más, ríe más, llora más. Y recuerda que no tienes que hacer más de lo necesario; no puedes exagerar. No puedes llorar ni una sola lágrima más de las necesarias, no puedes reír más de lo necesario. No tengas miedo, y no seas tacaño.

El tantra acepta todas las emociones de la vida.

Estos son los tres centros más bajos —bajos, no en el sentido de valoración—, son los tres centros más bajos, los peldaños más bajos de la escalera.

A continuación viene el cuarto centro, el centro del corazón, que recibe el nombre de *anahata*. Es una palabra preciosa. *Anahata* significa el sonido no causado, significa exactamente lo mismo que quiere decir la gente de zen cuando dice: «¿Puedes oír el sonido que produce una palmada con una sola mano?», el sonido no causado. El corazón está justo en el medio, hay tres centros por debajo y otros tres por arriba. Es la puerta de lo inferior a lo superior, o de lo superior a lo inferior. El corazón es como un cruce de caminos. El corazón ha sido completamente ignorado. No te han enseñado a actuar de todo corazón. No te han permitido estar en el mundo del corazón, porque es muy peligroso. Es el centro del sonido no causado; es el centro no lingüístico: el sonido no causado. El lenguaje es el sonido que se causa; lo creamos con las cuerdas vocales al percutir sobre ellas, es el sonido de dos manos dando una palmada. El corazón es una palmada con una sola mano. El corazón no tiene palabras; en él no hay palabras.

Hemos evitado totalmente al corazón, lo hemos dejado de lado. En nuestro ser, funcionamos como si no tuviésemos corazón o, como mucho, como si tuviésemos un aparato que bombea la respiración, nada más. Pero no es así. Los pulmones no son el corazón. El corazón está muy escondido detrás de los pulmones. Tampoco es físico. Es el lugar donde nace el amor. Por eso, el amor no es un sentimiento. El amor sentimental pertenece al tercer centro, no al cuarto.

El amor no es solo sentimental. El amor tiene más profundidad que los sentimientos; tiene más valor que los sentimientos. Los sentimientos son momentáneos. Se confunde el sentimiento de amor con la experiencia de amor. Un día te enamoras de un hombre o de una mujer y al día siguiente se ha acabado, y esto es a lo que llamamos amor. No es amor. Solo es un sentimiento, te ha gustado una mujer —ten en cuenta que se trata de gustar, no de amar—, era un «gustar», igual que te gustan los helados. Gustar es eso. Los gustos van y vienen; los gustos son momentáneos; no duran mucho tiempo; no tienen capacidad de durar. Te gusta una mujer, la has amado, y ¡se acabó! Se acabó el gustar. Es lo mismo que cuando te gusta el helado, te lo tomas y dejas de fijarte en los helados. Y si alguien te sigue dando helados dirás: «Está asqueroso, ¡para! No quiero más».

Gustar no es amar. No confundas el gustar con el amar; de lo contrario, tu vida será como un barco a la deriva..., irás fluctuando de una persona a otra, la intimidad no crecerá nunca.

El cuarto centro, *anahata*, es muy importante, porque a través del corazón te has relacionado con tu madre por primera vez. Te relacionas con ella a través del *corazón* y no de la cabeza. Cuando tienes un amor profundo, un profundo orgasmo, te vuelves a relacionar con el corazón, no con la cabeza. Al meditar, al rezar, sucede algo: te relacionas con la existencia con el corazón, de corazón a corazón. Sí, es un diálogo corazón con corazón, no de cabeza con cabeza. No es lingüístico.

El centro del corazón es el centro desde el que surge el sonido sin sonido. Si te relajas en el centro del corazón podrás oír el *omkar*, *aum*. Es un gran descubrimiento. Los que han entrado en el corazón pueden oír un canto continuo dentro de su ser que suena como *aum*. Escuchas un canto que sucede por sí mismo, no es que *tú* lo hagas.

Por eso no estoy a favor de los mantras. Puedes cantar, *aum*, *aum*, *aum*, y crear un sustituto mental del corazón. Esto no sirve. Es decepcionante. Si cantas durante años crearás un falso sonido en tu interior como si estuviese hablando tu corazón, pero no lo está haciendo. Para conocer al corazón no tienes que cantar *aum*, solo tienes que estar en silencio. De repente, un día aparecerá el mantra. Algún día, cuando te hayas quedado en silencio, de repente oirás el sonido que surge de ninguna parte. Surge de tu ser más profundo. Es el sonido de tu silencio interior. Igual que una noche callada tiene un determinado sonido, el sonido del silencio, exactamente del mismo modo, pero a un nivel mucho más profundo, surge un sonido en tu interior.

Surge —permíteme que te lo recuerde—, no es que tú lo provoques; no surge por repetir *aum*, *aum*. No tienes que decir ni una sola palabra. Simplemente, estás en silencio. Y brota como un manantial..., de repente, empieza a fluir, está ahí. Tú lo escuchas, no lo pronuncias, solo lo escuchas.

Este es el significado cuando los musulmanes dicen que Mahoma *oyó* el Corán, este es el significado. Es exactamente lo mismo que te sucede en el fondo de tu corazón. No dices nada, lo oyes. Mahoma oyó el Corán, lo oyó en su interior. Él estaba realmente desconcertado, nunca había oído nada parecido. Era algo desconocido, poco familiar. La historia cuenta que cayó enfermo. ¡Era muy extraño! Si, de repente, estás sentado en tu habitación y empiezas a escuchar el *aum* interior, *aum* o cualquier otra cosa, empezarás a pensar «¿me estaré volviendo loco?». No lo estás pronunciando tú, y nadie más lo está haciendo. ¿Te estarás volviendo loco?

Mahoma estaba sentado en la cima de un montículo cuando lo oyó. Llegó a su casa temblando, transpirando; tenía mucha fiebre. Realmente, le había perturbado. Le dijo a su mujer: «¡Saca todas las mantas y tápame! Jamás he tenido un temblor así, tengo mucha fiebre». Pero su mujer podía ver que su cara estaba iluminada. «¿Qué clase de fiebre es esta? Sus ojos echan chispas con algo tremendamente hermoso. Desde que ha vuelto, la casa se ha llenado de gracia. Un gran silencio se ha dejado caer sobre la casa». También su mujer empezó a oír algo. Le dijo a Mahoma: «No creo que sea fiebre, creo que Dios te ha bendecido. ¡No tengas miedo! ¿Qué ha pasado? ¡Cuéntamelo!».

Su mujer fue la primera musulmana, se llamaba Khadija. Fue la primera en convertirse. «Puedo VER», dijo. «Dios te ha penetrado, te ha sucedido algo, algo fluye de tu corazón que inunda toda la casa. ¡Estás luminoso! Nunca has estado así, te ha sucedido algo extraordinario. Dime por qué estás tan preocupado y tembloroso. Quizá sea algo nuevo, pero puedes decírmelo».

Y Mahoma se lo contó con mucho miedo de lo que pudiera pensar, pero ella se convirtió; fue la primera musulmana.

Siempre ha sido así. Los hinduistas dicen que Dios en persona recitaba los *Vedas*. Esto significa que lo habían oído. En India tenemos una palabra para definirlo, es *shruti*; *shruti* significa lo que ha sido oído.

En el centro del corazón, el *anahata* chakra, puedes oír. Pero como no oyes nada, ni sonidos, ni omkar, ni mantras, esto significa sencillamente que has ignorado al corazón. La cascada está ahí, y también el sonido del agua que cae, pero lo has evitado, lo has ignorado y has tomado otro camino, has tomado un atajo. Este atajo sale del tercer centro obviando el cuarto. El cuarto es el centro más peligroso porque es el centro en el que nace la confianza, la fe. La mente tiene que evitarlo. Si no lo evita, no habrá ninguna posibilidad para la duda. La mente vive gracias a la duda.

Este es el cuarto centro. El tantra dice que a través del amor llegarás a conocer este cuarto centro.

El quinto centro recibe el nombre de *visuddha*. *Visuddha* significa pureza. Indudablemente, cuando sucede el amor hay pureza e inocencia, pero no antes. Solo el amor purifica. Y solo el amor, ninguna otra cosa puede purificarte. Incluso la persona más horrible se vuelve hermosa cuando está enamorada. El amor es néctar. Purifica cualquier veneno. El quinto chakra se llama *visuddha; visuddha* significa pureza, pureza absoluta. Es el centro de la garganta.

El tantra dice: solo puedes hablar cuando hayas llegado al quinto centro pasando por el cuarto, habla por medio del amor, si no, es mejor que no hables. Habla por medio de la compasión, si no, ¡no hables! ¿Qué sentido tiene hablar? Si has pasado por el corazón y has oído hablar a Dios o le has oído fluir como una cascada, si has oído el sonido de Dios, el sonido de una palmada con una sola mano, entonces puedes hablar, tu centro de la garganta podrá transmitir el mensaje, podrás decirlo incluso con palabras. Cuando lo *alcanzas*, puedes ponerlo incluso en palabras.

Hay pocas personas que lleguen al quinto centro, en raras ocasiones, porque si ni siquiera llegan al cuarto, ¿cómo van a llegar al quinto? Es muy raro. A veces llega al quinto centro un Cristo, un Buda, un Saraha. La belleza de sus palabras es enorme, y su silencio mucho más. Incluso sus palabras están llenas de silencio. Hablan y, sin embargo, no hablan. Dicen, y dicen lo que no se puede decir, lo inefable, lo que no se puede expresar.

Tú también usas la garganta, pero eso no es *visuddha*. El chakra está completamente muerto. Cuando ese chakra se abre, tus palabras están cargadas de miel, tus palabras tienen una fragancia, tienen una música, un baile. Entonces, todo lo que digas será poesía, todo lo que pronuncies será felicidad absoluta.

El sexto chakra es *ajna; ajna* significa orden. En el sexto chakra te ordenas, pero no antes. En el sexto chakra te vuelves el amo,
pero no antes. Antes eras un esclavo. En el sexto chakra sucederá
todo lo que digas, sucederá todo lo que desees. En el sexto chakra
tienes fuerza de voluntad, no antes. Antes de este chakra no existe la voluntad. Pero esto es una paradoja.

En el cuarto chakra desaparece el ego. En el quinto chakra
desaparecen todas las impurezas, y después tienes fuerza de voluntad, así no podrás hacer daño con tu voluntad. En realidad, ya no
se trata de tu voluntad, es la voluntad de Dios, porque el ego desaparece en el cuarto centro, y las impurezas desaparecen en el quinto. Ahora eres un ser puro, un vehículo, un instrumento, un men-
sajero. Ahora tienes voluntad porque tú no eres, ahora tu voluntad
es la voluntad de Dios.

En contadas ocasiones, algunas personas llegan al sexto chakra
que, en cierto modo, es el último. En el mundo, es el último. Más
allá está el séptimo, pero entonces entras en un mundo totalmente distinto, en una realidad separada. El sexto es la última frontera, es el puesto de control.

El séptimo es *sahasrara; sahasrara* significa flor de loto de mil
pétalos. Cuando tu energía llega hasta el séptimo centro, sahasrara, entonces te vuelves una flor de loto. Ya no tienes que ir a otras
flores para encontrar la miel, ahora las demás abejas empezarán a
venir a ti. Tu sahasrara se ha abierto, tu flor de loto ha florecido
plenamente. Este flor de loto es el nirvana.

El centro más bajo es el *muladhara*. En el centro más bajo
surge la vida, la vida del cuerpo y los sentidos. En el séptimo centro nace la vida, la vida eterna; no la del cuerpo, no la de los sentidos. Esta es la fisiología del tantra. No es la fisiología que encuentras en los libros de medicina. Por favor, no busques en los libros
de medicina, no lo encontrarás. Es una metáfora, es una forma de
hablar. Es un mapa para que las cosas sean comprensibles. Si te
diriges hacia allí, nunca llegarás a la nubosidad de los pensamientos. Si omites el cuarto chakra irás a la cabeza. Estar en la cabeza
no significa estar enamorado; estar en los pensamientos significa no
tener confianza; estar pensando significa no estar mirando.

Capítulo 17

LAS DIFICULTADES DE EXPRESAR EL MUNDO INTERNO DE LA CONCIENCIA

*E*n el centro sexual, el primer centro, el centro más primitivo pero más natural, el centro que es accesible a todo el mundo, ocurre una integración de lo exterior y lo interior. Por supuesto, es momentánea. Una mujer que se encuentra con un hombre, o un hombre que se encuentra con una mujer durante unos instantes, una fracción de segundo en la que se encuentran lo exterior y lo interior y se funden el uno con el otro. Esta es la belleza del sexo, del orgasmo, cuando dos energías, dos energías complementarias se unen y se convierten en una sola. Pero esto es momentáneo porque el encuentro sucede a través del elemento más burdo, el cuerpo. El cuerpo toca la superficie del otro, pero realmente no puede penetrar. Es como dos cubitos de hielo. Si juntas dos cubitos de hielo, se tocarán, pero si se derriten y se convierten en agua, se juntarán y se entremezclarán. Entonces, podrán ir hasta el mismo centro. Si se evapora el agua, el encuentro se vuelve mucho más profundo. Ya no hay un yo ni un tú, ya no hay interior ni exterior.

El primer centro, el centro sexual, te da una cierta integración. Por eso se anhela tanto el sexo. Es natural, en sí mismo es beneficioso y bueno, pero si te detienes ahí es como detenerse en el portal de un palacio. El portal está bien, te conduce hasta el palacio, pero no es el lugar idóneo para establecer tu morada, no es un lugar para quedarse para siempre…, y te perderás la dicha que te está esperando en las integraciones superiores de los otros centros. La belleza y el placer del sexo no son nada comparados con esa dicha, esa felicidad y esa alegría. Esto solo te da un atisbo momentáneo.

El segundo chakra es el hara. En el hara se unen la vida y la muerte. Si alcanzas el segundo centro, llegas a un orgasmo de integración superior. La vida se une con la muerte, el sol se une con la luna. Y ahora el encuentro sucede en el interior, de modo que puede ser más duradero, más estable, porque no dependes de nadie más. Ahora te unes con tu propia mujer u hombre interior.

El tercer centro es el ombligo. Aquí se une lo positivo y lo negativo, la electricidad positiva y negativa. Su encuentro es incluso más elevado que el de la vida y la muerte, porque la energía eléctrica, prana, bioplasma o bioenergía, es más profunda que la vida y la muerte. Está antes de la vida y está después de la muerte. La vida y la muerte existen gracias a la bioenergía. Este encuentro de la bioenergía en el ombligo, *nabhi*, produce una experiencia más elevada de ser uno, de integración, de unidad.

A continuación está el corazón. En el centro del corazón se une lo inferior y lo superior. En el centro del corazón se unen prakriti y purusha, el centro sexual y el centro espiritual, lo terrenal y lo de otros mundos; o bien puedes decir que es la unión del cielo y de la tierra. Es más elevado porque, por primera vez, asoma algo del más allá, puedes ver el sol saliendo en el horizonte. Sigues enraizado en la tierra, pero tus ramas se extienden hacia el cielo. Te vuelves un encuentro. Por eso, el centro del corazón nos da la experiencia más elevada y refinada que puedas tener jamás, la experiencia del amor. La experiencia del amor es el encuentro de la tierra y el cielo; por eso el amor, en cierto sentido, es terrenal y en otro sentido es celestial.

Esta es la razón de que Jesús definiera a Dios como el amor, porque el amor parece ser el atisbo más elevado de la conciencia humana.

Normalmente, las personas se quedan en el centro sexual. Si se ejercitan a fondo haciendo yoga, karate, aikido o t'ai chi, pueden llegar al segundo centro, el hara. Si se ejercitan en el mecanismo profundo de la respiración, prana, entonces alcanzarán el centro del ombligo. Y solo podrás llegar al centro del corazón si te ejercitas en mirar más allá de la tierra, en ver más allá del cuerpo, y en mirar tan profunda y sensiblemente que ya no estés reducido a lo físico, de modo que te puedan penetrar los primeros rayos de lo sutil.

Todos los caminos de la devoción, bhakti yoga, trabajan sobre el centro del corazón. El tantra comienza en el centro sexual. El tao comienza en el centro del hara. El yoga comienza en el centro del ombligo. El bhakti yoga, los caminos de la devoción y el amor, los sufíes y otros, comienzan en el centro del corazón.

A continuación del corazón está el centro de la garganta. Aquí vuelve a suceder una integración todavía más elevada, más sutil. Este centro es el centro del dar y el recibir. Un niño recién nacido recibe todo del centro de la garganta. Primero, entra la vida por el centro de la garganta, absorbe aire, respira; después absorbe leche de su madre. El niño funciona desde el centro de la garganta, pero solo funciona una mitad, y pronto el niño se olvida de esto. Solo recibe, todavía no sabe dar. Su amor es pasivo. Si estás pidiendo amor, entonces no madurarás, serás infantil. No te volverás un adulto hasta que seas maduro y puedas dar amor. Todo el mundo está pidiendo amor, pero casi nadie lo da. Esta es la desdicha del mundo. Y todos los que exigen, piensan que están dando, creen que están dando.

He visto a miles de personas hambrientas de amor, sedientas de amor, pero no he visto a nadie que intente dar. Y todos están dando sin recibir nada a cambio. Cuando das, naturalmente, recibes. Nunca ha sucedido lo contrario. En el momento que das, el amor empieza a fluir hacia ti. No tiene nada que ver con las personas o con la gente. Tiene que ver con la energía cósmica de Dios.

El centro de la garganta es el encuentro del recibir y el dar. Recibes de él y das desde él. Este es el sentido de las palabras de Cristo cuando dice que debes volverte de nuevo un niño. Si lo traduces a la terminología del yoga querrá decir: que debes volver de nuevo a la garganta. El niño se olvida de esto poco a poco.

Si te fijas en la psicología freudiana, encontrarás el caso paralelo. Freud dice que la primera fase del niño es oral, la segunda anal y la tercera genital. La psicología freudiana acaba en el tercer centro. Por supuesto, se trata de una psicología muy pobre, muy rudimentaria, fragmentaria, y se refiere a las funciones más básicas del ser humano. Fase oral, sí, el niño usa el centro de la garganta, pero solo para recibir. Y cuando ha empezado a recibir, su ser pasa a la fase anal.

¿Te has dado cuenta que algunas personas se aferran a lo oral, incluso hasta su muerte? Son las personas que fuman; son personas orales. Siguen haciéndolo... El humo, el cigarrillo, el puro, les da la sensación de algo caliente pasando por el centro de la garganta, como la leche de la madre; y se limitan a lo oral, no son capaces de dar. Si una persona es un fumador empedernido, un gran fumador, casi nunca será una persona que da amor. Exige, pero no da.

Las personas que fuman demasiado suelen estar muy interesadas en los pechos de las mujeres. Es inevitable, porque el cigarrillo es un sustituto del pezón. No estoy diciendo que las personas que no fuman no estén interesadas en los pechos de las mujeres. Los que fuman están interesados. Los que no fuman también están interesados; pueden estar mascando *pan*[17], chicle o cualquier otra cosa, o quizá les interese la pornografía, o quizá estén constantemente obsesionados con los pechos. En su mente, en sus sueños, en su imaginación, en su fantasía, solamente hay pechos y más pechos flotando a su alrededor. Así son las personas orales, están atascadas.

Cuando Jesús dice que tienes que volver a ser un niño, quiere decir que tienes que volver al centro de la garganta, pero con una energía nueva para dar. Las personas creativas son personas que dan. Pueden cantar una canción, bailar, escribir un poema,

---

[17] Mezcla estimulante de especias envueltas en una hoja de betel que se mastica habitualmente en India. *(N. del T.)*

pintar un cuadro o contarte una historia. Todas estas personas usan el centro de la garganta para dar. El encuentro del dar y el recibir sucede en la garganta. La capacidad de recibir y de dar es una de las integraciones más importantes.

Hay gente que solo es capaz de recibir. Serán miserables, porque nunca te enriqueces recibiendo. Te enriqueces dando. En realidad, solo posees lo que puedes dar. Si no lo puedes dar, entonces, crees que posees algo. Pero no lo posees; no eres el amo. Si no puedes dar dinero, no eres el amo. El amo es el dinero. Si puedes darlo, indudablemente, eres el amo. Puede parecer una paradoja, pero te lo vuelvo a repetir: solo eres dueño de lo que das. En cuanto das, en el momento que das, te conviertes en el dueño, te enriqueces. El dar te enriquece.

Las personas tacañas son las más necesitadas y pobres del mundo, son más pobres que los pobres. No pueden dar, están atascados. Siguen acumulando. La acumulación se convierte en una carga para su ser; no les libera. En realidad, si tienes algo deberías ser más libre. Pero fíjate en los tacaños. Tienen mucho, pero están agobiados; no son libres. Incluso los mendigos son más libres que ellos. ¿Qué les ha sucedido? Han usado el centro de la garganta solo para recibir. No solo no han usado el centro de la garganta para dar, sino que ni siquiera han pasado al segundo centro freudiano, el anal. Estas personas siempre están estreñidas; los acaparadores, los tacaños, siempre sufren de estreñimiento. Ten presente que no estoy diciendo que todas las personas que tienen estreñimiento son tacañas; puede haber otros motivos. Pero los tacaños, sin duda, están estreñidos.

Freud dice que el oro y los excrementos tienen algo. Ambos son amarillos, y las personas estreñidas tienen demasiada atracción por el oro. El oro no tiene un valor existencial, puede tener valor psicológico, pero no existencial. No se puede comer, no se puede beber. ¿Qué se puede hacer con él? Existencialmente, incluso un vaso de agua tiene más valor. ¿Por qué se ha vuelto tan valioso el oro? ¿Por qué están tan obsesionadas las personas con el oro? Porque no han pasado del centro oral al anal. En su ser interno están estreñidos. Ahora, toda su vida reflejará ese estreñimiento; se volverán acumuladores de oro. El oro es simbólico. El color amarillo les sugiere algo.

¿Te has fijado en los niños? Es muy difícil convencerles para ir al lavabo, casi hay que obligarles. Entonces, siguen insistiendo: «No pasa nada. ¿Puedo salir?». Están aprendiendo las primeras lecciones de avaricia, cómo retener. Cómo retener, cómo hacer para no dar ni siquiera lo que es inútil acumular, lo que es perjudicial mantener dentro del cuerpo. Para ellos es difícil dejarlo o renunciar, incluso al veneno.

He oído esta historia de dos bikkhus budistas. Uno de ellos era un avaro y un acaparador, y se dedicaba a pedir dinero y guardárselo; el otro solía reírse de esta actitud tan tonta. Usaba todo lo que se encontraba en el camino, pero nunca lo acumulaba. Una noche llegaron hasta un río. Estaba atardeciendo, se estaba poniendo el sol y era peligroso quedarse ahí. Tenían que cruzar hasta la otra orilla; allí había una ciudad. En esta orilla solo había selva.

El avaro dijo:

—Ahora, como no tienes dinero no podemos pagar al hombre del transbordador. ¿Tienes algo que decir? No estás a favor de atesorar, pero si no tuviese dinero nos moriríamos los dos. ¿Te das cuenta? El dinero es necesario.

El hombre que creía en la renunciación se rió, pero no dijo nada. El avaro pagó y cruzaron el río; llegaron a la otra orilla. El avaro volvió a decir:

—Recuerda esto, la próxima vez no discutas conmigo. ¿Ves? El dinero ayuda. Sin dinero nos habríamos muerto. Habría sido difícil sobrevivir toda la noche en la otra orilla, rodeados de animales salvajes.

El otro bikkhu se rió y dijo:

—Pero hemos cruzado el río gracias a que has renunciado. No hemos sobrevivido gracias a acaparar. Si hubieses insistido en acaparar y en no pagar al hombre del transbordador, nos habríamos muerto. Hemos sobrevivido gracias a que has podido renunciar, a que has podido dejarlo, darlo.

Todavía deben estar discutiendo. Pero recuerda, no estoy contra el dinero. Estoy a favor, pero úsalo. Poséelo, tenlo; pero tu posesión solo surge en el momento que eres capaz de desprenderte de ella. En el centro de la garganta sucede esta nueva síntesis. Puedes aceptar y puedes dar.

Hay personas que van de un extremo al otro. Primero, eran incapaces de dar, solo podían recibir; después cambian y se van al otro extremo; ahora pueden dar pero no son capaces de recibir. Eso también está desequilibrado. Un verdadero ser humano es capaz de aceptar regalos así como de recibirlos. En India encontrarás muchos sannyasins y muchos de los llamados mahatmas que no tocan el dinero. Si les das dinero, se espantan como si les hubieses enseñado una serpiente o un bicho venenoso. El que se espanten muestra que se han ido hasta el otro extremo, ahora son incapaces de recibir. Su centro de la garganta funciona a medias, y un centro realmente no funciona hasta que funciona completamente, cuando la rueda da toda la vuelta, moviéndose y creando campos de energía.

Después está el centro del tercer ojo. En este centro se unen pingala e ida, y se convierten en sushumna. Los dos hemisferios del cerebro se unen en el tercer ojo; justo entre los dos ojos. Un ojo representa la derecha, y el otro ojo representa la izquierda; y este está justo en el medio. La unión del hemisferio derecho e izquierdo en el tercer ojo es una síntesis muy elevada. Hay personas que han sido capaces de describirlo hasta este punto. Ramakrishna podía describir hasta el tercer ojo. Cuando empezaba a hablar del final, de la síntesis que ocurre en *sahasrara*, volvía a caer en silencio, en samadhi. Se ahogaba en él, era demasiado. Era como una inundación; era llevado hasta el mar. No se podía mantener consciente, despierto.

La última síntesis sucede en *sahasrara*, el chakra de la coronilla. Los reyes de todo el mundo, los emperadores, los monarcas y las reinas usan corona debido a *sahasrara*. Ahora es una formalidad, pero se aceptó básicamente porque si tu *sahasrara* no funciona, ¿cómo puedes ser un monarca, cómo puedes ser un rey? ¿Cómo puedes gobernar al pueblo si tú mismo no te gobiernas? En el símbolo de la corona hay un secreto escondido. Este secreto es que solo puede ser rey o reina la persona que ha alcanzado el centro de la coronilla, la última síntesis de su ser. Solo él será capaz de gobernar a los demás, porque se ha gobernado a sí mismo. Se ha vuelto el amo de sí mismo; ahora puede ayudar a los demás. En realidad, cuando llegas a *sahasrara* florece una corona en tu interior, se abre una flor de loto de mil pétalos. Ninguna corona puede compararse con esto pero, entonces, se convirtió en un símbolo. Este símbolo existe en cualquier parte del mundo. Esto demuestra que en todas las partes del mundo las personas han tomado conciencia, de una forma u otra, de la síntesis definitiva de *sahasrara*. Los hindúes se dejan crecer un mechón de pelo al que llaman *choti*, la cima, justo en el lugar que está, o debería estar, el *sahasrara*. Algunas comunidades católicas se afeitan esa parte de la cabeza. Cuando el Maestro bendice al discípulo pone su mano sobre el *sahasrara*. Y si el discípulo es receptivo, si se ha rendido al Maestro, de repente sentirá un rápido ascenso de energía que va desde el centro sexual hasta el *sahasrara*.

A veces, cuando os toco la cabeza, si de repente os sentís excitados no tengáis miedo, no os acobardéis, porque está sucediendo lo que tiene que suceder. La energía está en el centro sexual y empieza a despertarse. Os asustáis, os espantáis, la reprimís. ¿Qué está pasando? Sentirse excitado a los pies del Maestro puede parecer un poco embarazoso, desconcertante. No lo es. Permítelo, déjalo estar, y pronto verás cómo pasa del primer centro al segundo, y si te entregas, en un segundo la energía llegará al *sahasrara* y sentirás que se revela una nueva sensación en tu interior. Por eso se supone que el discípulo tiene que inclinar la cabeza, para que el Maestro pueda tocársela.

La última síntesis es la del objeto y el sujeto, lo exterior y lo interior. En el orgasmo sexual, lo exterior y lo interior se unen momentáneamente. En *sahasrara* se unen de un modo permanente. Por eso digo que tenemos que viajar desde el sexo hasta el samadhi. En el sexo, el 99 por 100 es sexo y el 1 por 100 es *sahasrara*. En *sahasrara*, el 99 por 100 es *sahasrara*, y el 1 por 100 es sexo. Ambos están unidos, están enlazados por profundas corrientes de energía. Si has disfrutado del sexo, no lo conviertas en tu morada. El sexo solo es un atisbo del *sahasrara*. *Sahasrara* te va a proporcionar mil veces más, un millón de veces más de dicha, de bendiciones.

Lo exterior y lo interior se unen, yo y tú se unen, el hombre y la mujer se unen, el yin y el yang se unen; esta unión es absoluta. Ya no hay separación, ya no hay divorcio.

Esto recibe el nombre de yoga. Yoga significa la unión de dos en uno. En la cristiandad, los místicos lo han llamado *Unión mística*; esta es la traducción exacta de yoga: *Unión mística*, la misteriosa unión. En el *sahasrara* se unen alfa y omega, el principio y el final. El principio es el centro sexual, el sexo es tu alfa; el samadhi es tu omega. Y a menos que alfa y omega se encuentren, a menos que hayas alcanzado la unión suprema, seguirás siendo desdichado, porque ese es tu destino. Sigues sin estar satisfecho. Solo estarás satisfecho cuando alcances la cima más alta de esta síntesis.

Capítulo 18

LIMITACIONES DE LA TERMINOLOGÍA OCCIDENTAL EN EL VIAJE A TRAVÉS DE LOS CUERPOS SUTILES

Has hablado sobre los siete cuerpos sutiles. A veces, es difícil traducir el idioma hindú a términos de la psicología occidental. En Occidente no tenemos teorías sobre esto; entonces, ¿cómo podemos traducir a nuestro idioma estos diferentes cuerpos?

*E*stas palabras se pueden traducir, pero tienes que buscar en fuentes en las que no has mirado. Jung era mejor que Freud en lo que se refiere a la búsqueda de lo que está más allá de la conciencia superficial, pero Jung solo es el comienzo. Podéis encontrar más información del significado de estas palabras en la Antroposofía de Steiner o en los escritos teosóficos: *La doctrina secreta* de madame Blavatsky, *Isis desvelada* y otros trabajos, o en los trabajos de Annie Besant, Leadbeater y el coronel Alcott. Puedes echar una ojeada a las doctrinas de los rosacruces. También hay una gran tradición hermética en Occidente, así como los escritos secretos de los esenios, la fraternidad hermética que inició a Cristo. Más recientemente, pueden ser consultados Gurdjieff y Ouspensky. De modo que puedes encontrar algunos fragmentos, y todos estos fragmentos que se encuentran diseminados se pueden reunir. Todo lo que he dicho lo he expresado en vuestra terminología. Solo he usado una palabra que no pertenece a la terminología occidental: nirvánico. Los otros seis términos —físico, etéreo, astral, mental, espiritual y cósmico— no son hindúes. También pertenecen a Occidente. En Occidente nunca se ha hablado del séptimo centro, no porque no haya personas que lo conociesen, sino porque es imposible hablar de él.

Si te resultan complicados estos términos, entonces puedes usar simplemente «el primero», «el segundo», «el tercero», y así sucesivamente. No utilices términos para describirlos; simplemente descríbelos. Será suficiente con la descripción; la terminología no tiene ninguna importancia.

Los siete centros pueden ser abordados desde muchas direcciones distintas. En lo que se refiere a los sueños, se pueden usar los términos de Jung, Freud y Adler. Lo que ellos denominan consciente es el primer cuerpo. El segundo es el inconsciente, no es exactamente lo mismo pero es bastante aproximado. El tercero es lo que ellos denominan inconsciente colectivo, y de nuevo, no es exactamente lo mismo pero se aproxima.

Si no hay términos comunes se pueden acuñar nuevos términos. De hecho, esto siempre es preferible, porque los términos nuevos no tienen connotaciones antiguas. Cuando se usa un término nuevo, si no está asociado a nada, se vuelve más significativo y se entiende más profundamente. De modo que puedes acuñar palabras nuevas.

Etéreo se refiere a todo lo que está relacionado con el cielo y el espacio. Astral significa lo diminuto; sukshma, lo último, lo atómico, más allá de lo cual la materia deja de existir. Con el mental no hay dificultades. Con el espiritual no hay dificultades. Con el cósmico tampoco hay dificultades.

Entonces, llegas al séptimo, el nirvánico. Nirvánico significa cese total, vacío absoluto. Ni siquiera existe la semilla; todo ha cesado. Lingüísticamente, la palabra significa extinción de la llama. La llama se ha extinguido; se ha apagado la luz. No puedes preguntar a dónde ha ido. Simplemente ha dejado de existir. Nirvana significa la llama que se ha apagado. Ahora ya no está en ninguna parte, o está en todas partes. No tiene un lugar determinado de existencia, ni un tiempo determinado. Ahora es el espacio mismo, el tiempo mismo. Es la existencia y la no existencia; da lo mismo. Como está en todas partes, puedes usar cualquiera de los dos términos. Si está en *alguna* parte, no puede estar en todas partes; y si está en todas partes no puede estar en *alguna* parte; por tanto, en ninguna parte y en todas partes significan lo mismo.

Las palabras en sí no tienen significado. Solo tienen significado las experiencias. Los siete cuerpos solo tendrán algún significado para ti si has tenido una experiencia. En cada plano se pueden usar distintos métodos para ayudarte.

Empieza por el cuerpo físico. Entonces, se irán abriendo los demás planos. En el momento que empiezas a trabajar sobre el primer cuerpo, empiezas a tener atisbos del segundo. Por tanto, empieza por el cuerpo físico. Toma conciencia de él en cada momento. Y no tomes conciencia solo de lo exterior. Puedes tomar conciencia de tu cuerpo también desde dentro. Puedo ser consciente de mi mano porque la veo desde fuera, pero también hay una sensación interna. Cuando cierro los ojos no veo mi mano; sin embargo, sigue habiendo una sensación interna de que hay algo ahí. Por tanto, no tomes conciencia de tu cuerpo visto desde el exterior. Esto no te llevará hacia dentro. La sensación interna es bastante distinta.

Cuando sientes el cuerpo desde el interior sabrás, por primera vez, qué significa estar dentro del cuerpo. Cuando solo lo ves desde fuera no puedes conocer sus secretos. Solo conoces los límites externos, qué aspecto tiene para los demás. Si veo mi cuerpo desde el exterior, lo veré tal como lo ven los demás, pero no sabré cómo es para mí. Puedes ver mi mano desde el exterior y yo también la puedo ver. Esto es objetivo. Puedes compartir ese conocimiento conmigo. Pero mi mano, vista de ese modo, no se conoce internamente. Se convierte en propiedad pública. Tú la puedes conocer tanto como yo.

Solamente se vuelve mía cuando la veo desde dentro, de una forma que no se puede compartir. Tú no puedes saberlo, no puedes saber lo que siento por dentro. Solo yo puedo saberlo. El cuerpo que conocemos no es nuestro cuerpo. Se trata del cuerpo que todos conocen objetivamente, el cuerpo que un físico puede conocer en el laboratorio. No es el cuerpo que existe. Solo la información privada, personal, te puede llevar a tu interior, y no la información pública. Por eso la fisiología y la psicología, que son observaciones externas, nunca han llevado al conocimiento de nuestros cuerpos internos. Solo conocen el cuerpo físico.

A causa de esto han surgido muchos dilemas. Alguien se puede sentir bello por dentro, pero podemos obligarle a sentir que es horrible. Si lo acordamos colectivamente, incluso él puede llegar a estar de acuerdo. Pero, en su interior, nadie se siente horrible. El sentimiento interno siempre es de belleza.

El sentimiento externo, en realidad, no es un sentimiento. Es una moda, un criterio impuesto desde fuera. La persona que es bella para una sociedad puede ser horrible para otra; la persona que era bella en un periodo de la historia quizá no lo sea en otro periodo. Pero el sentimiento más profundo siempre es de belleza, y si no hubiese un criterio exterior no habría fealdad. Tenemos una imagen preconcebida de la belleza que comparte todo el mundo. Por eso existe la fealdad y la belleza; si no, no existiría. Si todos fuésemos ciegos, no habría fealdad. Todo el mundo sería hermoso.

El primer paso, entonces, es sentir el cuerpo desde dentro. Desde dentro, sentiremos que el cuerpo es distinto según las diferentes situaciones. Cuando estás enamorado tienes un sentimiento determinado; cuando experimentas odio, el sentimiento interno es diferente. Si le preguntas a Buda te dirá: «El amor es belleza», porque él sabe, en su sentimiento interno, que si es amoroso es hermoso. Cuando hay odio, ira, envidia, empieza a suceder algo internamente que te hace sentir horrible. Por eso, en distintas situaciones, en momentos diferentes, en estados mentales diferentes, te sentirás de un modo diferente.

Cuando te sientes perezoso es distinto a cuando te sientes activo. Cuando estás cansado es distinto. Debemos reconocer claramente estas diferencias. Solo así llegarás a familiarizarte con la vida interior de tu cuerpo. Entonces, conocerás la historia interior, la geografía interior de ti mismo en la infancia, la juventud y la vejez. En cuanto tomamos conciencia de nuestro cuerpo desde el interior se vislumbra el segundo cuerpo. Ahora conoceremos el segundo cuerpo desde fuera. Si conoces el primer cuerpo desde dentro, entonces te harás consciente del segundo cuerpo desde el exterior.

Nunca podrás conocer el segundo cuerpo desde el exterior del primer cuerpo, pero desde el interior del primer cuerpo puedes ver el exterior del segundo cuerpo. Todo el mundo tiene dos dimensiones, una exterior y otra interior. Igual que una pared tiene dos caras —una que mira hacia fuera y otra que mira hacia dentro—, todo el mundo tiene un límite, una pared.

Cuando conoces el primer cuerpo desde tu interior tomas conciencia del segundo cuerpo desde el exterior.

Ahora estás entre los dos: dentro del primer cuerpo y fuera del segundo. El segundo cuerpo, el cuerpo etéreo, es como un humo denso. Puedes atravesarlo sin problemas, pero no es transparente; no puedes mirar en su interior desde fuera. El primer cuerpo es sólido. El segundo cuerpo es igual que el primero en cuanto a forma se refiere, pero no es sólido.

Cuando muere el primer cuerpo, el segundo sigue vivo durante trece días. Viaja contigo. Después, al cabo de trece días también muere. Se dispersa, se evapora. Si llegas a conocer el segundo cuerpo mientras el primero todavía está vivo podrás hacerte consciente de este proceso.

El segundo cuerpo puede salir de tu cuerpo. A veces, durante la meditación, el segundo cuerpo sube o baja, y tienes la sensación de que la fuerza de la gravedad no actúa sobre ti; has abandonado la tierra. Pero cuando abres los ojos estás en la tierra, y sabes que has estado ahí todo el tiempo. La sensación de elevación corresponde al segundo cuerpo, no al primero. La gravitación no existe para el segundo cuerpo; por eso, en cuanto conoces el segundo cuerpo sientes una cierta libertad desconocida para el cuerpo físico. Ahora puedes salir de tu cuerpo y volver a entrar.

Este es el segundo paso si quieres conocer las experiencias de tu segundo cuerpo. Y no es un método complicado. Basta con desear estar fuera del cuerpo y estarás fuera. El propio deseo es la realización. Con el segundo cuerpo no hay que hacer ningún esfuerzo porque no hay fuerza de gravedad. Si quiero ir hasta tu casa tendré que oponerme a la fuerza de gravedad. Pero si no hay gravitación, entonces bastará con el deseo. Sucederá.

La hipnosis trabaja con el cuerpo etéreo. El primer cuerpo no está relacionado con la hipnosis, es el segundo cuerpo. Por eso, una persona con una vista perfecta se puede quedar ciega. Si el hipnotizador dice que te has quedado ciego, te quedas ciego porque te lo crees. El cuerpo etéreo es el que está afectado; la sugestión se dirige al cuerpo etéreo. Si estás en un trance profundo, se puede influir sobre tu segundo cuerpo. Se puede paralizar a una persona que está bien simplemente con decirle: «Estás paralizado». El hipnotizador no debe usar un lenguaje que cree dudas. Si dice «parece que te has quedado ciego», no funcionará. Tiene que ser absolutamente convincente. Solo así funciona la sugestión.

En el segundo cuerpo solo tienes que decir «estoy fuera del cuerpo». Solo tienes que desear estar fuera para estar fuera. El sueño ordinario pertenece al primer cuerpo. El primer cuerpo —después de un día agotador de faena, trabajo, tensión— se relaja. En la hipnosis se duerme el segundo cuerpo. Al dormirlo, puedes trabajar con él.

Cuando tienes una enfermedad, el 75 por 100 procede del segundo cuerpo y se extiende al primero. El segundo cuerpo es tan sugestionable que todos los estudiantes de medicina, durante el primer año, padecen la misma enfermedad que han estado estudiando. Empiezan a tener los síntomas. Si están hablando del dolor de cabeza, sin darse cuenta, todo el mundo mira hacia dentro y empieza a preguntarse: «¿Tendré dolor de cabeza? ¿Tendré los síntomas?». Porque si miras hacia dentro afectas al cuerpo etéreo, te sugestionas y proyectas el dolor de cabeza, lo creas.

El dolor de parto no pertenece al primer cuerpo, sino al segundo. A través de la hipnosis puedes conseguir que el parto sea absolutamente sin dolor, solo por medio de la sugestión. Hay sociedades primitivas en donde las mujeres nunca han tenido dolores de parto, porque esta posibilidad no ha entrado jamás dentro de sus mentes. Pero cada civilización tiene sus sugestiones comunes, y entonces se vuelven parte esencial de las expectativas de todo el mundo.

Bajo un estado de hipnosis, el dolor no existe. Incluso se puede realizar cirugía bajo hipnosis sin que haya dolor, porque si el segundo cuerpo se sugestiona con que no va a doler, entonces no dolerá. En lo que a mí respecta, todos los dolores y todos los placeres corresponden al segundo cuerpo y se extienden al primero. Si modificas la sugestión, aquello que era doloroso puede convertirse en placentero, y viceversa.

Cambia la sugestión, cambia la mente etérea y cambiará todo. Desea algo totalmente y sucederá. La totalidad es la única diferencia entre el deseo y la voluntad. Si has deseado algo con totalidad, completamente, con toda tu mente, esto se convierte en fuerza de voluntad.

Si deseas salir de tu cuerpo fisiológico con totalidad podrás hacerlo. Entonces, tendrás posibilidades de conocer el segundo cuerpo desde dentro; si no, no. Cuando sales del cuerpo físico ya no estás entre los dos cuerpos: dentro del primero y fuera del segundo. Ahora estás dentro del segundo, el primer cuerpo ya no está.

Ahora puedes tomar conciencia de tu segundo cuerpo desde dentro, igual que tomaste conciencia del primer cuerpo desde dentro. Toma conciencia de su funcionamiento, de su mecanismo interno, de su vida interna. La primera vez será más difícil, pero después siempre estarás dentro de dos cuerpos: el primero y el segundo. Ahora centrarás tu atención en dos mundos, en dos dimensiones.

En cuanto estés dentro del segundo cuerpo, estarás fuera del tercero, el cuerpo astral. En lo que al astral se refiere, no es necesaria ni siquiera la voluntad. Basta con el deseo de estar dentro. Ahora ya no se trata de totalidad. Si quieres entrar, puedes entrar. El cuerpo astral es un vapor parecido al segundo cuerpo, pero transparente. En el momento que estés fuera del tercer cuerpo estarás dentro. Ni siquiera sabrás si estás dentro o fuera porque el límite es transparente.

El cuerpo astral tiene el mismo tamaño que los dos primeros cuerpos. Hasta el quinto cuerpo, el tamaño es el mismo. Varía el contenido, pero hasta el quinto cuerpo el tamaño sigue siendo el mismo. El tamaño del sexto cuerpo será cósmico. Y el séptimo no tendrá tamaño en absoluto, ni siquiera un tamaño cósmico.

El cuarto cuerpo no tiene paredes. Desde el interior del tercer cuerpo ni siquiera hay una pared transparente. Solo es un límite, sin paredes, por eso no hay dificultad en entrar y no necesitas ningún método. La persona que ha alcanzado el tercer cuerpo puede pasar al cuarto con mucha facilidad.

Pero después del cuarto hay muchas dificultades, del mismo modo que había dificultades para pasar del primer cuerpo, porque cesa el cuerpo mental. El quinto es el cuerpo espiritual. Antes de poder alcanzarlo vuelve a haber una pared, pero no en el mismo sentido de la pared que había entre el primero y el segundo cuerpo. Ahora la pared está entre las distintas dimensiones. Está en otro plano.

Los cuatro cuerpos inferiores correspondían a un plano. La división era horizontal. Pero ahora es vertical. De modo que la pared entre el cuarto y el quinto cuerpo es mayor que la pared que hay entre cualquiera de los cuerpos inferiores porque, normalmente, nuestra forma de mirar es horizontal, no vertical. Miramos de lado a lado, no de arriba abajo. Pero el paso del cuarto cuerpo hacia el quinto es un paso de un plano inferior a uno superior. La diferencia no está entre fuera y dentro, sino entre arriba y abajo. Hasta que no empieces a mirar hacia arriba no podrás pasar al quinto cuerpo.

La mente siempre mira hacia abajo. Por eso el yoga está contra la mente. La mente fluye hacia abajo, como el agua. El agua nunca ha sido símbolo de ninguna doctrina espiritual porque su naturaleza intrínseca es fluir hacia abajo. El fuego ha sido el símbolo de muchas doctrinas. El fuego va hacia arriba, nunca hacia abajo. El fuego es el símbolo del paso del cuarto cuerpo hacia el quinto. Debemos mirar hacia arriba; debemos dejar de mirar hacia abajo.

¿Cómo podemos mirar hacia arriba? ¿Cuál es el método? Habrás oído decir que en la meditación los ojos deben estar mirando hacia arriba, al chakra del *ajna*. Los ojos se deben dirigir hacia arriba como si estuvieses mirando dentro de tu cráneo. Los ojos solo son simbólicos. La verdadera cuestión es la visión. Nuestra visión, nuestra facultad de ver, está asociada a los ojos, por eso los ojos también se convierten en el órgano mediante el cual sucede la visión interior. Si diriges tus ojos hacia arriba, entonces tu visión también se dirigirá hacia arriba.

El raja yoga comienza en el cuarto cuerpo. Solo el hatha yoga comienza en el primer cuerpo; los demás comienzan en algún otro punto. La teosofía comienza en el segundo cuerpo y otras doctrinas comienzan en el tercero. A medida que la civilización progresa hacia el cuarto cuerpo habrá muchas personas que puedan comenzar desde ahí. Pero solo podrán usar el cuarto cuerpo si han trabajado con los tres cuerpos inferiores en sus vidas pasadas. Los que estudian raja yoga en las escrituras o a través de los swamis y gurús, sin saber si han trabajado sobre los tres cuerpos inferiores o no, tenderán a desilusionarse, porque no se puede comenzar por el cuarto cuerpo. Antes hay que atravesar los tres primeros cuerpos. Solo así podrás llegar al cuarto.

El cuarto cuerpo es el último cuerpo desde el que se puede empezar. Existen cuatro tipos de yoga: el hatha yoga para el primer cuerpo, el mantra yoga para el segundo, el bhakti yoga para el tercero y el raja yoga para el cuarto. En la Antigüedad, todo el mundo tenía que comenzar por el primer cuerpo, pero ahora hay muchos tipos de personas; algunos han llegado hasta el segundo cuerpo en vidas pasadas, otros hasta el tercero, etc. Pero, en lo relativo a soñar, uno debe comenzar desde el primer cuerpo. Solo así podrás conocer toda la gama, todo el espectro.

En el cuarto cuerpo tu conciencia se vuelve como el fuego, se dirige hacia arriba. Hay muchas maneras de comprobarlo. Por ejemplo, cuando la mente fluye hacia el sexo es como el agua fluyendo hacia abajo, porque el centro sexual está abajo. En el cuarto cuerpo uno debe empezar a dirigir sus ojos hacia arriba, no hacia abajo.

Si la conciencia debe ir hacia arriba, entonces debe comenzar desde un centro que esté por encima de los ojos, y no por debajo. Solamente hay un centro por encima de los ojos desde el cual el movimiento va hacia arriba: el chakra del *ajna*. Ahora los dos ojos deberán mirar hacia el tercer ojo.

Hay muchas formas de no olvidarse del tercer ojo. En India, una muchacha virgen se diferencia de una casada mediante una marca de color sobre el tercer ojo de la mujer casada. La muchacha virgen tenderá a mirar abajo, hacia el centro sexual, pero en cuanto está casada deberá empezar a mirar hacia arriba. El sexo debe pasar de la sexualidad a estar más allá de la sexualidad. Para ayudarle a recordar que debe mirar hacia arriba se usa una marca de color, un tilak sobre el tercer ojo.

Las marcas de tilak han sido usadas en la frente de muchos tipos de personas: sannyasins, devotos..., hay varios tipos de marcas de colores. También se puede usar *chandan* o pasta de madera de sándalo. En cuanto tus ojos miran hacia el tercer ojo se produce un gran fuego en ese centro; notas una sensación de calor. El tercer ojo se está empezando a abrir y se debe mantener fresco. Por eso, en India se usa la pasta de madera de sándalo. No solo es fresca sino que tiene un perfume particular que está relacionado con el tercer cuerpo y la trascendencia de este. La frescura, el perfume y el lugar donde se coloca se convierten en una atracción hacia arriba para recordarnos el tercer ojo.

Si cierras los ojos y coloco mi dedo sobre tu tercer ojo empezarás a sentir el tercer ojo aunque ni siquiera lo haya tocado. Basta con una pequeña presión, apenas un roce, una ligera pulsación con los dedos. Basta con el perfume, un toque delicado y el frescor. Entonces la atención de tus ojos se dirigirá siempre hacia el tercer ojo.

Para pasar del cuarto cuerpo solo hay una técnica, un método, y es mirar hacia arriba. Antes se utilizaba un método para conseguirlo, el shirshasan, o ponerse cabeza abajo en la posición inversa del cuerpo, ya que, generalmente, los ojos suelen mirar hacia abajo. Si te pones cabeza abajo seguirás mirando hacia abajo, solo que ahora hacia abajo es hacia arriba. El flujo de tu energía hacia abajo se convertirá en un flujo hacia arriba.

Por eso hay algunas personas que, sin saberlo, durante la meditación se colocan en posición inversa. Empiezan a hacer shirshasan porque ha cambiado el flujo de la energía. Y sus mentes están tan condicionadas por el flujo hacia abajo que, cuando la energía cambia de sentido, se sienten incómodas. Cuando se pongan cabeza abajo se volverán a sentir cómodos, porque el flujo de energía seguirá yendo hacia abajo. Pero realmente no se está moviendo hacia abajo. En relación con tus centros o con tus chakras, la energía se seguirá moviendo hacia arriba.

El shirshasan se ha estado usando como un método para llevarte desde el cuarto cuerpo hacia el quinto. La cuestión básica que tienes que recordar es mirar hacia arriba. Esto se puede hacer mediante *tratak*, es decir, fijando la vista en un objeto concreto, concentrándose en el sol o en cualquier objeto. Pero es mejor hacerlo interiormente, simplemente ¡cerrando los ojos!

Pero primero debemos atravesar los cuatro cuerpos. Solo así puede dar resultado. De lo contrario puede provocar alteraciones, puede originar todo tipo de lesiones cerebrales porque afectará al ajuste del sistema. Los cuatro cuerpos están mirando hacia abajo, y con tu mente interna estás mirando hacia arriba. Hay muchas posibilidades de que esto provoque esquizofrenia.

Para mí, la esquizofrenia es una consecuencia de algo similar. Por eso la psicología corriente no puede profundizar en la esquizofrenia. La mente esquizofrénica está trabajando simultáneamente en dos direcciones opuestas: estar fuera mirando hacia dentro y estar fuera mirando hacia arriba. Tu sistema debe estar en armonía. Si no conoces tu cuerpo físico desde dentro, entonces tu conciencia debería estar mirando hacia abajo. Esto es sano, es equilibrado. Nunca debes intentar dirigir hacia arriba la mente que mira hacia fuera; de lo contrario, el resultado será la esquizofrenia, la división.

Nuestras civilizaciones y religiones son la causa principal de la personalidad dividida de la humanidad. No se han preocupado de la armonía total. Hay profesores que enseñan métodos para elevarse a personas que ni siquiera están dentro de su propio cuerpo físico. El método empieza a funcionar, y una parte de la persona permanece fuera de su cuerpo, mientras que la otra parte se eleva. Entonces, aparece una división entre las dos. Se convertirá en dos personas, a veces esto y a veces lo otro, Jekyll y Hyde.

También existe la posibilidad de que alguien se convierta simultáneamente en siete personas. Entonces la división será completa. Se convierte en siete energías diferentes. Una parte va hacia abajo, aferrándose al primer cuerpo; otra parte se aferra al segundo cuerpo; otra al tercero. Una parte va hacia arriba y la otra va hacia otro sitio. Esta persona no tiene absolutamente ningún centro.

Gurdjieff solía decir que las personas así son como una casa sin amo, donde todos los sirvientes afirman que son los amos. Y nadie puede negarlo, porque el amo está ausente. Si alguien llega a la casa y llama a la puerta, el sirviente que esté más próximo se convertirá en el amo, al día siguiente abrirá la puerta otro sirviente y asegurará ser el amo.

Los esquizofrénicos no tienen ningún centro. ¡Y todos lo somos! Nos hemos ajustado a la sociedad, nada más. Solo hay una diferencia de grados. El amo está ausente o dormido, y cada una de nuestras partes reclama su autoridad. Cuando hay un estímulo sexual, el sexo es el amo. Tu mortalidad, tu familia, tu religión…, lo negarás todo. El sexo se convierte en el amo absoluto de la casa. Y después, cuando desaparece el sexo, aparece la frustración. Tu razón toma el mando y dice: «Ahora yo soy el amo». La razón se adueña de toda la casa y no deja espacio para el sexo.

Todo el mundo quiere adueñarse de la casa. Cuando aparece la rabia, se vuelve el amo. Ahora no hay razón ni hay conciencia. Nada puede interferir con la rabia. Por culpa de esto, no entendemos a los demás. Una persona amorosa se enfada de repente y deja de haber amor. No podremos distinguir si está siendo amoroso o no. El amor solo era un sirviente, y el enfado también lo es. El amo está ausente. Por eso, normalmente no puedes confiar en los demás. Si no es el amo de sí mismo, cualquier sirviente le puede derrocar. No es uno; no es una unidad.

Lo que estoy diciendo es que, antes de atravesar los cuatro primeros cuerpos, uno debería experimentar con técnicas de mirar hacia arriba. De lo contrario, aparecerá una división que será imposible de unir, y tendremos que esperar hasta otra vida para poder volver a empezar. Es mejor practicar técnicas que empiezan desde el principio. Si has pasado por los tres primeros cuerpos en las vidas anteriores, entonces, los volverás a pasar en un momento. No tendrás dificultades. Ya conoces el terreno, sabes el camino. En un momento determinado se presentan delante de ti. Los reconoces... ¡y ya los has atravesado! Puede continuar. Por eso insisto en comenzar desde el primer cuerpo. ¡Para todo el mundo!

Empezar a moverse desde el cuarto cuerpo es muy significativo. Hasta el cuarto cuerpo eres humano. Ahora te vuelves sobrehumano. En el primer cuerpo no eres más que un animal. Solo a partir del segundo cuerpo aparece la humanidad. Y solo a partir del cuarto florece totalmente. La civilización nunca ha ido más allá del cuarto cuerpo. Más allá del cuarto cuerpo es más allá de lo humano. No podemos clasificar a Cristo como un ser humano. Buda, Mahavira, Krishna, están más allá de lo humano. Son sobrehumanos.

La mirada elevada es un salto del cuarto cuerpo. Cuando miro a mi primer cuerpo desde fuera, solo soy un animal con posibilidades de ser un ser humano. La única diferencia es que yo puedo transformarme en humano y los animales no. En lo que respecta a la situación presente, los dos estamos por debajo de la humanidad, somos infrahumanos. Pero el ser humano tiene posibilidades de ir avanzando. Y a partir del segundo cuerpo aparece el florecimiento del ser humano.

Para nosotros, incluso las personas que están en el cuarto cuerpo nos parecen sobrehumanas. Pero no lo son. Einstein o Voltaire parecen sobrehumanos, pero no lo son. Son el florecimiento completo del ser humano, pero nosotros estamos por debajo de lo humano, de modo que están por encima de nosotros. Sin embargo, no están por encima de los humanos. Solamente un Buda, un Cristo o un Zaratustra son más que un humano. Pero al mirar hacia arriba, al elevar su conciencia hacia el cuarto cuerpo, han cruzado el límite de la mente; han trascendido el cuerpo mental.

Vale la pena que comprendamos ciertas parábolas. Mahoma, al mirar hacia arriba, dijo que había recibido algo de las alturas. Nosotros lo interpretamos geográficamente, por eso el cielo se convierte en la morada de los dioses. Para nosotros, hacia arriba significa el cielo, y hacia abajo significa el nivel que está por debajo de la tierra. Pero si lo interpretamos así es que no hemos comprendido bien la simbología. Cuando Mahoma eleva la vista no está mirando hacia el cielo; está mirando hacia el chakra del *ajna*. Cuando dice que le ha llegado algo nuevo de arriba su sensación es correcta. Pero, para nosotros, «arriba» tiene un significado distinto.

En todas las fotos, Zaratustra está mirando hacia arriba. Nunca mira hacia abajo. Cuando, por primera vez, vio lo divino, estaba mirando hacia arriba. Lo divino se le apareció en forma de fuego. Por eso los persas adoran el fuego. La sensación de fuego aparece en el chakra del *ajna*. Cuando miras hacia arriba ese punto está ardiendo, como si se estuviese quemando todo. A causa de este fuego, te transformas. Se quema el ser inferior, deja de existir y nace el ser superior. Este es el significado de «pasar a través del fuego».

Después del quinto cuerpo todavía pasas a otro reino, a otra dimensión. Del primer cuerpo hasta el cuarto, el movimiento va desde fuera hacia dentro; del cuarto al quinto, el movimiento va desde abajo hacia arriba; a partir del quinto el movimiento va del ego al no ego. Es otra dimensión. No se trata de fuera, dentro, arriba o abajo. La cuestión ya no es «yo» o «no yo». Ahora tiene que ver con el hecho de que haya un centro o no lo haya.

Hasta el quinto cuerpo las personas no tienen centro, están divididas en distintas partes. Por fin, en el quinto cuerpo hay un centro, hay una unión, hay unidad. Pero el centro se convierte en el ego. A partir de ahora este centro será un impedimento para seguir progresando. Después de cruzar tienes que abandonar el puente. Te ha servido para cruzar, pero si te aferras a él se convertirá en un obstáculo.

Hasta el quinto cuerpo hay que crear un centro. Gurdjieff dice que el quinto centro es la cristalización. Ya no hay sirvientes, el amo ha tomado el control. Ahora, el amo es el amo. Se ha despertado; ha vuelto. Cuando el amo está presente, los sirvientes se calman; se callan. Cuando entras en el quinto cuerpo sucede la cristalización del ego. Pero ahora, para avanzar más, deberás volver a perder esta cristalización. Perderla en el vacío, en el cosmos. Solo se puede perder lo que se tiene, por eso es inútil hablar de ausencia de ego antes del quinto cuerpo, es absurdo. Si no tienes ego, ¿cómo lo vas a perder? O quizá puedes decir que tienes muchos egos, cada sirviente tiene su ego. Tienes múltiples egos, múltiples personalidades, múltiples psiques, pero no eres un ser unificado.

No puedes perder el ego porque no lo tienes. Un hombre rico puede renunciar a sus riquezas, pero un hombre pobre no. No tiene nada a lo que renunciar, nada que perder. Pero hay personas pobres que creen en la renunciación. Los ricos tienen miedo de renunciar porque tienen algo que perder, pero el pobre siempre está dispuesto a renunciar. Está preparado pero no tiene nada a lo que renunciar.

El quinto cuerpo es el más rico. Es la culminación de todo lo que es posible para un ser humano. El quinto es la cima de la individualidad, la cima del amor, de la compasión, de todo lo que merece la pena. Han desaparecido las espinas. Ahora también tiene que desaparecer la flor. Entonces, solo quedará el perfume, no habrá flor.

El sexto es el mundo del perfume, el perfume cósmico. No hay flor ni centro. Una circunferencia, pero sin centro. Podrías decir que todo se ha convertido en un centro, o que ya no hay centro. Solo queda una sensación lejana. No hay separación, división, ni siquiera la división del individuo en el «yo» y el «no yo», el «yo» y el «otro». No hay ninguna división en absoluto.

El individuo se puede perder de dos maneras: o es esquizofrénico y se divide en muchas subpersonas; o si no, es cósmico y desaparece en lo esencial, en lo grandioso, lo más grandioso, el Brahma; desaparece en el espacio. Ahora la flor no existe, pero el perfume sí.

La flor también es un obstáculo, pero si solo queda el perfume es perfecto. Ahora no tiene un origen, de modo que no puede morir. Es inmortal. Todo lo que tiene un origen morirá, pero la flor ya no existe, de modo que no hay origen. La flor no es creada, por eso no muere ni tiene límites. La flor tiene limitaciones; el perfume es ilimitado. No tiene barreras. Se extiende más y más, hasta el más allá.

A partir del quinto cuerpo la pregunta ya no es hacia arriba, hacia abajo, hacia un lado, hacia fuera o hacia dentro. La cuestión es tener ego o no tenerlo. El ego es lo más difícil de perder. Hasta el quinto cuerpo esto no es un problema porque el progreso satisface al ego. Nadie quiere ser esquizofrénico; todo el mundo preferiría tener una personalidad cristalizada. Todos los *sadhakas*, todos los buscadores pueden progresar hasta el quinto cuerpo.

No hay métodos para pasar del quinto cuerpo porque todos los métodos están relacionados con el ego. En cuanto usas un método, el ego se fortalece. Los que están interesados en ir más allá del quinto cuerpo hablan del no método. Hablan de ausencia de método, de técnica. Ahora ya no hay un cómo. A partir del quinto cuerpo no son posibles los métodos.

Hasta el quinto cuerpo puedes usar un método, pero después los métodos no servirán porque desaparece el que los usa. Uses lo que uses, el que lo usa se fortalecerá. El ego se seguirá cristalizando; se convertirá en un núcleo de cristalización. Por eso, las personas que se han quedado en el quinto cuerpo dicen que son seres infinitos, espíritus infinitos. Creen que los espíritus son como átomos. Dos átomos no pueden encontrarse. No tienen ventanas, no tienen puertas; están cerrados a todo lo que no sean ellos mismos.

El ego no tiene ventanas. Puedes usar una palabra de Leibnitz, «mónadas». Los que se quedan en el quinto cuerpo se convierten en mónadas: átomos sin ventanas. Ahora estás solo, absolutamente solo.

Pero el ego cristalizado tiene que desaparecer. Si no hay ningún método, ¿cómo podemos hacerlo? Si no hay ningún camino ¿cómo podemos superarlo? ¿Cómo podemos huir de él? No hay ninguna puerta. Los monjes zen hablan de la reja sin reja. No hay ninguna reja; sin embargo, tenemos que superarla.

¿Qué debemos hacer? En primer lugar, no te identifiques con esta cristalización; basta con que tomes conciencia de la casa cerrada del «yo». Toma conciencia, no hagas nada y, ¡habrá una explosión! La habrás superado.

El zen tiene una parábola...

Se pone el huevo de un ganso dentro de una botella. El ganso rompe el huevo y empieza a crecer, pero el cuello de la botella es tan estrecho que el ganso no puede salir. Va creciendo cada vez más, y la botella se queda demasiado pequeña para vivir dentro de ella. Habrá que romper la botella para que el ganso pueda seguir viviendo o, si no, el ganso morirá. El maestro preguntó a los buscadores: «¿Qué podemos hacer? No queremos perder ninguna de las dos cosas. Queremos salvar al ganso y a la botella. ¿Qué se puede hacer?». Esta pregunta es del quinto cuerpo. Cuando el ganso está creciendo y no hay ninguna salida, cuando la cristalización se ha consolidado, ¿qué se puede hacer?

El buscador se mete en un cuarto, cierra la puerta y le empieza a dar vueltas a la cuestión. ¿Qué se puede hacer? Aparentemente, solo hay dos posibilidades, destruir la botella y salvar al ganso, o dejar morir al ganso y conservar la botella. El meditador sigue pensando. Se le ocurre algo, pero luego esto se descarta porque no hay posibilidad de hacerlo. El maestro le vuelve a mandar al cuarto para que siga pensando.

El buscador sigue pensando durante muchos días y noches, pero no encuentra la solución. De repente, llega un momento que deja de pensar. Sale de la habitación y exclama: «¡Eureka, el ganso ha salido!». El maestro no le pregunta cómo, porque toda la cuestión es simplemente absurda.

Pero al pasar del quinto cuerpo el problema se convierte en un koan zen. Uno solo debe tomar conciencia de la cristalización... ¡y el ganso está fuera! Llega un momento en el que estás fuera; ya no hay un «yo». Has alcanzado la cristalización y después la has perdido. En el quinto cuerpo era esencial la cristalización, el centro, el ego. Era necesaria para la transición, como un puente; si no, no puedes pasar del quinto cuerpo. Pero ahora ya no la necesitas.

Hay personas que han alcanzado el quinto cuerpo sin pasar por el cuarto. La persona que tiene muchas riquezas ha alcanzado el quinto cuerpo; en cierto sentido, ha cristalizado. El individuo que es presidente de un país, en cierto modo, ha cristalizado. En cierto sentido, Hitler o Mussolini han cristalizado. Pero la cristalización sucede en el quinto cuerpo. Si los cuatro cuerpos inferiores no están en concordancia, entonces la cristalización se convertirá en una enfermedad. Mahavira y Buda también han cristalizado, pero su cristalización es diferente.

Todos estamos deseando satisfacer al ego porque hay una necesidad intrínseca de alcanzar el quinto cuerpo. Pero si escogemos un atajo, al final nos perderemos. El camino más corto es a través de la riqueza, el poder, la política. Puedes alcanzar el ego, pero será una cristalización falsa; no concuerda con tu verdadera personalidad. Es como un callo que se forma en el pie y se cristaliza. Es una falsa cristalización, una deformidad, una enfermedad.

Si en el quinto cuerpo sale el ganso, pasarás al sexto cuerpo. Del quinto al sexto cuerpo entramos en el mundo del misterio. Hasta el quinto cuerpo puedes usar métodos científicos, por eso el yoga sirve de ayuda. Pero a partir de ahí no tiene sentido, porque el yoga es un método, una técnica científica.

En el quinto cuerpo el zen es muy útil. Es un método para pasar del quinto al sexto cuerpo. El zen floreció en Japón, pero comenzó en India. Tiene sus raíces en el yoga. El yoga se transformó en el zen.

Occidente siempre ha tenido mucho interés por el zen porque, en cierto sentido, el ego occidental ya ha cristalizado. Los occidentales son los amos del mundo, lo tienen todo. Pero el ego se ha cristalizado a través de un proceso equivocado. No se ha desarrollado trascendiendo los cuatro primeros cuerpos. Por eso el zen es más interesante para los occidentales, pero no servirá de ayuda porque la cristalización es equivocada. Gurdjieff es mucho más útil para los occidentales porque trabaja desde el primer cuerpo hasta el quinto. A partir del quinto cuerpo ya no nos sirve. Solo es útil hasta el quinto cuerpo, hasta la cristalización. Por medio de sus técnicas puedes alcanzar la cristalización apropiada.

En Occidente, el zen solo es una moda porque no tiene raíces ahí. Se desarrolló en Oriente a lo largo de un proceso muy largo, comenzando por el hatha yoga y culminando con Buda. Miles y miles de años de humildad: no de ego, sino de pasividad; no de acción positiva, sino de receptividad; a través de la permanencia de la mente femenina, la mente receptiva. Oriente siempre ha sido femenino, mientras que Occidente es masculino, agresivo, posesivo. Oriente tiene apertura, receptividad. El zen ha sido útil en Oriente porque los demás métodos, las demás doctrinas, trabajaban sobre los cuatro cuerpos inferiores. Estos cuatro cuerpos fueron las raíces, y el zen pudo florecer.

Hoy en día, el zen es casi insignificante en Japón. Esto se debe a que Japón se ha occidentalizado. Antes, los japoneses eran las personas más humildes, pero ahora su humildad solo es una exhibición. Ya no forma parte de su ser más intrínseco. Se ha extirpado el zen de Japón y ahora es popular en Occidente. Pero esta popularidad solo se debe a la falsa cristalización del ego.

Desde el quinto cuerpo hasta el sexto, el zen es muy útil. Pero solo en este punto, ni antes ni después. Es totalmente inútil en los demás cuerpos, es incluso perjudicial. No sirve de nada dar cursos de nivel universitario en una escuela primaria; puede ser perjudicial.

Si usas el zen después del quinto cuerpo puedes experimentar un satori, pero esto no es samadhi. El satori es un falso samadhi. Es un atisbo de samadhi, pero solo es un atisbo. En lo que respecta al cuarto cuerpo —el cuerpo mental—, un satori te vuelve más artístico, más estético. Crea en ti una sensación de belleza, una sensación de bienestar. Pero no te ayuda a cristalizar. No te ayuda a pasar del cuarto cuerpo al quinto.

El zen solo te ayudará después de la cristalización. El ganso ha salido de la botella, sin un cómo. Pero solo se puede practicar a partir de este punto, después de haber usado muchos otros métodos. Un pintor puede pintar con los ojos cerrados; puede pintar como si estuviese jugando. Un actor puede actuar como si no estuviese actuando. De hecho, la actuación solo es perfecta cuando parece que no está actuando. Pero para eso ha necesitado muchos años de trabajo, muchos años de práctica. Ahora el actor está totalmente relajado, pero esa relajación no se consigue en un día. Hay métodos específicos.

Caminamos, pero nunca sabemos cómo lo hacemos. Si alguien te pregunta cómo caminas, dirás: «Camino, así es como lo hago». Pero el cómo tiene lugar cuando el niño empieza a caminar. El niño aprende. No tendría sentido decirle al niño que caminar no necesita ningún método, si le dijeras «caminas, y ya está», el niño no lo entendería. Krishnamurti ha hablado de este modo, hablaba para adultos con mentes infantiles y les decía: «Puedes caminar. ¡Caminas y ya está!». La gente le escucha, está encantada. ¡Qué fácil! Caminar sin ningún método. Entonces, cualquier persona puede caminar.

Krishnamurti también ha resultado interesante en Occidente, y solamente por esto. El hatha yoga, el mantra yoga, el bhakti yoga, el raja yoga o el tantra son métodos muy largos, arduos, difíciles. Necesitas siglos de práctica, nacer una y otra vez. Ellos no pueden esperar. Debe haber algún atajo, alguna práctica instantánea. Por eso Krishnamurti les resulta atractivo, porque dice: «Solo tienes que caminar. Caminas hacia Dios, no hay ningún método». Pero el no método es lo que nos resulta más difícil de alcanzar. Actuar como si no estuvieses actuando, hablar como si no estuvieses hablando, caminar sin esfuerzo, como si no estuvieses caminando, son cosas que solo se alcanzan después de un largo esfuerzo.

El trabajo y el esfuerzo son necesarios; son inevitables. Pero tienen una limitación. Son necesarios hasta el quinto cuerpo, pero son inútiles entre el quinto y el sexto cuerpo. No os llevarán a ninguna parte; el ganso no saldrá nunca.

Este es el problema que tienen los yoguis hindúes. Tienen dificultades para pasar del quinto cuerpo porque están encantados, están hipnotizados con los métodos. Siempre han trabajado con algún método. Hasta el quinto cuerpo ha habido una ciencia muy clara y han progresado cómodamente. Significaba un esfuerzo, ¡y lo podían hacer! Para ellos no era un inconveniente que el método fuera muy intenso. Podían aportar todo el esfuerzo que hiciera falta. Pero ahora, en el quinto cuerpo, tienen que pasar del mundo del método al mundo del no método. No saben cómo hacerlo. Se sientan, se detienen. Y para muchos buscadores el quinto cuerpo es el final.

Por eso se habla de cinco cuerpos y no de siete. Los que solo han llegado hasta el quinto creen que este es el final. No es el final; es un nuevo principio. Ahora hay que pasar de lo individual a lo no individual. El zen y los métodos parecidos al zen que se hacen sin esfuerzo pueden sernos útiles.

Zazen significa estar sentado sin hacer nada. Si alguien ha hecho muchas cosas, no podrá concebirlo. ¡Estar sentado sin hacer nada! Es inconcebible. Gandhi no lo podría concebir. Él dice: «Yo hago girar mi rueda. Hay que hacer algo. Esta es mi oración, mi meditación». No hacer para él significa no hacer nada. El no hacer tiene su propio mundo, su propia dicha, su propia regulación, pero esto sucede al pasar del quinto al sexto cuerpo. No se puede entender antes.

Del sexto al séptimo cuerpo ni siquiera hay un no método. El método desaparece en el quinto cuerpo, el no método desaparece en el sexto. Un día simplemente te darás cuenta de que estás en el séptimo cuerpo. Habrá desaparecido incluso el cosmos; solo existe la nada. Simplemente sucede. Sucede entre el sexto y el séptimo cuerpo. No tiene un origen, es ignoto.

Solo hay discontinuidad con lo anterior cuando no tiene origen. Si tiene un origen significa que hay continuidad y el ser no desaparece, ni siquiera en el séptimo cuerpo. El séptimo cuerpo es el no ser: nirvana, vacío, no existencia.

No hay posibilidad de continuidad al pasar de la existencia a lo no existencia. Es un salto, no tiene ningún origen. Si lo tuviera habría continuidad, sería igual que en el sexto cuerpo. De modo que ni siquiera se puede hablar de un paso del sexto al séptimo cuerpo. Hay una discontinuidad, un vacío. Antes existía algo y ahora existe algo, pero no hay conexión entre las dos cosas.

Ha cesado algo, y ha aparecido otra cosa. No hay ninguna relación entre las dos cosas. Es como si un invitado saliera por una puerta y entrara otro invitado por otra puerta diferente. La salida de un invitado y la entrada del otro no guardan relación. No están relacionados.

El séptimo cuerpo es lo absoluto, porque ahora has cruzado incluso el mundo de la causalidad. Has ido a la fuente original, a lo que había antes de la creación y lo que quedará después de la aniquilación. Por tanto, entre el sexto y el séptimo cuerpo ni siquiera existe el no método. No hay nada que te pueda ayudar, cualquier cosa puede ser un obstáculo. Desde lo cósmico hasta la nada solo hay un suceso no originado, para el que no estás preparado, no lo has solicitado.

Sucede instantáneamente. Solo debes recordar una cosa: no aferrarte al sexto cuerpo. El aferrarte te impedirá pasar al séptimo cuerpo. No hay ninguna forma positiva de pasar del sexto al séptimo cuerpo, pero puede haber un obstáculo negativo. Puedes aferrarte a Brahma, al cosmos. Puedes decir: «¡He llegado!». Las personas que dicen que han llegado no pueden alcanzar el séptimo cuerpo.

Los que dicen «He conocido» se quedan en el sexto cuerpo. Solo un Buda puede pasar del sexto porque dice: «No sé nada». Se niega a dar respuesta a las preguntas absolutas. Dice «Nadie sabe nada. Nadie conoce». No entendían a Buda. Los que le escuchaban decían: «Nuestros maestros han conocido. Dicen que Brahma existe». Pero Buda está hablando del séptimo cuerpo. El maestro no puede decir que ha conocido el séptimo cuerpo porque en el momento que lo dices lo pierdes. Cuando has conocido no lo puedes decir. Los símbolos pueden ser expresivos hasta el sexto cuerpo, pero no hay ningún símbolo para el séptimo cuerpo. Solo hay vacío.

En China hay un templo que está completamente vacío. Dentro de él no hay nada, ni imágenes, ni escrituras, nada. Solo hay unas paredes vacías, desnudas. Incluso el sacerdote vive fuera. Él dice: «El sacerdote solo puede estar fuera del templo, no puede estar dentro». Si le preguntas al sacerdote dónde está la divinidad del templo, te dirá «Mírala», y solo hay vacío; no hay nadie. Dirá «¡Mira, aquí, ahora!», y solo habrá un templo desnudo, despojado, vacío.

Si buscas objetos no podrás pasar del sexto al séptimo cuerpo. Por eso la preparación es negativa. Necesitas tener una mente negativa, una mente que no espera nada, ni siquiera el moksha, la redención, el nirvana, la verdad; una mente que no está esperando nada, ni siquiera a Dios, a Brahma. Solamente es, sin anhelos, sin deseos, sin esperanzas. Solo el ser. Entonces, sucede..., y desaparece incluso el cosmos.

Puedes llegar al séptimo cuerpo paso a paso. Empieza por el cuerpo físico y pasa al etéreo. Después, el astral, el mental, el espiritual. Hasta el quinto cuerpo puedes esforzarte pero, a partir del quinto, solo debes estar atento. Aquí el hacer no es importante, solo es importante la conciencia. Y finalmente, del sexto al séptimo cuerpo ni siquiera es importante la conciencia. Solo el ser. Este es el potencial de nuestras semillas. Esta es nuestra posibilidad.

ACERCA DE OSHO

Osho desafía cualquier categorización. Sus miles de charlas abarcan todo, desde la búsqueda individual de sentido hasta los más urgentes temas sociales y políticos de la sociedad actual. Sus libros no han sido escritos, sino que son transcripciones de grabaciones sonoras y vídeos de sus charlas improvisadas impartidas ante audiencias internacionales. Él mismo explica sobre sus charlas: «Recordad: todo lo que estoy diciendo no va dirigido solo a vosotros... También estoy hablando a las generaciones futuras».

El *Sunday Times* de Londres ha descrito a Osho como uno de los «mil artífices del siglo xx», y el autor norteamericano Tom Robbins le ha calificado como «el hombre más peligroso desde Jesucristo».

Acerca de su propia obra, Osho ha dicho que está ayudando a crear las condiciones para el nacimiento d e un nuevo tipo de ser humano. Suele tipificar a este nuevo ser humano como «Zorba el Buda», capaz de disfrutar tanto de los placeres terrenales como un Zorba el griego, como de la silenciosa serenidad de un Gautama el Buda. Discurriendo como un hilo conductor, a lo largo de la obra de Osho hay una visión que abarca la sabiduría eterna de Oriente y el potencial más elevado de la ciencia y tecnología occidentales.

Osho también es famoso por su revolucionaria contribución a la ciencia de la transformación interior, con un enfoque de la meditación que tiene en cuenta el ritmo acelerado de la vida contemporánea. Sus incomparables «Meditaciones Activas Osho» están diseñadas para, en primer lugar, liberar las tensiones acumuladas en cuerpo y mente, de manera que resulte más fácil incorporar a la vida cotidiana una experiencia del estado relajado y libre de pensamientos de la meditación.

Existe una obra de carácter autobiográfico titulada *Autobiografía de un místico espiritualmente incorrecto* (Kairós, 2001).

OSHO INTERNATIONAL MEDITATION RESORT
www.osho.com/meditationresort

SITUACIÓN: Situado a 160 kilómetros de Mumbai, en la moderna y próspera ciudad de Pune, en India, el Resort de Meditación Osho International es un maravilloso lugar para pasar las vacaciones. El Resort de Meditación se extiende sobre una superficie de más de 16 hectáreas, en una zona poblada de árboles conocida como Koregaon Park.

SINGULARIDAD: El centro ofrece diversos programas a los miles de personas que acuden a él todos los años procedentes de más de cien países. Es un maravilloso lugar para pasar las vacaciones y donde las personas pueden tener una experiencia directa y personal con una nueva forma de vivir, con una actitud más atenta, relajada y divertida. Durante todo el año se ofrecen sesiones individuales y talleres de grupo junto con un programa diario de meditaciones. ¡Relajarte sin tener que hacer nada es una de ellas! Todos los programas se basan en la visión de Osho de «Zorba el Buda», un ser humano cualitativamente nuevo, capaz de participar con creatividad en la vida cotidiana y de relajarse con el silencio y la meditación.

MEDITACIONES OSHO: Un programa diario de meditaciones para cada tipo de persona que incluye métodos activos y pasivos, tradicionales y revolucionarios, y particularmente las Meditaciones Activas Osho™. Las meditaciones tienen lugar en la sala de meditación más grande del mundo, el Auditorio Osho.

OSHO MULTIVERSITY: Acceso a sesiones individuales, cursos y talleres, que abarcan desde las artes creativas hasta los tratamientos holísticos, pasando por la transformación y terapia personales, las ciencias esotéricas, el enfoque zen de los deportes y otras actividades recreativas, problemas de relación y transiciones vitales importantes para hombres y mujeres. El secreto del éxito de la Osho Multiversity reside en el hecho de que todos los programas se complementan con meditación, apoyo y la comprensión de que, como seres humanos, somos mucho más que una suma de todas las partes

SPA BASHO: El lujoso Spa Basho dispone de una piscina al aire libre rodeada de árboles y de un jardín tropical. Un singular y amplio jacuzzi, saunas, gimnasio, pistas de tenis..., todo ello realzado por la belleza su entorno.

RESTAURACIÓN: Los cafés y restaurantes al aire libre del Resort de Meditación sirven cocina tradicional hindú y platos internacionales, todos ellos confeccionados con vegetales ecológicos cultivados en la granja del Resort de Meditación. El pan y las tartas se elaboran en el horno del Resor.

VIDA NOCTURNA: Por la noche hay muchos eventos entre los que elegir, ¡y el baile está en el primer lugar de la lista! Hay también otras actividades como la meditación de luna llena bajo las estrellas, espectáculos, conciertos de música y meditaciones para la vida diaria. O, simplemente, puedes disfrutar encontrándote con gente en el Plaza Café, o paseando por la noche en la tranquilidad de los jardines en un entorno de ensueño.

SERVICIOS: En la Galería encontrarás productos básicos y artículos de perfumería. En la Multimedia Gallery se puede adquirir un amplio abanico de productos Osho. En el campus encontrarás también un banco, una agencia de viajes y un ciber-café. Si estás interesado en hacer compras, en Pune encontrarás desde productos tradicionales y étnicos indios hasta todas las franquicias internacionales.

ALOJAMIENTO: Puedes alojarte en las elegantes habitaciones del Osho Guesthouse, o bien optar por un paquete del programa Osho Living-in, si se trata de una estancia más larga. Además, hay una gran variedad de hoteles y apartamentos con todos los servicios en las proximidades.

www.osho.com/meditationresort
www.osho.com/guesthouse
www.osho.com/livingin

www.osho.com

Un amplio sitio web en varias lenguas, que ofrece una revista, libros OSHO y
OSHO Talks en formato audio y vídeo, la Biblioteca OSHO con el archivo
completo de los textos originales en inglés e hindi y una amplia información
sobre las meditaciones OSHO.
Además, encontrarás el programa actualizado de la Multiversidad OSHO e
información sobre el Resort de Meditación Osho Internacional.

YouTube: http://www.youtube.com/oshointernational
Facebook: http://www.facebook.com/OSHO.International
Twitter: http://www.Twitter.com/OSHOtimes
Newsletter: http://OSHO.com/newsletters

OSHO INTERNATIONAL
e-mail: oshointernational@oshointernational.com
www.osho.com/oshointernational

Para otras obras de Osho en castellano,
visita nuestra página web

www.alfaomega.es

Para más información
sobre otros títulos de
GAIA EDICIONES

visita

www.alfaomega.es
Email: alfaomega@alfaomega.es
Tel.: 91 614 53 46